NOTIONS ÉLÉMENTAIRES

DE

PSYCHOLOGIE PHYSIOLOGIQUE

A L'USAGE

des Étudiants et des Jeunes Médecins

OUVRAGES DU MÊME AUTEUR

De la voie rectale et de son utilisation en thérapeutique, brochure de 70 pages. Paris, 1893.

De l'Assistance publique française en Tunisie, brochure de 16 pages. Chez Picard et Cie, Tunis, 1897.

Une trachéotomie et un tubage chez des Musulmans, in Bulletin Médical. Paris, 1898.

Le Bouton d'Orient (bouton tunisien), brochure de 20 p. Tunis, 1895. Picard et Cie.

Hypnotisme et Aïssaouas, brochure. Tunis, 1898.

Deux cas de néphrite rhumatismale avec urémie convulsive, Bulletin Médical. Paris, 1898.

L'Hygiène infantile, brochure 98 pages. Tunis, 1898, Picard et Cie.

Traitement du paludisme chez l'enfant, brochure. Tunis. 1899.

Diagnostic des abcès du foie, brochure. Tunis, 1899.

Traitement du paludisme par les injections sous-cutanées de bichlorhydrate de quinine (en collaboration avec Marcel Drouillard). Communication à la Société de Thérapeutique de Paris.

L'Hygiène de l'escrime en été, brochure. Tunis, 1900.

La Psychologie de l'escrime, brochure. Tunis, 1900.

L'Art pratique de formuler, in-18 de 260 pages. G. Steinheil, Paris, 1900, 2ᵉ édition, 1902 ; 3ᵉ édition, 1909.

Influence du paludisme sur l'appareil génital de la femme. Mémoire à la Société obstétricale et gynécologique de Paris.

Le Traitement de l'hépatisme paludéen, brochure. Tunis.

L'Hydrothérapie dans la convalescence de la fièvre typhoïde.

Tunis et ses environs. Chez Picard et Cie, Tunis, 1901.

L'Hygiène du colon, in-8, fort volume de 692 pages. Chez G. Steinheil, Paris, 1902.

Traitement du paludisme par les injections intra-musculaires de quinine. Bulletin de l'hôpital civil français de Tunis, 1902.

Pour maigrir, brochure 40 pages. Chez Weber, Tunis, 1908.

La Fièvre méditerranéenne, vol. in-18, de 180 pages. Chez G. Steinheil, Paris, 1911.

Tunis l'hiver, vol. in-8, de 150 pages. Tunis, Weber, 1911.

Traitement du paludisme et de l'anémie des pays chauds à Pougues. Poinat, 125 pages. Paris, 1913.

Mœurs arabes (scènes vécues), vol. de 318 pages. Paris. Albin Michel, 1913.

En préparation :

Les Grandes pages médicales.

Pour être médecin.

Six ans chez Francisque Sarcey.

Puériculture et éducation modernes.

A travers la Tunisie.

L'Art pratique de formuler, 4ᵉ édition. Chez Steinheil.

Dᴿ LEMANSKI

NOTIONS ÉLÉMENTAIRES

de

Psychologie physiologique

A L'USAGE

des Étudiants et des Jeunes Médecins

PARIS

ALBIN MICHEL, ÉDITEUR

22, RUE HUYGHENS, 22

PRÉFACE

La lecture des bonnes pages de ces « Éléments de psychologie physiologique » m'a révélé trop de communauté d'idées avec leur auteur, le docteur Lemanski a accueilli avec trop d'amabilité la plupart des idées que je me suis efforcé de vulgariser toute ma vie — pour que je me refuse la haute satisfaction et l'honneur de présenter au public médical — et peut-être bien aussi au public lettré extra médical — ce livre qui vient à son heure et prendra immédiatement une grande et légitime place parmi les Études de physiopathologie des fonctions psychiques.

Je dis « physiopathologie » malgré le titre qui dit seulement « physiologique », parce que Lemanski professe, comme tout le monde aujourd'hui, que la physiologie de l'homme malade ne peut pas être séparée de la physiologie de l'homme sain et toute la troisième partie de son livre est très heureusement consacrée à l'étude des troubles de la vie psychique (affective, intellectuelle, active, caractère, conscience, personnalité) et à la psychothérapie.

Tout cela est inséparable : physiologie, pathologie, thérapeutique ; toute la science médicale, base de

*l'art médical, revient à la physiopathologie, à la
biologie humaine, science de l'homme (comme disait
Barthez) à l'état normal et à l'état morbide; biologie humaine qui est aussi complètement et profondément distincte de la biologie animale que celle-ci est
elle-même distincte de la biologie végétale.*

*Les travaux d'anatomie comparée et les études sur
l'évolution des espèces ont développé, au siècle dernier, la description approfondie des caractères communs à l'homme et aux animaux et on s'est habitué à
décrire tous les organes de l'homme en parcourant
toute la série depuis l'amibe et les unicellulaires.
Cette phase* morphologique *de la biologie humaine
était utile; on devait commencer par là et conclure
aux analogies très grandes qui unissent l'homme aux
autres êtres vivants.*

Mais on a vu ensuite que le point de vue physiologique *devait tout primer et que la biologie humaine
devait être faite complètement au point de vue de la
fonction. Dès lors, il faut considérer l'espèce humaine, fixée depuis des milliers de siècles, comme
ayant sa biologie propre, qui doit se construire par
l'observation et l'étude de l'homme actuel et non par
l'étude de ses ancêtres plus ou moins hypothétiques.*

*Il n'y a pas de chapitre plus propre à démontrer la
vérité de cette idée que le chapitre des fonctions psychiques, étudiées dans ce livre : c'est sur l'homme
qu'il faut les étudier, les analyser, si on veut en faire
une description vraiment scientifique, positive et
utile à tous.*

*C'est ce qu'a fait Lemanski et son livre synthétise
un effort extrêmement remarquable qui est fait depuis un demi-siècle pour faire à l'étude des fonctions
psychiques sa place légitime en physiopathologie.*

Dans un passage que Lemanski cite avec grande raison, Maudsley dit que, quand il commença à étudier les maladies mentales, il fut vivement frappé de l'isolement dans lequel elles lui parurent. Ce n'est certes pas qu'elles n'eussent pas fait l'objet d'études de premier ordre et de la plus haute importance : seulement l'étude en était étroitement localisée et spécialisée. Les psychologues étudiaient, chez eux, le fonctionnement normal de l'esprit ; les aliénistes étudiaient, chez eux, le détraquement et le fonctionnement anormal de l'esprit ; et la masse des médecins, c'est-à-dire des biologistes humains, se désintéressait de la question et nul ne reliait les études entre elles, ne les vivifiait par leur contact mutuel.

Les temps ont bien changé. Tout le monde reconnaît aujourd'hui l'unité de la neurobiologie humaine ; le médecin sait qu'il doit prendre aux psychologues et aux aliénistes une partie de leurs connaissances et avoir lui aussi, une science complète des fonctions psychiques à l'état normal et pathologique. Car ces fonctions n'interviennent pas seulement en médecine mentale : avant l'asile et hors de l'asile, il y a une série de maladies psychiques du plus haut intérêt pratique ; dans toutes les maladies, il y a souvent un élément psychique de premier ordre ; dans toutes les fonctions (les splanchniques comme les autres), l'élément psychique intervient, ce qui oblige à parler aujourd'hui de fonctions psychosplanchniques et de névrose psychosplanchnique comme on parle de fonctions ou de troubles psychosensoriels ou psychomoteurs.

Tous les médecins doivent donc aujourd'hui connaître la physiopathologie du psychisme avec autant et plus de soin encore que la physiopathologie du tube digestif ou de l'appareil respiratoire.

Le docteur Lemanski a compris cette vérité; il a vu en même temps que la littérature médicale manquait précisément d'un livre court, résumé, mettant à la disposition de tous les médecins et des étudiants en médecine, toutes les connaissances nécessaires sur ce chapitre.

Il était merveilleusement préparé à cette entreprise par le nombre, la nature et l'importance de ses travaux antérieurs. Dans ses Mœurs arabes (scènes vécues) notamment, il avait montré ses qualités naturelles d'observateur et d'observateur psychologue. Il s'est mis au travail.

Et, de là, est sorti le petit livre, à qui, sans être grand sorcier, on peut prédire un très brillant et très rapide succès.

L'auteur s'est en effet pas contenté d'apporter les idées des autres, de citer les auteurs qui le « frappaient », l' « émouvaient » et « fortifiaient sa conviction ». Il ne s'est pas contenté de fournir « la ficelle pour lier la gerbe ». Il a joint des idées et des appréciations personnelles de la plus haute valeur.

Et ainsi a été édité ce livre qui dépasse les promesses de son titre et qui va devenir indispensable à tous les médecins et à tous ceux qui, en dehors de la médecine, s'intéressent à la physiopathologie de l'esprit et veulent connaître ce que l'on sait de cette science, en dehors et indépendamment de toutes les doctrines philosophiques et religieuses.

Docteur GRASSET,

Professeur honoraire à la Faculté de médecine de l'Université de Montpellier, associé national de l'Académie de médecine.

Montpellier, dimanche 24 mai 1914.

INTRODUCTION

« Définissons les mots »
VOLTAIRE.

Il est banal de répéter que l'art de guérir exige du médecin une très grande culture intellectuelle et cette vérité, méconnue pendant ces quinze ou vingt dernières années, reprend, depuis quelque temps, la force et la vérité qu'elle n'aurait jamais dû perdre. La connaissance des lettres anciennes et modernes, les humanités, en un mot, sont véritablement indispensables à tous les hommes dont l'esprit est un constant instrument de travail. Récemment, certains ingénieurs, d'une façon inattendue, ont protesté contre l'infériorité, chaque jour marquée davantage, de quelques jeunes gens trop tôt spécialisés dans l'industrie et qui avaient, au préalable, reçu une instruction à peu près exclusivement scientifique. Cette infériorité se marquait surtout dans l'énumération et l'exposition des idées dans les discussions, rapports, projets, oraux ou écrits, qui sont cependant indispensables dans les affaires et pour lesquels on exige de la clarté, de la

1

précision et de la netteté, qualités qui, vraisemblablement, paraissent être celles du style et directement
produites par la bonne culture littéraire.

Jadis, les candidats à l'École Polytechnique mettaient
une certaine coquetterie à se présenter munis du diplôme de bachelier ès lettres. Cela leur conférait le
bénéfice de quelques points d'avance sur les cama-
rades moins bien pourvus : puis, ils gardaient, ou
leurs maîtres pour eux, la conviction de ne pas avoir
perdu leur temps, aussi bien pour l'École que pour
plus tard. Aussi quelle pépinière d'hommes distingués que ces jeunes gens abordant, *avec des lettres*,
l'étude des sciences mathématiques ou physiques supérieures, avec toute la souplesse d'une intelligence
qui longtemps s'était exercée, au contact des historiens,
des littérateurs, des philosophes, des moralistes qui
ont fait l'éducation de tant de générations précédentes.

Le docteur Brunon (de Rouen) a écrit, à propos de
l'étude du grec, dans ses rapports avec la formation
intellectuelle des médecins et avec la pléthore de la
profession, une lettre, pleine de sens et haute de pensée,
au docteur Janicot, directeur du *Bulletin médical*,
qui avait nettement exprimé son désir de voir rétabli
et exigé le baccalauréat latin-grec pour les futurs étudiants en médecine.

J'extrais de la lettre du docteur Brunon deux pas-
sages importants :

« Je ne voudrais pas faire état de l'utilité étymologique du grec pour les médecins. Cette utilité pratique est d'un intérêt secondaire. Ce qui importe, c'est
que le médecin ait la plus grande culture littéraire et
philosophique possible. Et je crois que cette culture
est difficile sans le grec. La valeur d'un médecin se

mesure, non pas d'après ses connaissances scientifiques, comme le croit le vulgaire, mais d'après ses
études littéraires. Ceci peut paraître paradoxal et cependant c'est vrai. Tout le monde peut apprendre les
sciences, et tout le monde n'est pas capable de littérature. La littérature, c'est la pensée élevée synthétique. Un homme peut être un puits de science
dans lequel se combineront l'anatomie, l'histologie,
la pathologie, la bactériologie. Il ne sera *médecin*
dans le vrai sens du mot, que s'il est capable d'idées
générales.

. . . .

« L'esprit égalitaire, l'esprit faussement démocra-
tique, l'esprit primaire pousse tous les efforts vers le
pragmatisme, c'est-à-dire vers cette absurde doctrine
qu'une idée n'est vraie qu'autant qu'elle est utile. C'est
la décadence. Tout le monde se plaint de l'encombrement de la carrière médicale. Cet encombrement
existe. De tous les points de la Béotie, les candidats
affluent vers les études médicales. Le public, y compris des hommes intelligents, s'imagine que nous
voulons défendre notre gâteau en écartant les concurrents... Le trop grand nombre de médecins est une
cause d'amoindrissement de la valeur morale. » (*Bull.
méd.*, 11 juin 1913, n° 46, p. 547.)

Je ne peux qu'applaudir aux déclarations du docteur Brunon.

Assurément les humanités sont les conditions essentielles de notre première culture. Mais celle-ci ne
peut trouver de meilleur complément que dans l'étude
de la philosophie et plus particulièrement de la psychologie physiologique.

La classe de philosophie des lycées n'est qu'une
trop hâtive introduction et ne prépare pas suffisam-

ment l'élève, qui termine le cycle de l'enseignement secondaire, aux études médicales. La philosophie et la psychologie enseignées ne peuvent être que classiques, c'est-à-dire s'en tenir aux notions générales. Elle est manifestement plus spiritualiste que physiologique. Elle doit s'étendre à la logique, à la morale, à l'histoire de la philosophie, et elle ne peut naturellement qu'effleurer toutes ces matières si vastes.

Il y a quelques années, à l'Université de Montpellier, M. Milhaud, professeur de philosophie, pria M. le professeur Grasset de faire à ses étudiants une série de leçons. L'éminent clinicien accepta et son enseignement constitua une *Introduction physiologique à l'étude de la philosophie* (1). Comme le disait Grasset lui-même, *c'était un essai d'enseignement interscolaire.* Ces conférences sur la physiologie du système nerveux de l'homme, faites par un médecin et un neurologiste de valeur, s'adressaient aussi bien aux aspirants à la licence en philosophie qu'aux étudiants en médecine.

« Si, dit M. Antoine Benoist, c'est en vue des étudiants en philosophie que s'est surtout produite cette collaboration entre les Facultés diverses, ils n'ont pas été les seuls à en profiter. D'abord, cela va sans dire, les conférences dont il s'agit étaient des conférences ouvertes, et, dans le nombreux auditoire qu'attiraient quelques-unes d'entre elles, j'ai pu constater que les étudiants en droit, en médecine, en sciences, n'étaient pas moins nombreux que les étudiants en philosophie...

« Si j'ai groupé des tentatives si diverses, c'est

---

(1) Conférences réunies en un vol. : *Introduction physiologique à l'étude de la philosophie.* Alcan, 2ᵉ édit., 1910, Paris.

qu'elles répondent toutes aux mêmes besoins et qu'elles s'inspirent des mêmes idées. Les cadres de l'enseignement officiel sont trop rigides pour donner satisfaction à toutes les curiosités légitimes de l'esprit; ils supposent, d'ailleurs, entre les différentes disciplines qui composent l'enseignement supérieur une ligne de démarcation plus nette que celle qui existe en réalité. »

Aucune collaboration ne peut être plus féconde en résultats : c'est maintenir le lien entre les diverses branches de l'enseignement et conserver le goût des recherches communes.

Il me revient à la mémoire une très judicieuse réflexion du professeur Poirier, au cours d'anatomie, dans l'amphithéâtre de l'École pratique, dont il était alors le directeur.

« Messieurs, disait-il, mettez tous vos soins à apprendre de votre mieux l'anatomie : sachez bien que vous l'oublierez durant vos études et qu'il faudra encore la réapprendre une ou deux fois, pour l'oublier encore. Et soyez persuadés que, la Faculté quittée, vous n'aurez plus jamais l'occasion de l'apprendre encore... et cependant, elle est si utile au médecin. cette science de l'anatomie, si captivante, si précieuse, si vraie. »

Ne pourrait-on pas en dire tout autant de la philosophie et de la psychologie ? C'est surtout à la psychologie physiologique que vont toutes nos prédilections : elle se rattache plus directement aux sciences biologiques, à l'expérimentation, à l'observation, qui doivent nous être familières, ou pour lesquelles nous avons une inclination particulière, à cause même de notre tempérament de praticien. La psychologie physiologique est la seule médicale, la seule qui envisage constamment l'activité psychique sous son double aspect physiologique et psychologique, sans jamais les séparer, mais, au contraire, en *essayant constamment leur fusion intime pleine et entière*.

Si j'osais donner un conseil « d'ancien » à un jeune homme de 1914 ou 1915, je lui dirais :

« Vous avez, mon ami, dix-sept ou dix-huit ans, et vous êtes bachelier. C'est bien et c'est peu. Votre culture générale est absolument insuffisante pour commencer vos études de médecine. Ne vous hâtez point, ne soyez pas *pratique* : abandonnez les théories trop *utilitaires* de votre époque. Vous voulez être médecin ! C'est aspirer presque au double titre de *savant* et de *psychologue*. Savant, vous le serez aisément si vous y mettez du zèle et du temps : la mémoire surtout est en jeu. Psychologue, vous ne le deviendrez jamais sans une fréquentation assidue des bons auteurs, sans une méditation constante, sans vous façonner un esprit ouvert, avisé et pondéré.

« On demande aussi à un médecin d'être pour lui-même et pour les autres une sorte de moraliste élevé, au fonds considérable de bonté, de compassion, de pitié, de bienveillance et de résignation, et, de plus un *artiste* sachant, dans sa propre matière, dans sa personnalité trouver l'adaptation, la mise en œuvre la plus opportune, les plus adéquates des données scientifiques de la médecine. Ces données, il doit s'en servir dans l'application au malade. Mais s'il n'y a pas des maladies, mais des malades, on peut dire aussi qu'il n'y a pas un médecin, mais des médecins.

« Cette philosophie, cette psychologie, au cours de vos années de médecine, durant la période si absorbante des concours, aurez-vous le temps de les apprendre, de les cultiver, de les approfondir, de les ai-

mer ? Ayez donc le courage de sacrifier à l'*idéalisme*, à l'idée, comme à l'idéal, une année passée
dans une faculté de lettres, et prenez votre licence en
philosophie. Quelques jeunes gens privilégiés abor-
dent la médecine avec le diplôme de licencié ès
sciences, préférez celui de licencié en philosophie.
Ah ! croyez-le bien, ce ne sera pas du temps perdu et
vous aurez conquis un avantage considérable sur
tous vos concurrents, dans la lutte de la vie, comme
dans la lice où on enlève les places et les titres au
concours.»

La psychologie physiologique est aujourd'hui une
science illustrée par une pléiade nombreuse d'écrivains de haut talent, dont les ouvrages devraient être
dans toutes les bibliothèques de médecins. Je veux
citer Wundt, Maudsley, James, Bain, Spencer, Lange,
Féré, Ribot, Paulhan, Binet, Gley, Raymond et
Pierre Janet, Payot, Grasset, Le Dantec, Pierre Marie,
Bechterew, Sollier, Régis, Déjerine, etc.

Wundt a écrit, il y a bientôt trente ans, un important traité de *Psychologie physiologique*, qu'on peut
encore consulter avec fruit. W. James représente la
psychologie anglaise moderne. Le professeur Raymond, qui fut médecin de la Salpêtrière, et Pierre
Janet, professeur au Collège de France, dans une
collaboration féconde qui réunit un neurologiste
glorieux, dont le nom restera dans la mémoire de
tous les médecins, et un psychologue éminent, écrivent *Névroses et idées fixes* et *Obsessions et psychasthénies*, deux monuments importants de psychologie
physiologique et de psychologie pathologique. Je
parle plus loin de l'ouvrage important de M. Pierre
Marie. Tous ceux qui s'intéressent depuis trente ans
à la philosophie moderne ont lu les ouvrages de Ribot

qui fut le premier titulaire de la chaire de psychologie physiologique au Collège de France. Ses *Maladies
de la mémoire*, ses *Maladies de la volonté*, ses *Maladies de la personnalité*, sa *Psychologie et l'attention*,
son *Essai sur l'imagination créatrice* devraient être
dans les mains de tous les médecins. J'aurai bien
souvent l'occasion de citer les auteurs que j'ai nom-
més plus haut et particulièrement Bechterew, Grasset,
Ribot, Régis, Déjerine, Paulhan, Payot, etc.

Tous ces hommes distingués, les uns psychologues
seulement, les autres médecins, ont fait de la psychologie physiologique une science véritable, dont la
matière est le cerveau et son fonctionnement, avec la
connaissance des sources profondes de la vie psychique dans la vie organique. Ils n'ont jamais perdu
de vue l'importance de la sensibilité protoplasmique
préconsciente, de la cénesthésie, cet ensemble de nos
sensations internes, de la sensibilité générale et, en
un mot, de toutes les réactions réciproques et constantes du physique et du moral.

« Je considère le médecin, dit Grasset (1), non
comme un praticien vulgaire chargé de soulager ou
de guérir les maladies, mais comme le savant chargé
de connaître la physiopathologie de l'homme, qui
analyse le fonctionnement psychique, comme le fonctionnement moteur ou digestif de l'homme, qui est à
proprement parler le représentant et le travailleur de
la *Biologie humaine*. »

Pouvons-nous, en effet, ignorer une branche si
importante de la biologie ?

« Quand je commençai, dit Maudsley, à étudier les
maladies mentales — il y a déjà plus de vingt ans — je

_____
(1) GRASSET, *les Demi-fous et les Demi-responsables*, p. 6.

fus vivement frappé de l'isolement dans lequel elles me parurent. D'un côté les traités de psychologie n'en faisaient aucune mention et ne fournissaient aucun secours pour en faciliter l'intelligence et, d'autre part, les traités sur les maladies mentales, tout en fournissant des documents complets sur le sujet, le traitaient comme s'il appartenait à une science entièrement distincte de tout ce qui a rapport à l'esprit sain. Comme les études de psychologie, de physiologie et de pathologie mentale concernaient, en réalité, le même sujet, il était clair que des méthodes qui suivaient des lignes différentes entièrement distinctes, devaient être fautives, en une certaine mesure, et que c'était rendre service et en même temps faire une œuvre pleine de promesses que d'essayer de les mettre en rapport l'un avec l'autre et de faire en sorte que la psychologie, la physiologie et la pathologie pussent s'aider et s'éclairer mutuellement. » (MAUDSLEY, *Pathologie de l'esprit.* Germer-Baillière, 1883.)

Ce sont donc bien là des sciences indispensables au médecin, à chaque pas qui le fait pénétrer plus profondément dans l'immense domaine de la psychologie physiologique, de la pathologie mentale. Et je ne parle pas, en ce moment. de l'exercice de la médecine sur lequel je reviendrai dans un instant. C'est surtout dans l'étude de la neurologie que l'ignorance de la psychologie serait particulièrement inacceptable. Le système nerveux comprend aussi bien le cerveau, avec la pensée, que les centres gris secondaires, la moelle et les faisceaux conducteurs, sensitifs et moteurs. Enfin, il contient, dans un chapitre spécial le nombre considérable de réflexes de tous genres, qui sont pour ainsi bien l'essence neuro-psychique, réflexes qui permettent mille et mille actions combinées,

dont le point de départ est tantôt neuro-psychique,
neuro-organique, d'origine externe, sensorio-sensitive,
générale, d'origine interne, cénesthésique.

Elle fait comprendre le préconscient, le subconscient, le conscient, la coordination des mouvements,
d'abord volontaires, puis automatiques (marche, arts
manuels, écriture, virtuosité musicale, sports), et
aussi l'automatisme psychique, si bien décrit par
Pierre Janet et Grasset.

Et que dire maintenant de la psycho-physiologie et
de la psychiâtrie ? Ne sont-elles pas unies par un lien
étroit. La première est l'introduction et la préface
indispensables à la seconde. Et pour ma part, je re-
grette beaucoup que les grands traités de psychiâtrie,
les manuels de médecine mentale n'aient pas été toujours précédés d'un résumé pratique, fait par un médecin pour des médecins, de psychologie physiologique. Dieulafoy ne faisait-il pas, dans sa *Pathologie
interne*, au début de chaque chapitre, une révision
rapide de l'anatomie et de la physiologie de l'organe
dont il étudiait la maladie. Il ne craignait pas de
rafraîchir la mémoire de son lecteur. Et son exposé
présentait les points essentiels de la question dans
ses rapports avec la pathologie et la clinique. Ce procédé était excellent et précieux pour le médecin,
qui voulait revoir une question, ou pour l'étudiant
qui voulait l'apprendre.

Les psychiâtres sont aujourd'hui tous des psychologues fins et érudits : la tâche leur eût été facile. Je
vais la tenter modestement, avec infiniment moins
d'autorité et de compétence, mais avec le désir et le
soin sincères d'être utile, en offrant aux autres des
notes que j'ai recueillies et le résumé des lectures que
j'ai faites, d'abord pour moi-même,

La psychiatrie a, sinon son synonyme absolu, mais son équivalent dans la psychologie pathologique. Et, à vraiment parler, s'il y a une psychologie physiologique, il doit évidemment y avoir une psychologie pathologique. D'éminents médecins l'ont compris et ont précisé cette tendance. Le docteur Aug. Marie, médecin en chef de l'asile de Villejuif, a pris la direction d'un *Traité international de Psychologie pathologique*, où sont étudiées la *Psychopathologie générale* et la *Psychopathologie clinique*. Nous en conseillons vivement la lecture. Pierre Janet, professeur au collège de France, et G. Dumas, professeur à la Sorbonne, dirigent le *Journal de psychologie normale* et *pathologique* dont le titre est une déclaration et un programme suffisamment nets.

Pour n'avoir pas été assez psychologues, des médecins ont commis des erreurs d'interprétation, au point de vue étiologique et pathogénique des psychoses, qui entraînent les plus grandes confusions. A ne prendre un *terme* que dans sa conception courante, on risque d'en méconnaître et d'en défigurer le sens vrai psychologique, et partant, d'en tirer des données absolument erronées. Un.exemple suffira. Pour beaucoup, l'évolution de *l'émotion* comprend trois stades :

Stade intellectuel (idée triste, nouvelle déprimante ou agréable, association d'idées, etc.).

Stade émotif (mouvement affectif, trouble sthénique ou asthénique succédant à l'état intellectuel).

Stade physiologique (consécutif aux deux précédents, résections commandées par les réflexes organiques).

Nous verrons au cours de ces Rudiments qu'avec Lange, James, Sergi, Ribot et surtout Bechterew, il vaut mieux admettre un processus neuro-psychique

plus logique qui donne une autre signification au
terme « *émotion* ». La succession des phénomènes
est la suivante :

α) Annonce d'une nouvelle agréable ou désagréable
(stade intellectuel, impression interne, reviviscence);

β) Formation du tonus affectif (ischémie cérébrale,
trouble de la nutrition cérébrale, *émotion*);

γ) Troubles physiologiques concomitants.

Cette donnée est infiniment plus utile au médecin
qui se préoccupera de l'étiologie et de la pathogénie
de certaines psychonévroses, neurasthénie, en particulier, dans laquelle *l'émotion* joue un si grand rôle.

Enfin nous avons eu le souci de prendre pour base
constante de notre description psycho-physiologique
le réflexe, conception fondamentale, résultat premier
de toute manifestation biologique et dont le schéma,
en se compliquant, s'affirme encore dans les combinaisons les plus élevées de l'activité neuro-psychique.
Comme nous le verrons dans la suite *le noyau individuel des réflexes* explique clairement la formation
de la personnalité et du caractère.

Dans l'exercice de chaque jour, dans la pratique
clinique, le médecin n'a-t-il pas besoin de connaître
le *caractère* de son malade? N'aura-t-il pas besoin
de faire en ce cas de la psychologie clinique? Certes,
dans le vulgaire, on a bien vite fait de juger un individu d'un mot, d'une épithète et on croit avoir désigné
son individualité. La diagnose d'un caractère est aussi
difficile que celle d'une maladie. Il faut en connaître
les symptômes, les signes, les éléments principaux.

Ribot a écrit : « Le caractère plonge ses racines
dans l'inconscient, ce qui veut dire dans l'organisme
individuel; c'est là ce qui le rend si difficile à pénétrer et à modifier. »

Il a donc des origines physiologiques qui se rapportent directement aux préoccupations du thérapeute et que le médecin n'a pas le droit d'ignorer. La personnalité, et le caractère qui est son orientation particulière chez chaque individu, n'est pas une entité philosophique, mais un complexus de sensations et d'impressions, externes ou internes, subsconscientes ou conscientes.

Ce point de vue biologique et médical sera le seul qui nous préoccupera dans cet ouvrage. C'est un livre très simple, fruit d'une longue et constante étude des psychologues et des neurologistes modernes, à la lecture desquels je me suis complu.

C'est pour éviter aux étudiants et aux jeunes médecins, peu familiarisés avec ces recherches, de lentes et patientes investigations, que j'offre au public médical cette esquisse. Je me suis surtout inspiré des auteurs les plus modernes. J'ai notamment accepté les théories du psychisme supérieur et inférieur de Grasset. Mais je n'ai pas fait seulement une compilation et je revendique la responsabilité des opinions qui pourraient paraître trop personnelles et qui ne sont qu'une façon d'exposer les diverses doctrines, de développer certaines questions.

J'ai voulu écrire un ouvrage de vulgarisation et présenter les données de la psychologie physiologique d'après les auteurs les plus récents. Je n'ai donc pas craint de multiplier les citations, pensant qu'elles étaient utiles pour mieux étayer mon développement en signalant les sources et les autorités, et indispensables pour donner le goût de lire les auteurs mentionnés. Je suis sûr que le texte n'en sera pas surchargé et gagnera en précision et en force.

GÉNÉRALITÉS

———

CHAPITRE PREMIER

OBJET DE LA PSYCHOLOGIE PHYSIOLOGIQUE

Sommaire : La psychologie normale. — La donnée objective. —
Le physique et le moral. — Monisme biologique. — Le processus neuro-psychique. — Réflexologie. — Faits et fonctions psychiques.

Ii est possible pour un même objet de varier les
appellations, mais, au demeurant, il suffit de s'entendre. Notre titre de « psychologie physiologique »
nous a paru aussi justifié que la dénomination de « psychophysiologie » proposée par Grasset. Quand Auguste Marie a dirigé l'édification de son *Traité international de psychologie pathologique*, il supposait impli-
citement l'existence de la psychologie physiologique.
L'une étudie l'homme pensant sainement, l'autre
l'homme malade, délirant. Pour le médecin, la psychologie normale ne peut être véritablement que phy-

siologique. C'est pour lui l'étude des fonctions du cerveau. Il doit apprendre le mécanisme de la pensée qui est avant tout une manifestation biologique. Il se renseignera, dans ce but, auprès des psychologues contemporains qui, comme le dit Wundt, « ont simultanément commencé par se rendre plus familiers avec l'expérience physiologique ; et les physiologistes ont senti la nécessité de consulter la psychologie, relativement à certaines questions limitrophes, auxquelles ils se heurtaient ». L'homme vit par ses sensations, par ses instincts, par ses impulsions ou ses *tendances*, qui ont un substratum éminemment organique, et il n'en faut pas excepter les tendances, même les plus élevées. Pour Ribot la tendance n'est qu'un mouvement. Ce qu'on appelle états agréables ou pénibles ne constitue que la partie superficielle de la vie affective, dont l'élément profond consiste dans les tendances, appétits, besoins, désirs, qui se traduisent par des mouvements. La plupart des traités classiques disent : « La sensibilité est la faculté d'éprouver du plaisir ou de la douleur. La tendance n'est rien de mystérieux : elle est un mouvement ou un arrêt de mouvement à l'état naissant. » (*Psych. des sentiments*, p. 2.)

La psychologie pure, telle qu'on l'a connue pendant des siècles, se bornait à l'étude de la pensée par l'observation intérieure : elle était subjective. Le médecin a besoin de connaissances plus physiologiques. La psychologie moderne s'écarte de plus en plus des recherches et des analyses exclusivement subjectives. Elle accepte encore l'aide de l'observation interne, mais elle considère cette introspection comme une auxiliaire. Elle a recours aux procédés plus scientifiques de l'observation et de l'expérience dont les faits psychiques sont justiciables, beaucoup plus qu'on ne l'avait cru pendant longtemps.

« Il est bon, dit Bechterew, de conserver le nom de « psychologie objective » pour mettre en évidence le rapport de la nouvelle discipline à l'ancienne psychologie et pour inculquer la conviction que les mêmes phénomènes peuvent être étudiés des deux côtés, par l'observation interne et par des procédés objectifs. » (*Psychologie objective*, p. 18.)

Nous sommes plus que tous autres les spectateurs des réactions neuro-psychiques, que par tradition de langage nous appelons encore les rapports du physique et du moral. « Par suite, dit encore Bechterew, pour éviter tout malentendu et supprimer l'opposition invétérée du physique et du psychique, il est légitime et même nécessaire de remplacer la notion des phénomènes psychiques par celle des processus neuro-psychiques — neuro-psychiques chez les animaux doués d'un système nerveux, bio-psychiques chez les protistes. » (*Op. cit.*, p. 6.)

Les sciences physico-chimiques, l'anatomie, la physiologie nous apprennent la constitution du physique : la psychologie physiologique nous fera connaître le mécanisme du moral et surtout cet état de rapport permanent, d'unité parfaite, dans lequel ils vivent. On ne peut ainsi séparer l'un de l'autre le physique et le moral. Nous avons constamment devant les yeux les preuves de leur *entité* biologique.

Il y avait autrefois une psychologie et une physiologie nettement opposées, qui n'avaient ou ne voulaient avoir aucun motif de rapprochement, aucun terrain commun d'entente, se refusant à tout prétexte de fusion. De nos jours, la psychologie physiologique ne sert pas de lien ou de trait d'union entre les deux sciences presque ennemies jadis, mais elle marque la nécessité de l'étude du cerveau, organe, et du mécanisme de la pensée, somme fonctionnelle des centres nerveux supérieurs.

Le médecin n'a pas à rechercher la nature de la pensée et de la conscience, pas plus qu'il ne pourra jamais connaître l'essence de la vie. Il doit approfondir surtout le fonctionnement cérébral, les diverses sortes de *faits psychiques*, les différentes coordinations de ces faits (opérations de l'esprit : sensibilité, idéation, jugement, volonté, etc.) et leurs modalités particulières. Pour lui, nous le répétons, la psychologie appartient à la biologie. La psychologie étudie les phénomènes de la pensée : on se servira pour les connaître de plus en plus de l'étude objective (psychologie objective), restreignant de plus en plus le domaine de la psychologie subjective qui se servait de l'examen subjectif, de l'introspection, de la conscience. Le fait psychologique est ainsi une manifestation qu'on peut étudier directement, objectivement. Mais « il faut toujours, comme écrit Ribot, embrasser dans le phénomène *tendance*, qui est générique et renferme ses synonymes, besoins, appétits, instincts, inclinations, désirs, à la fois le côté psychologique et le côté physiologique ». Cette psychologie est également utile au médecin pour la classification et l'étude séméiologique des phénomènes psychiques et pour mieux faire percevoir l'unité (physico-psychique) biologique de l'organisme humain. Le médecin parvient à cette connaissance par les recherches de psychologie physiologique qui fortifient cette conviction (au moins pratiquement, sans discussion sur l'*espèce* métaphysique de la pensée ou de la vie), que l'individu vivant et pensant, étant une entité, neuro-psychique ou psy-

chosomatique très nette, il devra toujours se préoccuper des rapports du physique et du moral, comme
des rapports du moral sur le physique, c'est-à-dire de
l'état de réflexion constante et réciproque dans lequel
ces deux pôles apparents (le physique et le moral) se
trouvent perpétuellement l'un vis-à-vis de l'autre (1).

En envisageant la psychologie comme un chapitre
spécial de la physiologie, le médecin reconnaît déjà une
théorie de *monisme biologique*. Mais, en pratique, il
acceptera une *dualité artificielle* pour distinguer le
travail cérébral, la fonction nerveuse centrale supérieure, phénomène psychique, des autres fonctions organiques, somatiques (digestion, respiration, circulation, etc.), phénomènes physiologiques. L'opposition,
empiriquement, subsiste entre le psychique et le somatique, entre l'esprit et le corps, et surtout, nous le
répétons, pour les commodités du langage.

Le médecin doit toujours avoir devant les yeux la
formule suivante, qui n'a aucune prétention à la ri-
gueur et à la précision mathématiques, mais qui apparaît comme un schéma commode :

$$\frac{\text{Physique}}{\text{Moral}} + \frac{\text{Moral}}{\text{Physique}} = \frac{\text{Unité biologique}}{\text{(neuro-psychique)}}.$$

Il envisagera constamment ce rapport réciproque,
qui dépend, d'ailleurs, de la réflexologie générale que
nous étudierons plus loin. Cette réaction constante et
réciproque du physique et du moral est due à l'existence et à l'organisation, purement physiologique, des
réflexes psycho-somatiques ou somato-psychiques

(1) Si cette opposition du physique et du moral a été aban-
donnée dans le langage psychologique moderne, il a encore
une valeur conventionnelle en médecine pratique, surtout dans
les rapports de malade à médecin.

(neuro-psychiques). Claude Bernard avait déjà dit excellemment que le sens interne, la conscience, est insuffisant pour une bonne observation de l'activité mentale et qu'il était besoin d'en découvrir les réactions physiologiques.

Déjerine et Gauckler apportent la même affirmation : « Est-il donc possible de dissocier dans l'être un organisme physique, d'une part, qui fonctionnerait d'une façon autonome et en quelque sorte spontanée, et d'autre part, un organisme psychique qui penserait dans le vide et sentirait dans l'espace ! A vrai dire les médecins conçoivent volontiers l'action que le physique peut exercer sur le moral. Mais existe-t-il dans la matière vivante des relations qui soient ainsi unilatérales ? Nous ne le pensons pas et c'est le propre même de la vie, d'être faite de phénomènes qui sont à la fois cause et effet. Il ne serait même pas nécessaire de s'élever jusqu'aux abstractions métaphysiques pour montrer que c'est par là même que la vie s'entretient. On ne saurait, à notre sens, affirmer l'action du physique sur le moral, sans affirmer du même coup l'action réciproque du moral sur le physique. »

Cette dernière formule est conforme aux données scientifiques de la psychologie physiologique. Celles-ci sont encore de date toute récente : elles sont le résultat d'investigations, d'expériences très modernes. Elles se résument en certaines manifestations du processus neuro-psychique que nous étudierons dans un chapitre spécial. Disons déjà que le processus neuro-psychique, à forme d'arc reflexe, domine toute la psychologie physiologique. Bechterew fait l'importante déclaration suivante, que nous acceptons, pour notre part, en son entier et sans aucune restriction.

« Comme les réflexes cérébraux se rattachent par

des transitions imperceptibles aux fonctions de la
moelle et celles-ci au fonctionnement du système
ganglionnaire, il est clair que l'étude des phénomènes
neuro-psychiques peut s'étendre jusqu'à embrasser
toutes les réactions de la matière vivante, depuis l'irritabilité du protoplasma animal. De ce point de vue la
psychologie rentre dans le domaine de la biologie
générale et peut être désignée comme une partie de
celle-ci, comme la *réflexologie*, terme qui paraît tout à
fait approprié à son contenu. Le néologisme que nous
proposons ici a pour lui de ne plus contenir aucun
élément inconnu et de mettre fin, par là, à l'isolement
des phénomènes psychiques. (*Psych. object.* p. 14.)

La psychologie physiologique a eu le grand mérite
de souligner l'importance de la sensibilité protoplasmique, vitale, organique, préconsciente, comme dit
Ribot. Elle a montré toute l'importance de la *cénesthésie*, cet ensemble de sensations organiques internes
dont nous n'avons souvent qu'une vague conscience,
mais qui sont la marque et le produit évidents des
mouvements et des actions physico-chimiques de
tous nos tissus et de toutes nos humeurs. Elle tendra
tous ses efforts vers l'étude de cette *cénesthésie* (dont
nous percevons certaines impressions qui nous sont
connues : faim, soif, besoin de sommeil, fatigue),
vers l'étude de la sensibilité particulière et générale,
de l'activité mentale proprement dite (qui trouve son
fondement réel dans la cénesthésie et la sensibilité).

« Tous les efforts de la psychologie physiologique,
dit Wundt, ont pour but d'expliquer les phénomènes
psychiques élémentaires, qu'elle s'applique à découvrir en partant d'abord des phénomènes physiologiques qui sont connexes aux premiers. Ainsi notre
science ne prend pas immédiatement son point de

vue au milieu du théâtre de l'observation interne,
mais elle tâche d'y pénétrer du dehors. C'est pourquoi
elle peut justement recourir au moyen le plus efficace de l'explication de la nature, à la méthode expérimentale. »

Le docteur Auguste Marie, dans sa *Préface* du
livre récent de Bechterew (1), dit aussi très justement :
« Nous avons trouvé très convaincantes les preuves
qui font rentrer les phénomènes de la vie mentale
dans le schéma des réflexes cérébraux. L'œuvre de
W. Bechterew fournit ici des arguments nouveaux
du plus puissant effet. Dans cette partie elle présente,
en outre, un intérêt de la plus vive actualité, et nous
sommes doublement heureux de féliciter l'auteur pour
la synthèse des recherches objectives qu'il a faites
avec tant de patience et d'érudition, et pour l'extension
de celles-ci au domaine de l'idéation qui présente un
si vif intérêt. »

Ainsi convaincu de l'identité biologique de
l'homme, de son unité faite de la fusion intime et profonde du physique et du moral, le médecin étudiera
également les *deux composantes* du malade qu'il
observera. La psychologie pure d'autrefois, science
trop abstraite, trop intellective, trop subjective,
n'approchant des phénomènes organiques que dans
l'examen de la sensibilité, réduite aux perceptions
sensitivo-sensorielles, ne lui serait d'aucune utilité.
Nulle manifestation mentale ne lui apparaîtrait dans
ses conditions essentielles et profitables.

Au contraire, sur l'anatomie et la physiologie du
système nerveux, sur le mouvement de la sensibilité

(1) BECHTEREW, professeur à l'Académie impériale de médecine de Saint-Pétersbourg, directeur de la Clinique des maladies mentales et nerveuses. *Psychologie objective*. Alcan, 1913.

même très rudimentaire, de tout protoplasma vivant, sur les réactions physico-chimiques nécessaires au travail cérébral, sur les transformations nutritives indispensables à la cellule nerveuse, sur l'influence de la circulation sanguine, de son tonus comme sur la qualité du sang, sur les différents réflexes de l'activité neuro-psychique, il édifiera sa connaissance de l'homme moral. C'est là le but de la psychologie physiologique. Grâce à elle, on a pu établir, comme l'ont bien montré Grasset et Pierre Janet, trois groupes de fonctions psychiques.

« 1° Les fonctions psychiques, dit Grasset, sensorio-motrices ou fonctions psychiques de relations intérieures.

« 2° Les fonctions psychiques inconscientes ou automatiques (psychisme inférieur).

« 3° Les fonctions psychiques supérieures, conscientes et volontaires. » (GRASSET, *Demi-fous*, p. 37.)

Ces diverses fonctions permettront d'apprendre que les sentiments, les émotions, les passions, les caractères sont construits, identifiés, développés sur un égal et constant fondement organique, que nos tendances, nos aspirations les plus élevées, égoïstes, altruistes, sociales, religieuses, artistiques, ont aussi leurs racines profondes dans les tendances biologiques primordiales : instincts, besoins, appétits, etc.

La psychologie physiologique se propose tout ce programme. Le médecin doit s'en servir pour étayer et construire ses acquisitions et ses connaissances relatives au *moral*.

Et surtout, de cette façon, il sera apte à considérer constamment les réactions réciproques du physique et du moral dont l'importance pratique si considérable ne doit jamais lui échapper ou le laisser indifférent.

CHAPITRE II

LE PSYCHIQUE ET LE MENTAL

Sommaire : Valeur étymologique et biologique. — Psychisme, fonction du cerveau. — Dualisme de convention. — Polygone de Grasset. — Faits psychologiques et activité mentale. — Classification des faits psychiques. — Mental et psychique supérieur.

Le fait psychique se passe, pour ainsi dire, de définition et sa nature paraît évidente. Dérivé du mot ψυχή, âme, il se rapporte, étymologiquement à tout ce qui a trait aux fonctions de l'esprit. Le « psychique » peut se rattacher au terme plus général de *psychisme* qui suppose que le travail cérébral est dû à un fluide spécial.

« Il n'est pas inutile, écrit Grasset, dans son *Psychisme inférieur*, de faire remarquer que je conserve aux mots psychisme, psychique, leur ancien sens traditionnel et classique. J'appelle psychique, un acte, un phénomène... dans lequel il y a de la pensée et de l'intelligence. »

De la valeur « étymologique », les spiritualistes déduisent la notion de substance immatérielle, impondérable, sur la nature métaphysique de laquelle on peut discuter à perte de vue. L'âme et le corps pour le philosophe peuvent être d'*essence* différente. Pour le médecin, ils n'ont qu'une interprétation biologique. Et pour ce dernier il serait tout aussi inutile et oiseux de rechercher une explication de la vie, qu'une démonstration de la nature de la pensée.

Landouzy et Jayle donnent dans leur *Glossaire médical*, une définition qui nous paraît moins préjuger de la qualité de l'âme.

« Psychothérapie, écrivent-ils (ψυχή, esprit, θεραπεία, traitement). Ensemble de procédés permettant d'exercer sur la seule direction imprimée au système nerveux central, une action souvent extrêmement puissante, soit sur les troubles psychiques, soit sur les troubles physiques. »

Cette définition précise davantage la position médicale. D'une part, le fait psychique est équivalent de fonction de l'esprit et dépend exclusivement du système nerveux central.

Pour la psychologie physiologique, la pensée ne peut avoir que des bases organiques et elle participe à la biologie générale. Elle est soumise aux grandes lois du déterminisme, et entre le physique et le moral n'existe pas de dualité irréductible. C'est le monisme physiologique, c'est-à-dire l'identification en une seule et même substance vivante.

« Le dualisme, dit Aug. Forel, c'est la théorie de Ptolémée qui conduit à d'absurdes contradictions et exige des croyances mystiques sans aucun fondement scientifique, dès qu'on veut vérifier les faits à son aide. A l'aide du monisme, au contraire, tout s'explique clairement et sans contradiction, comme le mouvement des astres avec la théorie de Copernic. On peut même souvent calculer et prédire les réac-

tions psychologiques. Voilà pourquoi nous sommes
en droit d'admettre le monisme comme démontré,
jusqu'à preuve du contraire, c'est-à-dire jusqu'à ce
qu'on ait prouvé qu'il existe des âmes sans cerveau et
des cerveaux vivants sans âme. » (*L'âme et le système
nerveux*. Paris, Steinheil.)

Il est donc impossible d'admettre une opposition
de *qualité* entre le phénomène psychique et le phénomène physiologique : ce serait œuvre de philosophie spiritualiste et tenter une explication métaphysique. Nous devons rester ici sur le domaine des
recherches strictement positives et limiter notre étude
aux faits d'observation et d'expérience.

Nous pourrions faire dans cet ouvrage la même
déclaration que Grasset dans son livre des *Demi-fous
et demi-responsables.*

« Il faut donc bien poser ici cette première proposition : je ne m'occupe pas du tout, dans ce livre,
du principe de la pensée et du psychisme : je n'ai en
vue que l'appareil nerveux par lequel s'exerce et se
manifeste ce psychisme. Je parle uniquement du
cerveau, de l'organe matériel nécessaire à l'exercice
actuel de la pensée humaine. Je ne m'occupe pas du
tout du principe immatériel et immortel que certaines
religions et certaines philosophies admettent sous le
nom d'âme. Les spiritualistes les plus convaincus
admettent bien que dans la vie actuelle, telle que
nous l'étudions, l'âme ne peut pas penser sans cerveau ; ils admettent aussi, tous, que la folie est une
maladie, non de l'âme, mais du corps. L'étude en
appartient pour cela, aux médecins qui ne connaissent et n'étudient que le corps et qui trouvent souvent chez ces malades des lésions matérielles du cerveau. »

Pour Gley, pour Ribot, pour Wundt, pour Forel et bien d'autres, le monisme apparaît incontestable. Il a servi de base aux recherches de ces différents auteurs dont les travaux établissent les sources organiques des fonctions les plus élevées de l'esprit et l'intime union de ceux-ci avec les phénomènes physico-chimiques, en particulier, leurs relations avec les phénomènes de mouvement.

La formule de Condillac : » L'homme qui pense est la somme de ses sens   recevrait ainsi une confirmation et une démonstration physiologiques, ce qui lui ferait gagner singulièrement en force et en précision expérimentales.

Dans la pratique, si l'opposition de langage et de fait persiste, ce n'est exclusivement que pour les commodités de l'étude. Il faut différencier la fonction cérébrale des autres manifestations organiques et on distingue les faits psychiques et les faits physiologiques, le psychique et le somatique, le moral et le physique. Toute la terminologie dérivée, psychiatrie, psychasthénie, psychothérapie s'inspire de cette convention qui fixe bien les idées, établit la démarcation entre la fonction du système nerveux central supérieur et les phénomènes de la vie organique proprement dite (estomac, poumon, cœur, système nerveux cérébro-spinal, vaisseaux, humeurs, vie cellulaire, etc.)

Le fait psychique est le résultat de l'activité cérébrale qui se manifeste dans toute sa pureté, chez l'homme, à l'état de veille et qui peut disparaître ou être modifiée dans le sommeil naturel, l'hypnose, le somnambulisme, ou par les états infectieux aigus (délires), les intoxications (ivresse alcoolique), les anesthésies (chloroforme, éther, etc.), les psychonévroses. Elle varie avec les individus, la race, les pays.

la situation et les milieux sociaux, les époques, dans des proportions assez considérables. Elle se manifeste objectivement ou subjectivement. Grâce au langage, l'homme possède un moyen qui lui permet de transmettre ses idées à autrui et de le faire participer à son travail cérébral, à sa pensée. L'activité neuropsychique se constitue et se développe par l'acquisition sensorielle constante, par les images qui s'emmagasinent, par les concepts abstraits qui ont toujours pour ainsi dire un fond 5 organique (tendances, appétits, images, émotions). La mémoire fixe l'activité cérébrale dans le temps. L'idée, le fait psychique proprement dit, organise par des associations multiples l'intelligence et son évolution. La personnalité, le caractère, l'individualité participent à des éléments organiques dominants et extrêmement importants et constituent le moi, l'identité de l'être, grâce à l'observation intérieure, la conscience.

Le psychique, comme nous le verrons encore plus loin n'est pas synonyme de *conscient*, comme le voudraient certains psychologues. En effet, il est bien évident qu'il y a des faits nombreux de psychisme (automatisme, sommeil, rêves, somnambulisme, hystérie) qui sont des actes intelligents, des phénomènes de pensée sans participation de la conscience, de la volonté. Au point de vue biologique général, l'évolution montre la transformation successive de la sensibilité protoplasmique, en sensation, en mouvement réflexe et, avec l'organisation supérieure des êtres, en volonté, en conscience, en libre détermination, avec l'apparition du cerveau supérieur, de la zone corticale, siège de la volonté et du pouvoir inhibiteur.

« Le phénomène psychologique élémentaire, dit

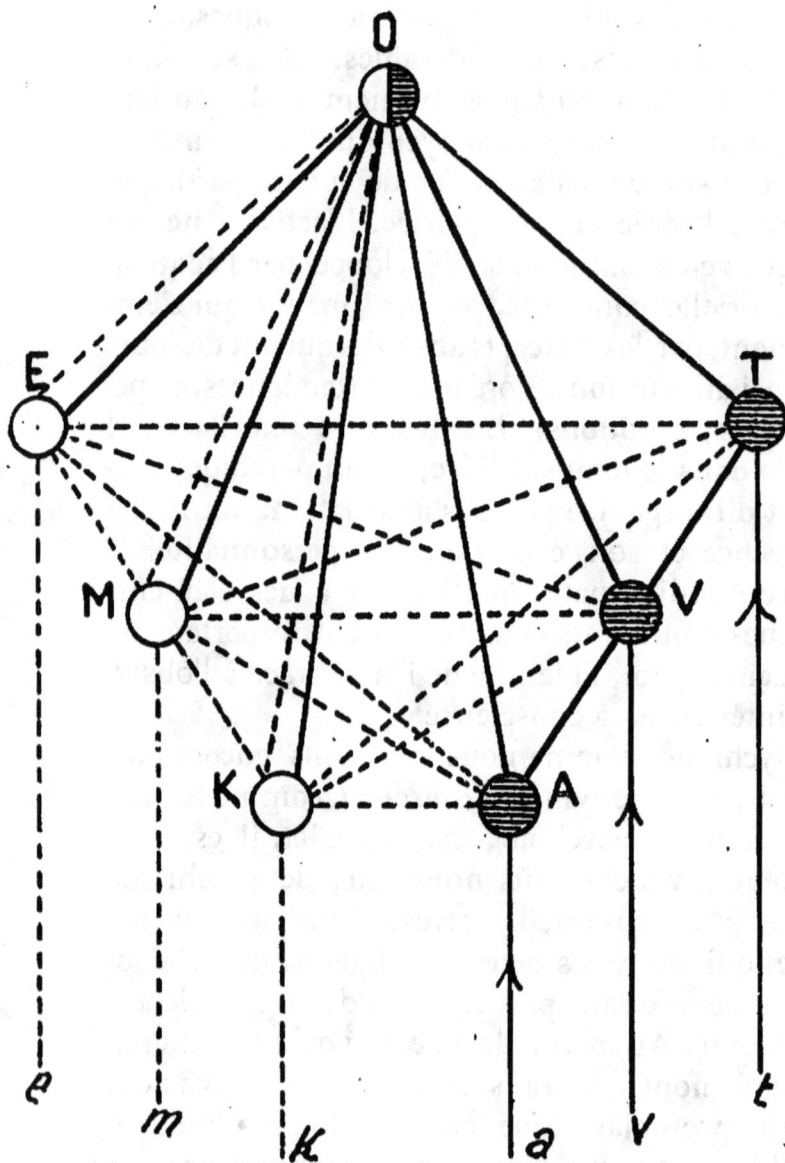

Fig. 1. — Schéma du polygone, d'après le professeur Grasset.

O, centre psychique supérieur de la personnalité consciente, de la volonté libre, du moi responsable; — A, V, T, E, M, K, centres inférieurs, subconscients, automatiques du polygone. — Les traits pleins sont centripètes, comme AO, LO; — Les traits demi-pleins sont centrifuges, comme OK, OE; — Les traits pointillés sont transpolygonaux; réflexes, automatiques, subconscients, TE, MV.

Grasset, n'est pas la sensation consciente. Il y a, au-dessous, la sensation inconsciente, et on ne peut pas dire que, par définition, le phénomène psychique est, nécessairement, un acte conscient. »

Le fait psychique n'est ni pondérable, ni obser-vable directement, mais dépend cependant de réac-tions physico-chimiques, réflexes, dynamiques, or-ganiques qui sont du domaine de l'investigation physiologique, et tributaires, par conséquent, de l'ex-périence.

Gley a montré la corrélation de certains phéno-mènes physiologiques avec l'activité mentale. Il a institué de nombreuses expériences sur la fréquence, l'intensité, la forme, la régularité du pouls, au cours du travail intellectuel. Il en fit de même sur les rap-ports de l'activité neuro-psychique avec la circulation du sang (battements du cœur, pression sanguine, circulation périphérique, circulation cérébrale). Il établit également des expériences sur l'influence du travail intellectuel, sur la température centrale, sur la température périphérique, sur la thermogénèse, sur la température du cerveau, sur les échanges nutritifs, sur la durée des actes psychiques, sur les mouvements musculaires inconscients en rapport avec les images ou concepts. Ses recherches et ses expériences sur les sensations et le sens musculaire sont pleines d'inté-rêt et montrent la transition insensible et graduelle entre le phénomène physiologique et le fait psy-chique. Elles prouvent les bases organiques essen-tielles du fait psychique, ses racines profondes dans le subconscient et la sensibilité interne (la cénes-thésie). Ainsi comprise la psychologie n'est à propre-ment parler qu'un chapitre spécial de la physiologie de l'homme.

Ribot dans la préface de sa *Psychologie des senti-*
ments établit très nettement sa théorie sur l'origine
organique des sentiments qu'il se propose de développer et de rendre démonstrative au cours,de cet important traité.

« La thèse, dit-il, que j'ai appelée physiologique
(Bain, Spencer, Maudsley, James, Lange , etc.) rattache tous les états affectifs à des conditions biologiques et les considère comme l'expression directe et
immédiate de la vie végétative. C'est celle qui a été
adoptée, sans restriction aucune, dans ce travail. »

D'après Grasset, le fait psychique ou psychisme se
divise en deux classes :

1° Le psychisme inférieur, polygonal, subconscient
(Voir la figure n° 1 ci-contre).

2° Le psychisme supérieur (ou centre O),conscient,
mental proprement dit.

Ce dernier a pour propriété essentielle la volonté consciente et la délibération. Déjà, pour Grasset, les mots
psychique, conscient, mental ne sont pas synonymes.
Le psychisme inférieur constitue l'automatisme coor-
donné, subconscient, avec participation intellectuelle,
mais sans conscience volontaire, sans contrôle *consul-
tatif* ou délibératif, sans liberté, sans pouvoir d'*inhibition*, de frein, de bloquage, qui sont les qualités,
l'essence du psychisme supérieur. Celui-ci est à proprement parler le *mental*.

Pour Grasset il y a donc deux groupes d'actes psychiques :

α) *Les supérieurs*, volontaires, libres, conscients,
intelligents, délibératifs et exécutifs ;

β) *Les inférieurs*, automatiques, subconscients,
intelligents dans une certain mesure mais non libres,
non pourvus de contrôle d'évaluation, d'hiérarchisa-

tion, avec une part de volonté, mais non libre, volonté inférieure.

« La volonté, dit Grasset, n'est pas plus contradictoire à l'automatisme que l'attention à l'inconscience. C'est à la volonté *libre* et à l'attention consciente et réfléchie que l'automatisme et l'inconscience sont contradictoires. On peut vouloir et faire attention sans le savoir et sans le vouloir librement. »

Ces distinctions ont la plus grande importance. comme on le verra par la suite, et il n'était pas inutile d'insister et de donner l'opinion des auteurs qui ont été les plus explicites.

Pierre Janet exprime une opinion à peu près semblable à celle de Grasset :

« L'unité, au moins relative, de l'esprit nous semble réalisée, plus ou moins complètement, par les phénomènes de la volonté et de l'attention. Nous n'aurons pas à étudier ces phénomènes qui sont les opposés des faits d'automatisme. »

La *position* de Grasset me paraît plus acceptable au point de vue de la neuropathologie clinique. Et, comme il le dit, il n'est pas contradictoire de reconnaître de la *volonté* au *psychisme inférieur*, mais cette *volonté* est *subconsciente, non* libre.

Ces deux classes de faits psychiques ont des localisations anatomiques différentes. Nous verrons au cours de cet ouvrage que toute l'écorce cérébrale est *neuro-psychique* et que la région préfrontale supérieure est *psycho-mentale*. Pour se conformer au schéma polygonal de Grasset (que nous étudierons plus loin en détail) le neuro-psycho-mental appartient au centre O (région corticale préfrontale), le neuro-spychique au polygone (tout le reste de l'écorce).

Répétons encore, pour terminer, que *mental* (neuro-psycho-mental) correspond au *psychisme supérieur* de Grasset, conscient, volontaire, libre, et que le *neuro-psychique* répond au *psychisme inférieur*, du même auteur, subconscient, automatique.

CHAPITRE III

L'ÉQUILIBRE PSYCHIQUE

SOMMAIRE : Le médecin doit pouvoir le diagnostiquer. — Normaux et anormaux. — Unité. — Désagrégation. — Demi-fous et demi-responsables. — Constituantes du psychisme.

Comme l'a dit le docteur Héricourt dans son beau livre *les Frontières de la maladie*, il est souvent bien difficile d'affirmer l'état physiologique parfait et de saisir les premiers symptômes morbides. Fréquemment, les désordres pathologiques graves sont précédés, de longue date, par des prodromes légers et fugaces, qui indiquent déjà, pour un observateur attentif, les premiers signes des perturbations fonctionnelles, dues à la dyscrasie ou à l'infection. Certains organes peuvent être légèrement atteints et ne réagir que de façon insignifiante, puis aux variations sécrétoires, aux désharmonies d'innervation, peuvent succéder des lésions anatomiques, qui constituent alors un stade plus avancé et plus grave. Un syndrome se crée plus apparent, plus évident pour le malade comme pour le médecin. Ces premiers signes se manifestent pour ainsi dire bien longtemps après la première invasion de la maladie. Le sujet, ainsi jugé malade, avait cessé d'être bien portant depuis, peut-être, de longs mois.

Tout cela est surtout vrai en psychiâtrie. On passe, bien des fois, insensiblement de l'état de santé à la maladie.

A chaque examen, le médecin doit pouvoir reconnaître *l'équilibre psychique*. Il doit posséder des moyens, sûrs et complets, d'enquête scientifique. Ses procédés doivent être rigoureux et méthodiques.

En l'occurrence, le diagnostic repose sur un travail personnel d'analyse psychologique, qui doit être très familière à l'observateur.

Si la zone neutre qui sépare, dans la pratique la santé parfaite de l'état pathologique est difficile à préciser, quand il s'agit de médecine générale, elle est encore plus malaisée à découvrir, à explorer, à préciser, quand on traite de psychologie pathologique.

Oui, certes, de toute évidence, il existe des normaux et des anormaux, des gens raisonnables et des fous ; mais, entre ces deux blocs, comme dit Grasset, occupant des positions si opposées, il faut reconnaître une foule aussi variée qu'infinie d'intermédiaires. Entre les normaux et les anormaux sont les *paranormaux*, si on peut dire. Le médecin, au point de vue clinique, comme au point de vue juridique, a le plus grand intérêt à situer et à classer exactement le sujet en observation.

Est-il sain ou fou, responsable ou irresponsable ? Grasset a soutenu avec beaucoup d'énergie et de vérité sa thèse des demi-fous et des demi-responsables. Entre les normaux et les anormaux, il y a les *paranormaux*, comme je le disais tout à l'heure. L'éminent professeur de Montpellier appuie ses vues sur cette considération que « c'est une loi physio-pathologique générale qui s'applique à tous les organes, aux neurones psychiques, comme au foie et au cœur: entre les bien portants, dont tel ou tel organe fonctionne normalement, et les très malades dont le même organe est tout à fait détraqué, il y a les moins malades chez lesquels cet organe fonctionne, mais ne fonctionne pas normalement ».

En somme, la constatation bien nette d'un hypofonctionnement, d'une insuffisance psychique partielle entraîne la notion juridique de demi-responsabilité, ou d'une façon préférable, acceptée par Grasset lui-même, de responsabilité atténuée, dont on peut comprendre toute l'importance et toute la portée, visà-vis de nos conceptions pénales ou sociales modernes.

Nous reviendrons sur la théorie si attrayante, et surtout si parfaitement clinique du professeur Grasset, au cours de cet essai : pour le moment, il nous aura suffi de montrer l'importance du diagnostic d'*équilibre psychique*.

L'étude de la psychiâtrie permet grâce à une séméiologie complète et précise de relever les symptômes principaux des grandes psychoses. Mais, de façon générale, la physiologie doit toujours précéder la pathologie. Quand les signes principaux d'un syndrome mental morbide sont suffisamment nombreux et groupés, le doute n'est plus possible. Mais les cas ne sont pas rares où la *raison* persiste chez un sujet dont la sensibilité, l'émotivité, la cénesthésie, la volonté sont plus ou moins troublées. L'inverse est vrai. « Un homme intelligent peut être déraisonnable, un talent et même un génie peuvent manquer de bon sens. » (GRASSET.)

Si le psychisme, en tant qu'entité biologique, constitue dans ses rapports complets et ses réactions parfaites
une *unité* de conscience et de personnalité indiscu-
table, qui crée l'équilibre mental, il faut reconnaître
que le psychisme est composé d'éléments complexes.

Grasset dit excellemment : « En somme, au point de
vue de l'intégrité ou de la maladie des centres psychiques, on comprend déjà qu'il y ait trois groupes de
faits cliniques : 1° des faits dans lesquels les centres
psychiques sont atteints en assez grand nombre pour
que le sujet soit fou ; 2° des faits dans lesquels les divers centres psychiques sont assez intacts pour que le
sujet soit raisonnable ; 3° des faits dans lesquels une
partie seulement des centres psychiques et des centres
les moins élevés est atteinte ; dans ce dernier cas l'altération psychique n'est pas assez étendue pour amener la folie : elle est cependant suffisante pour que le
fonctionnement psychique ne soit pas toujours normal, et ce sont les demi-fous. »

La psychologie physiologique bien instruite sur la
disposition des centres nerveux, clairement schéma-
tisés par le polygone de Grasset, montre la composition du psychisme, ses éléments, ses fonctions. L'ouvrier doit donc être familier avec ces rouages et ce
mécanisme, qui voudrait vérifier l'intégrité et l'harmonie de la machine pensante, plus compliquée et
instable que toute autre. Le psychisme conscient et
volontaire, nous l'avons déjà dit, tire ses origines de
l'appareil sensorio-moteur, du complexus psychique
automatique et subconscient, grâce auxquels il fonde
son autonomie mentale supérieure.

Mais si une désagrégation se produit, même un
simple effritement, les conditions requises d'intégrité sont compromises et des troubles apparaissent,

minimes et superficiels, d'abord, que le médecin doit savoir reconnaître, pour statuer sur l'équilibre psychique.

Dans cet ouvrage, l'esquisse que nous avons tentée n'a pas d'autre but. Nous espérons qu'elle permettra d'étudier les diverses fonctions psychiques dans leurs' éléments essentiels, dont la synthèse parfaite constitue justement l'équilibre psychique.

D'une façon générale, nous adoptons à ce point de vue, les conclusions du professeur Grasset dans son livre *les Demi-fous et les Demi-responsables*. L'analyse minutieuse des diverses fonctions du psychisme montre leur indépendance relative, les unes des autres, et détermine des localisations anatomiques précises qui, si elles ne sont pas encore nombreuses, offrent de grandes garanties de réalité et d'authenticité. Elles peuvent aussi, on le comprendra, présenter des lésions locales déterminant des symptômes morbides spéciaux et troublant le bon ordre du fonctionnement général.

Le travail d'observation, de recherche, d'analyse, de clinique psychique devra se montrer extrêmement minutieux, profond et habile. Décomposant, pour ainsi dire, le *psychisme* dans ses constituantes primordiales ou secondaires, il doit reconnaître la zone compromise, le système vicié. Qu'on me permette une comparaison. Le moteur humain peut, lui aussi, avoir sa *panne* et ses *ratés*, ou se maintenir en une marche parfaite: le médecin doit en être le meilleur mécanicien. Si malheureusement les divers organes n'en sont pas renouvelables, du moins pouvons-nous souvent préciser le rouage lésé ou la fonction atteinte et devenue insuffisante.

Ainsi serons-nous bien conscients de cette notion

d'équilibre psychique indispensable, à chaque moment, et pour chaque *espèce* de la profession médicale. A tout instant le clinicien doit fouiller les viscères, comme pénétrer la pensée du malade jusqu'au plus profond de l'être. S'il ausculte le poumon et le cœur physique, il doit interroger et connaître le cœur moral.

Le schéma du polygone de Grasset sera un excellent conducteur dans l'étude que nous poursuivons.

CHAPITRE IV

PSYCHOLOGIE PHYSIOLOGIQUE ET PSYCHIATRIE

SOMMAIRE : Introduction indispensable. — Faciliter l'intelligence de la séméiologie psychiatrique. — Étudier les variations pathologiques de chaque manifestation mentale. — La psychiatrie n'est qu'une psychologie pathologique. — Les précurseurs.

Ce que nous avons déjà dit doit montrer suffisamment la nécessité de l'étude de la psychologie physiologique pour aborder celle de la psychiatrie. Nous ne craindrons pas encore de trop insister. La psychologie, à proprement parler, est physiologique pour exposer le psychisme sain, et pathologique pour en énumérer et en décrire les troubles morbides. La première est la préface et l'introduction indispensable à la seconde.

De même qu'il est impossible de ne pas se mettre d'accord sur les termes employés de part et d'autre, précision sans laquelle tout n'est que confusion, de même il faut adopter et suivre une méthode identique en physiologie et en pathologie psychologiques. Il est nécessaire qu'on puisse, connaissant bien l'évolution normale d'un phénomène psychique en suivre les diverses phases et la transformation insensible en symptôme morbide.

C'est ainsi qu'une sensation physiologique fera place à l'hallucination, l'attention à l'idée fixe, la volonté à l'hypoboulie ou à la paraboulie.

La connaissance de la fonction cérébrale normale est naturellement le prélude de la symptomatologie et de la séméiologie psychiâtriques. La psychologie physiologique a été surtout traitée par des psychologues, médecins ou non médecins, dont les ouvrages nombreux, importants, ne constituent pas à proprement parler le *fonds médical classique*. Et cependant psychologues et psychiâtres sont essentiellement solidaires les uns des autres. Les progrès parallèles des deux sciences suivent une route commune. Mais les classifications des fonctions psychiques normales, si utiles pour des *Rudiments*, varient souvent d'après les auteurs. On doit concevoir, je le répète, toute leur importance pour le débutant.

L'idéal serait de pouvoir exactement *coller*, qu'on me passe l'expression, la description symptomatique morbide sur le phénomène physiologique : aussi bien, je ne crois pas que l'état actuel de la science neurologique permette cette adaptation si souhaitable. Cependant on peut trouver déjà un accord de classification, en psychologie physiologique et pathologique, qui réunisse la majorité des psychologues et des psychiâtres français.

Grasset donne dans son livre *Introduction physiologique à l'étude de la philosophie* une classification des fonctions et des actes psychiques que nous reproduisons ci-dessous. Suivant de très près les diverses manifestations de l'activité psychique, elle a de nombreux avantages. Elle est surtout appréciable

CLASSIFICATION GÉNÉRALE DES ACTES NERVEUX ET DE LEURS CENTRES (1).

I. *Psychisme supérieur* . . .	Actes personnels conscients, volontaires, libres, entraînant la responsabilité ; intellectualité supérieure.	Centre O.	Écorce cérébrale.
II. *Psychisme inférieur, automatisme psychologique ou cortical* . . .	Actes spontanés automatiques, coordonnés, inconscients, intelligents, pas libres; intellectualité et fonction psychiques inférieures.	Conscients ou inconscients suivant l'intégrité ou la suppression des communications centripètes avec le centre O.	Centres polygonaux.
III. *Activité réflexe.*	Actes ni libres, ni spontanés, ni intelligents.	Réflexes supérieurs ou automatiques. Réflexes inférieurs.	Modifiables ou non par la volonté suivant l'intégrité ou la suppression des communications centripètes de O avec le centre au-dessous.	Centres basilaires ou mésocéphaliques. Centres bulbo-médullaires.

(1) Tableau emprunté à GRASSET, *Introduction à l'étude de la philosophie*, p. 58.

par ce fait qu'elle a été établie par un médecin qui ne cesse d'être préoccupé par le point de vue clinique.

Nous ferons remarquer que *l'activité réflexe* du paragraphe III doit s'entendre des réflexes neuro-organiques seulement : le psychisme supérieur et inférieur appartenant également à l'activité réflexe, comme réflexes neuro-psychiques et comme réflexes neuro-psycho-mentaux, comme nous le verrons longuement au cours de ce livre, où nous aurons maintes fois, avec Bechterew, l'occasion de dire que la psychologie n'est, en somme, qu'une *réflexologie*.

Cette classification a pour base anatomique, très intelligible, le schéma polygonal du même auteur. Elle peut aussi, *très heureusement*, recevoir le calque de la description séméiologique de nombreux auteurs classiques.

Le schéma du professeur Grasset, que nos lecteurs connaissent déjà, est vraiment psycho-physiologique. Il est précieux à plusieurs points de vue, mais surtout pour illustrer et rendre plus claire la description de nombreux états physiologiques ou celle de maints syndromes morbides. Il a donc l'avantage appréciable d'être indispensable au psychologue, au neurologiste ou au psychiâtre. Il rendra les plus grands services au jeune médecin et à l'étudiant en simplifiant pour eux une étude très ardue. Les psychismes supérieur et inférieur rendent très faciles à comprendre les perturbations pathologiques à pathogénie compliquée. Comme nous le verrons plus loin, il aide à expliquer les fonctions normales comme le sommeil, le rêve, la distraction et les troubles psychiques comme l'hypnose, le somnambulisme, etc. Mais c'est surtout dans les troubles du langage qu'il est un excellent guide, un parfait fil conducteur.

Ainsi il nous sera permis après la description des fonctions normales de montrer l'ensemble des perturbations pathologiques qui peuvent les troubler ou les modifier profondément, faisant succéder ainsi la séméiologie psycho-pathologique à la psycho-physiologie.

Dans son *Précis de Psychiatrie*, le professeur Régis, en étudiant la symptomatologie générale des psychopathies-maladies décrit les différents troubles psychiques qu'elles peuvent présenter.

Il envisage ainsi :

1° Les troubles de l'idéation (délires) ;

2° — de la perception (hallucinations) ;

3° — de l'affectivité (obsession anxieuse);

4° — de la conscience et de la personnalité ;

5° — de l'activité (excitation, dépression, impulsions).

A peu de chose près, dans un ordre quelque peu différent, cette exposition de la symptomatologie des psychoses-maladies s'adapte à la classification des fonctions et des actes psychiques en général, proposée par la majorité des auteurs.

Dans ce livre nous avons suivi l'ordre suivant :

I. *Vie affective ou de relation* (sensibilité, sensations, sentiments, émotions).

II. *Vie intellectuelle* (mémoire, attention, raisonnement, jugement).

III. *Vie active* (volition, extériorisation).

IV. *Vie mentale pure* (*synthèse*) (personnalité, caractère, conscience libre, volonté libre).

Nous reviendrons avec plus de détails sur cet ordre adopté dans le chapitre des classifications anciennes et modernes.

Au point de vue morbide nous pourrons plus tard décrire chaque modification du psychisme normal.

I. *Vie affective*. — Troubles de la perception (hallucinations). Troubles de l'affectivité (émotions, obsession, anxiété, phobies).

II. *Vie intellectuelle*. — Troubles de l'idéation (délire), de la mémoire (amnésie).

III. *Vie active*. — Troubles de l'activité (excitation, dépression, impulsion), de la volonté (paraboulies).

IV. *Vie mentale (synthèse)*. — Troubles de la personnalité, du caractère, de la conscience.

La psychiâtrie étudie les troubles du psychisme humain, les manifestations morbides de la fonction cérébrale : le jour où elle sera parfaite, si on peut dire, elle sera la véritable psychologie pathologique, dont les grandes lignes sont déjà tracées par les meilleurs maîtres.

Parmi les précurseurs dans cet ordre de faits, il faut citer déjà Maudsley, avec sa *Pathologie de l'Esprit*, Herzen, *le Cerveau et l'activité cérébrale ;* Wundt, *la Psychologie physiologique ;* Moleschott, *la Circulation de la matière ;* Mosso, *la Peur*, et nombre d'autres écrivains dont nous aurons l'occasion de parler.

Dans la période contemporaine, il faudrait mentionner tous les psychologues, les neurologistes, les psychiâtres : nous aurons souvent à parler des ouvrages les plus récents.

Les travaux de psychologie physiologique, la plupart dus à des médecins, ont été inspirés constamment par un esprit de méthode clinique.

Ils ont constitué la meilleure préface, sinon à l'étude de la psychiâtrie, mais du moins à la séméiologie neurologique et mentale. A vrai dire, je le

répète à dessein, il est indispensable, aujourd'hui,
pour le médecin, de connaître les données de la psychologie physiologique avant de passer à l'étude de la
psychologie pathologique. Je reprendrai l'exemple
dont je me suis servi dans mon *Introduction* : les
théories récentes de James, Sergi, Lange, Ribot,
Bechterew, sur la nature de l'émotion, permettent de
mieux comprendre son exagération morbide dans
les psychonévroses. La lecture des ouvrages contemporains de psychiàtrie n'est vraiment intelligible
qu'à ceux qui ont connaissance des classifications
et des travaux modernes de psychologie physiologique.

On n'a pas craint, dans des recherches nombreuses
relatives à la médecine de l'histoire et à la critique
littéraire, de fixer le caractère, la mentalité, le diagnostic véritable des tares psychiques des grands écrivains,
ou d'identifier les personnages qu'ils ont créés avec
des types cliniques déterminés.

Cabanès, Régis, Grasset, Fauvel, Lacassagne,
Eyriès, Ségalen, Debove, Cullerre, Lucien Nass, de
Lastic, Ducamp, Lanson ont esquissé les particula-
rités morbides des hommes et des œuvres. Ils ont
aussi montré que le théâtre, le roman, ont souvent
présenté de véritables *observations cliniques* de médecine mentale. On peut rappeler Molière avec *le
Malade imaginaire* et *le Misanthrope* ; Shakespeare
avec *Hamlet* (étudié par Régis) ; Ibsen, avec de nombreux personnages ; Dostoïewsky, avec *Crime et
châtiment* ; Balzac, dans de fréquentes personnifica-
tions ; Bourget, Zola, Alphonse Karr, Goncourt,
Huysmans, Flaubert qui ont écrit, dans ce sens, des
pages remarquables.

C'est là une incursion dans le domaine littéraire

qui présente beaucoup d'intérêt et d'attrait pour le médecin aussi instruit des choses de la psychologie physiologique que de celles de la psychiatrie. C'est encore démontrer ainsi l'union intime entre les deux sciences.

PREMIÈRE PARTIE

CHAPITRE PREMIER

LE SYSTÈME NERVEUX

Sommaire : Rapide esquisse anatomique. — Physiologie. — Nerfs centrifuges et centripètes. — Le ganglion nerveux. — La moelle. — Le système sympathique. — Le cerveau. — Sensation et mouvement. — Réflexes. — Centre gris. — L'écorce. — Neurones. — Localisations.

Le système nerveux a pour fonction de recueillir des sensations et de transmettre des mouvements — sensations et mouvements sont les deux grands offices biologiques attribués au système nerveux. Chez l'homme, comme on le sait, il se compose d'une partie supérieure ou cérébrale, le cerveau, organe du psychisme, de la pensée, divisé lui-même en grand et petit cerveau, d'une partie médiane et inférieure, la moelle, et d'une partie périphérique comprenant le système nerveux sensorio-moteur et le système du

4

grand sympathique. Toutes nos cellules, tous nos muscles, les organes des sens, les viscères, les vaisseaux sont reliés au cerveau par l'intermédiaire des conducteurs nerveux, de la moelle, du bulbe, du cerveau. Dans un livre de ce genre, qui s'adresse à des médecins, il est inutile d'insister sur l'anatomie du cerveau et des centres nerveux, qu'on ne pourrait que résumer, et qui se trouve fort bien faite dans nombre de traités importants.

La physiologie proprement dite du système nerveux nous intéresse davantage.

Elle se synthétise, comme nous le disions plus haut, en deux fonctions primordiales : la sensation et le mouvement. Nous réservant d'étudier avec détails, dans le chapitre suivant, ces deux phénomènes essentiels qui sont à la base de toutes les fonctions cérébrales, et qui constituent les origines de tout psychisme, nous nous contenterons, pour le moment, d'indiquer les grandes voies nerveuses conductrices, avec l'énumération des principaux centres qu'elles touchent avant d'arriver au grand cerveau.

Schématiquement, on peut considérer le système nerveux cérébro-spinal comme composé de centres gris plus ou moins importants reliés entre eux par la substance blanche qui représente la voie conductrice. La substance grise est répartie au centre de la moelle, dans le bulbe, dans le cervelet, à l'intérieur du cerveau et à sa périphérie qu'elle occupe tout entière sous le nom de *zone corticale*.

Les nerfs sensitivo-centripètes aboutissent tous à la moelle, qui conduit les sensations jusqu'au cerveau supérieur. Les nerfs sensoriels sont reliés directement au cerveau, sans l'intermédiaire de la moelle, ce sont des nerfs craniens.

Les nerfs centrifuges, au contraire, partent du cerveau ; des centres gris, ils portent l'influx nerveux à la périphérie, les uns par l'intermédiaire de la moelle à tous les muscles, les autres, craniens, directement aux organes des sens, ou aux muscles de la face. L'influx nerveux se transforme ainsi en mouvement ou secondairement en sécrétion.

Sur leur route, les nerfs centripètes ou centrifuges, rencontrent des organes rudimentaires, mais très importants au point de vue physiologique, ce sont les ganglions nerveux. Ce sont les premières ébauches du centre gris. Ils ont une fonction biologique de tout premier ordre, *le réflexe*, que nous ne ferons également que signaler : celui-ci se rattache directement à la sensation et au mouvement qui feront l'objet du chapitre suivant.

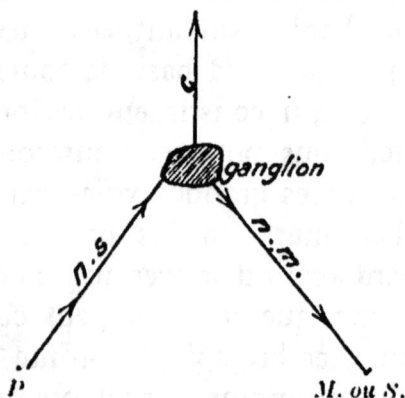

FIG. 2.

Nous devons indiquer simplement que la sensation venue de la périphérie (P), par la voie *n. s* (figure ci-contre), ou nerf sensitif, pourra, ou gagner le cerveau par la voie C (centripète), ou se réfléchir par *n. m*, nerf moteur ou sécrétoire, et se transformer en mouvement, tout en étant perçue ou non par le cerveau (M. mouvement ou S. sécrétion).

La moelle, par toute sa substance grise, ne représente qu'une immense et considérable réunion de ganglions nerveux, d'où peuvent partir d'innombrables réflexes.

La moelle allongée, le bulbe, le cervelet, le cerveau moyen et le grand cerveau sont également composés de nombreux *centres gris*, tous reliés entre eux, dont l'anatomie précise la position respective.

Les faisceaux blancs conducteurs sont sensitifs ou moteurs. Les sensitifs font suite aux nerfs périphériques, les moteurs se terminent dans les muscles ou les glandes. Au niveau du bulbe, ils s'entrecroisent pour gagner respectivement le faisceau sensitif, la partie postérieure de la capsule interne et aboutir aux circonvolutions occipitales ; le faisceau moteur, descendant des circonvolutions paracentrales et centrales, traversant la capsule interne dans la région du genou, s'entrecroise dans les pyramides bulbaires, tout en émettant un faisceau direct qui reste du même côté de la moelle.

Les noyaux gris les plus importants du cerveau moyen sont la couche optique, le corps strié avec ses deux noyaux extra et intraventriculaire, les tubercules quadrijumeaux et le corps genouillé, etc.

Sur une préparation, on peut suivre très aisément la direction des divers faisceaux blancs avec leurs points d'émergence ou d'arrivée.

Le cerveau supérieur est constitué par la zone grise corticale, à laquelle aboutissent tous les nerfs sensitifs et d'où partent tous les nerfs moteurs. A elle, est vraisemblablement dévolue la fonction psychique supérieure : langage, idéation, conscience, personnalité. Ces divers centres gris sont tous reliés par des conducteurs blancs et se trouvent en communication constante, en perpétuelle réaction réciproque.

Le cerveau inférieur est représenté par le cervelet, qui contient l'arbre de vie et le noyau denté (substance grise). Il a pour rôle physiologique prédominant l'équilibre et l'orientation. Thomas l'appelle le centre réflexe de l'équilibration (1).

Depuis les ganglions les plus simples, qui sont, pour ainsi dire, les premiers postes du psychisme inférieur, où se concentre la sensation et d'où, déjà, peut repartir un courant moteur, jusqu'aux centres les plus importants et les plus élevés du système nerveux, tous, constitués de substance grise, sont moteurs et sensitifs (sensitivo-moteurs, centripéto-centrifuges) et sont le véritable siège des fonctions réflexes et des fonctions automatiques.

« Donc, dit Grasset, de même que le neurone est formé de prolongements cellulipètes et de prolongements cellulifuges en même temps que d'un corps cellulaire, de même *tout grand appareil nerveux est sensitivo-moteur et formé de centres, de conducteurs centrifuges et de conducteurs centripètes.* » (*Introduct.*, p. 30.)

C'est ainsi que les tubercules quadrijumeaux antérieurs coordonnent les mouvements de l'œil et de la pupille, et les tubercules quadrijumeaux postérieurs règlent les mouvements de l'oreille. Ils président aussi aux réactions respiratoires, circulatoires et sécrétoires (mimique interne de Bechterew).

(1) « Tout cela nous fait conclure, dit Bechterew (*Psychologie objective* p. 190), que le cervelet est l'organe central de la coordination statique, recevant les impulsions combinées des appareils musculaires; des canaux semi-circulaires qui se trouvent en rapport avec l'appareil auditif, et de la région du troisième ventricule qui est en connexion avec l'appareil visuel. » Il ajoute : « On peut donc dire que le mécanisme de la station debout et de la marche est localisé dans les centres sous-corticaux du pont de Varole, du cervelet, et des couches optiques. » (*Op. cit.*, p. 191.) J'ai moi-même publié le cas avec autopsie d'un malade de mon service atteint de kyste hydatique du cervelet qui présentait des symptômes de marche ébrieuse et de propulsion en cercle,

Les couches optiques règlent la sensibilité générale, le goût, la fonction locomotrice, les réactions vocales, cardio-vasculaires, stomacales, intestinales... Ce qui ne les empêche pas d'être reliées également à l'écorce.

Pour mieux comprendre la physiologie du système nerveux, basée sur la fonction réflexe et la fonction automatique, il sera bon de rappeler quelques notions d'histologie nerveuse.

L'unité biologique nerveuse est constituée par le *neurone* dont voici les éléments constitutifs :

Une cellule ganglionnaire avec son protoplasma et son noyau, des prolongements protoplasmatiques, cellulipètes, les autres cylindraxiles, cellulifuges.

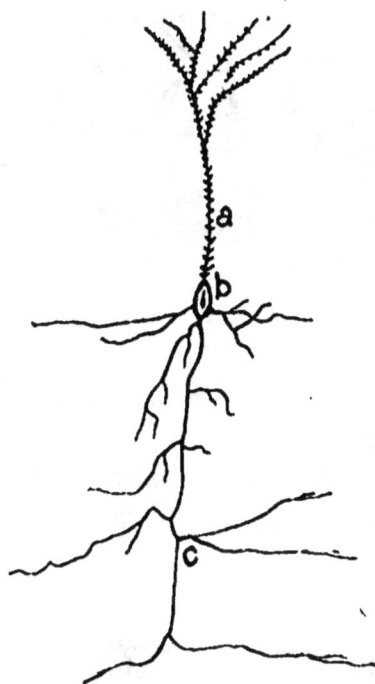

Fig. 3. — Le neurone d'après Ramon y Cajal.

a, prolongements cellulipètes ; — *b*, corps cellulaire ; — *c*, prolongements cellulifuges.

La cellule nerveuse possède un noyau et un nucléole et ressemble, de ce fait à toutes les autres cellules du corps humain.

Elle se différencie par ses autres caractères, prolongements protoplasmatiques, prolongements cylindraxiles. Les premiers forment le *chevelu* épais, très ramifié, les seconds des ramifications qui se prolongent à une distance considérable du neurone.

Le cylindraxe a une structure spéciale.

α. — Une enveloppe externe, la gaine de Schwann.

β. — Une enveloppe moyenne, la gaine de myéline.

γ. — Le cylindraxe proprement dit composé de neurofibrilles émanés de la cellule ganglionnaire.

Cette cellule ganglionnaire a la forme d'une raquette.

Elle possède un noyau avec un nucléole entouré d'un réseau de neurofibrilles et d'une zone de protoplasma.

« On jugera de la longueur d'un neurone, dit Forel, si je dis qu'il y a dans la moelle épinière lombaire des grandes cellules ganglionnaires dont le prolongement nerveux passe par le gros nerf sciatique de la jambe et va se terminer dans les fibres des muscles du pied. »

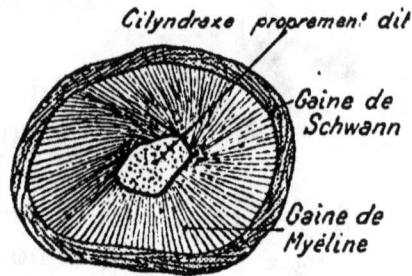

FIG. 4.

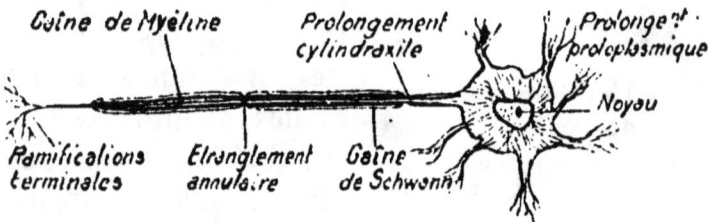

FIG. 5.

Il semble, d'après les minutieuses recherches histologiques entreprises, que le nombre des neurones est le même depuis la naissance jusqu'à l'âge adulte : au contraire, il diminuerait progressivement dans la vieillesse. Les neurones détruits ne se reproduisent pas. C'est ce qui expliquerait la diminution de la mémoire et la régression psychique évidente (mais relative suivant le sujet et proportionnelle aux neurones détruits) dans la vieillesse.

Quelle est la distribution de ces neurones dans le système nerveux et quels sont leurs différents rapports ?

Dans la zone corticale du grand cerveau (substance grise), les neurones sont très nombreux et de plusieurs ordres.

1° Les *neurones conjugués*, qui par leur prolongement cylindraxilé communiquent et s'unissent avec des neurones voisins, d'un même territoire, ou avec les neurones éloignés d'une province lointaine (siégeant même dans un autre hémisphère) avec lesquels ils sont en relation par le corps calleux.

2° Les *neurones unifiés*, dont le prolongement cylindraxile gagne la moelle épinière, en touchant, en route, des centres gris secondaires formant le point de départ du nerf centrifuge, ou le point d'arrivée du nerf centripète.

Dans la moelle, des neurones occupent les cornes grises antérieures, dont les prolongements cylindraxiles forment un seul groupe de neurones avec les nerfs moteurs qui émergent de l'arbre spinal. Ces nerfs moteurs sont destinés aux muscles principaux du corps, muscles striés qui sont sous le domaine de la volonté, et en corrélation, par conséquent avec le grand cerveau. Cette corrélation a pour base anatomique les noyaux moteurs du bulbe, les centres gris du cerveau et les conducteurs cylindraxiles qui les relient.

D'autres neurones constituent le système nerveux du grand sympathique, composé de ganglions reliés entre eux par des ramifications nombreuses, vivant, par excellence, de la vie réflexe et automatique, échap-

pant en grande partie à la volonté et à la conscience.
Ce sont des colonies, telles les colonies anglaises, qui
se gouvernent elles-mêmes, jouissent d'une autonomie considérable, tout en étant reliées à la métropole,
au pouvoir central, à la volonté et à la conscience, au
grand cerveau et à sa zone corticale grise. Les prolongements cylindraxiles des neurones ganglionnaires
du grand sympathique aboutissent aux muscles lisses
des viscères, des glandes, des vaisseaux sanguins. Ils
constituent pour ces derniers cette puissante organisation des vaso-moteurs (vaso-constriction et vaso-
dilatation) dont l'importance biologique est si considérable. Ils commandent aux muscles lisses des contractions moins rapides que les nerfs moteurs spinaux
aux muscles striés de la vie de relation.

Les neurones ganglionnaires sympathiques dirigent des branches collatérales de fibres cylindraxiles
dans la moelle et dans le cerveau. Ces conducteurs
accessoires sont centripètes et centrifuges : c'est-à-dire
que dans certaines conditions, ils envoient des notions plus ou moins vagues ou précises (subconscience, cénesthésie), plus ou moins fortes et douloureuses, et ils reçoivent, par contre-coup, des impressions motrices de la moelle qui sont pour la plupart
réflexes ou automatiques, mais parfois volontaires.
Par l'intermédiaire du pneumogastrique le cerveau
peut suspendre, pour un temps, les mouvements de
la respiration ou du cœur par voie réflexe.

Cette union du système des neurones ganglionnaires sympathiques, au système nerveux cérébro-
spinal établit l'unité biologique de l'individu comme
elle affirme le substratum anatomique de tous les
phénomènes cénesthésiques (ensemble des sensations
internes perçues vaguement par le *moi* et constituant

l'euphorie, quand l'équilibre somatique s'approche de l'état parfait).

Elle explique l'influence réciproque du psychique et du somatique, grâce aux fonctions réflexes et automatiques qui sont assurées par des communications en nombre infini, grâce aux prolongements cylindraxiles, entre les neurones sympathiques, la moelle et le cerveau.

Les neurones sympathiques règlent le fonctionnement normal du cœur, le tonus vasculaire, le fonctionnement du poumon, de l'estomac, de tous les viscères et de toutes les glandes. D'autre part, grâce aux fonctions réflexes et automatiques, s'établit une action réciproque constante entre les neurones sympathiques, d'une part (cénesthésie), et la moelle et le cerveau, d'autre part (sens et psychisme). Cette organisation explique la pâleur ou la rougeur qu'une émotion vive fait naître, le cerveau réfléchissant une excitation qui agit sur les vaso-moteurs, sur le cœur (bradycardie ou tachycardie), sur le poumon, sur l'intestin (sécrétion), sur le rein, sur la vessie, etc. Un mouvement trop violent des muscles communique une sensation au cerveau ou à la moelle qui réagissent en précipitant les mouvements du cœur ou du poumon (dyspnée d'effort, essoufflement).

Je n'insisterai pas à cette place, me réservant de traiter tout au long cette importante question des réflexes (sympathiques, spinaux, cérébraux) qui constituent, à proprement parler, avec la sensation et le mouvement, la base véritable de la psychologie physiologique.

Enfin, il existe encore un autre groupe de neurones. Ils sont placés à gauche et à droite de la moelle et du cerveau inférieurs. Ces ganglions spinaux émet-

tent des prolongements de deux sortes : les uns gagnent la corne postérieure grise sensitive de la moelle,
les autres vont se terminer dans la peau, aux environs
de la base des poils, pour constituer les nerfs tactiles
(il semble prouvé qu'il existe des terminaisons spéciales pour recueillir les sensations de contact, de
froid, de chaud, de douleur, dissociées dans certains
troubles nerveux). A cette catégorie de neurones peut
être réservé le domaine de la sensibilité générale,
catégorie de neurones reliés également au grand système nerveux cérébro-spinal. Cette union donne également lieu à mille réflexes divers (chair de poule
dans la peur, sueurs dans l'émotion vive, etc.).

La différenciation anatomique des nerfs sensoriels
explique les impressions variées de nos sens. La
structure particulière du nerf du vestibule accolé au
nerf auditif, fait concevoir avec les canaux semi-
circulaires, le cervelet, les noyaux de Deiters et de
Bechterew, le noyau rouge (centre du mésencéphale
près des tubercules quadrijumeaux, important pour
l'équilibration), le mécanisme de l'orientation et de
l'équilibre.

L'identité, l'unité sont donc assurées par l'union
parfaite des divers éléments du système nerveux et
leur intégrité constante. L'organisation s'affirme aussi
complexe que féconde en résultats.

« C'est encore, dit Forel, avec une installation électrique, grandiose dans sa petitesse, qu'on peut le
mieux comparer le système nerveux. Comme accumulateur de force, avec tous les appareils accessoires,
fonctionnent la substance grise et ses cellules ganglionnaires ou nerveuses dans le cerveau, la moelle
épinière et les petits ganglions nerveux disséminés
dans le corps. Comme fil conducteur, tant à l'inté-

rieur des centres (entre leurs différentes portions)
qu'entre eux et toutes les parties du corps, fonctionnent les fibres nerveuses qui sont constituées elles-
mêmes par des faisceaux de fibrilles microscopiques
d'une finesse extrême. » (*L'âme et le système nerveux*,
p. 43.)

Le système nerveux est abondamment irrigué par
l'ondée sanguine qui peut modifier la fonction des
neurones par ischémie ou hypérhémie et ces derniers
phénomènes peuvent déterminer des réflexes importants (convulsions, tics, épilepsie jacksonienne). Les
mêmes résultats sont dus aussi à la qualité ou à la
composition du sang ou de nos humeurs, influençant
ou intoxiquant les mêmes neurones (anesthésie chlo-
roformique, intoxication alcoolique, urémie, infection généralisée fébrile, etc.).

Le cerveau supérieur centralise toute la fonction
nerveuse et psychique, car il a le pouvoir de recevoir
les sensations originaires de tous les neurones, comme
il peut leur communiquer l'influx nerveux, le *neuro-
cyme*, qui déterminera le mouvement volontaire.
Sensation et mouvement sont sa synthèse dernière.

« La substance grise, dit Forel, contient les cellules
ganglionnaires et les arborescences terminales des
neurones. Autour de toutes les circonvolutions et sillons du grand cerveau, elle constitue une écorce
épaisse de plusieurs millimètres, écorce qui est avant
tout le siège de notre activité psychique. »

Cette dernière affirmation repose en grande partie
sur le fait anatomique des *localisations cérébrales*.

A ce sujet, je citerai un passage important du livre
de Grasset, déjà cité (*Demi-fous et demi-responsables*).
qui résume clairement et vigoureusement, cette notion primordiale pour la psychologie physiologique,

« On connaît bien aujourd'hui le siège anatomique
du premier groupe des centres psychiques. Ce sont,
toujours sur l'écorce : à la face externe, la zone péri-
rolandique (sensibilité générale et motilité) et la zone
moyenne des première et deuxième temporales (ouïe);
à la face interne, la zone péricalcarine (vision) et la
zone de l'hippocampe (goût et odorat). Les centres du
psychisme inférieur paraissent occuper les zones
moyenne et postérieure des centres d'association de

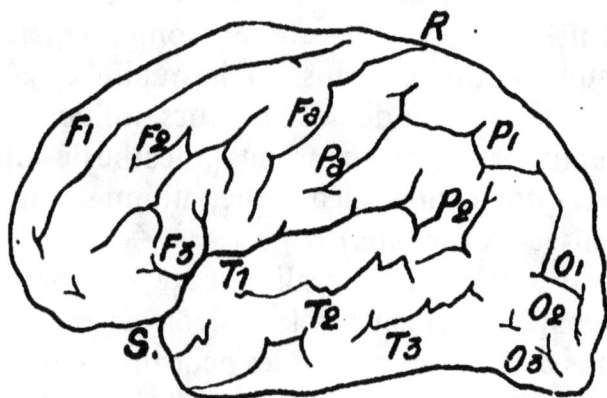

Fig. 6.

R, scissure de Rolando; — S, scissure de Sylvius ; — F_1, F_2, F_3, c. frontales
P_1, P_2, c. pariétales ; — T_1, T_2, T_3, c. temporales ; — O_1, O_2, O_3, c. occipitales ; Fa, front. ascend. ; — Pa, pariét. ascend.

Flechsig. Les points nodaux de ces systèmes longs
d'association seraient les territoires centraux de ces
zones : la partie moyenne du pli courbe et la troisième
circonvolution temporale; il faut y joindre le corps
calleux qui représente tous les faisceaux de relation
psychique d'un hémisphère à l'autre.

Enfin les centres psychiques supérieurs paraissent
réunis dans le lobe préfrontal ou zone prérolandique;
lobe frontal moins la frontale ascendante et le pied
des trois frontales (qu'il faut rattacher à la pariétale

ascendante et au lobule paracentral). Ceci n'est pas encore définitivement démontré; mais j'ai pu réunir un faisceau de documents cliniques qui méritent attention et prouvent que le problème, s'il n'est pas résolu, n'est pas du moins définitivement insoluble par essence et par définition.

Il paraît établi que la lésion de ce lobe préfrontal entraîne le plus souvent des troubles mentaux pro-

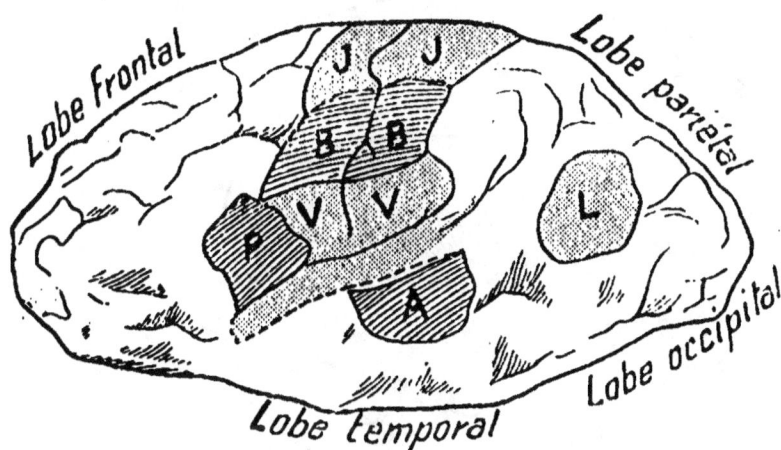

FIG. 7. — Côté gauche du grand cerveau humain (vue latérale, moitié de la grandeur naturelle, d'après Déjerine).

P, centre de l'expression des mots (circonvolution de Broca) ; — A, centre de l'audition des mots (destruction, surdité verbale); — L, centre de la lecture ; — J, centre des mouvements volontaires et de la sensibilité tactile de la jambe ; — B, centre des mouvements volontaires et de la sensibilité tactile du bras; — V, centre des mouvements volontaires et de la sensibilité tactile du visage.

fonds, tels que la perte de la volonté libre et consciente, tout en laissant intacte, ou à peu près, le fonctionnement du psychisme inférieur, automatique et inconscient (pp. 37 et 38). »

On peut retrouver ces diverses localisations dans les figures nᵒˢ 7 et 8, d'après Déjerine et la figure nᵒ 6 qui montre la topographie de la face externe de l'hémisphère cérébral.

Grasset établit ainsi les bases anatomiques et
les localisations du psychisme supérieur et du psychisme inférieur. Leur union intime constitue
l'équilibre mental, l'état de l'homme raisonnable et
l'unité de sa personnalité consciente. Les troubles
anatomiques ou fonctionnels des centres du psychisme inférieur, n'atteignant pas les centres du psy-

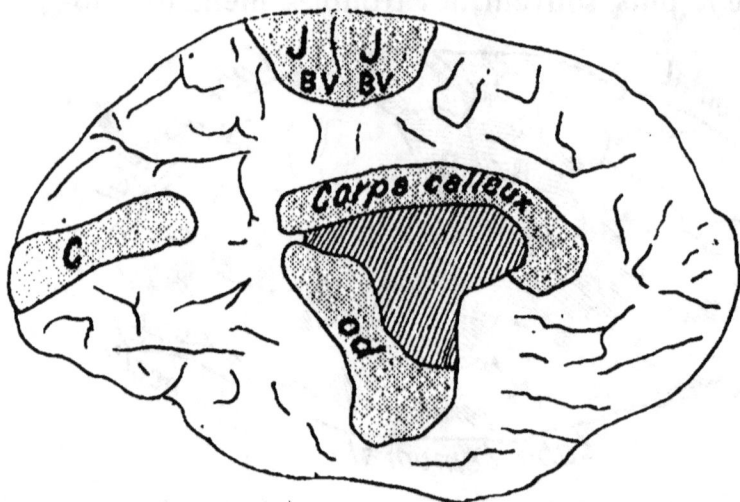

FIG. 8. — Vue de la surface médiane de l'hémisphère gauche
sectionné par le milieu, d'après Déjerine.

C. Cunéus. Centre de la vue des mots (destruction, cécité psychique) ; —
Od. Centre de l'odorat; — *J*. *B*. *V*. Comme dans la figure précédente.

chisme supérieur, constitueraient un commencement
de désintégration de l'équilibre et répondraient, en
psychiâtrie, à la classe nombreuse des demi-fous et
des demi-responsables, à la démonstration clinique
de laquelle Grasset s'est consacré avec énergie.

Cette conception se précise dans son schéma que
nous nous sommes permis de modifier en y ajoutant
la zone d'inhibition (Z. I.).

Cette zone d'inhibition répond à la réalité des faits
psycho-physiologiques de premier ordre.

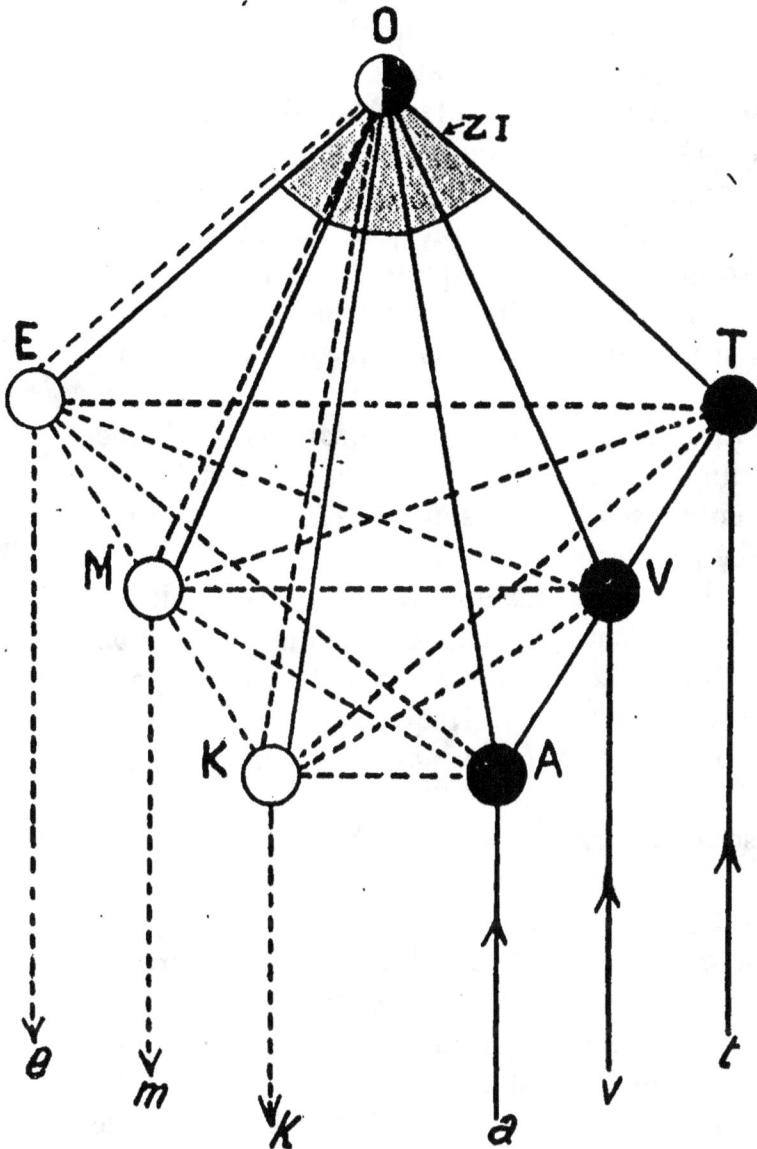

Fig. 9. — Schéma de Grasset qu'on a modifié en y ajoutant la zone d'inhibition Z. I.

A, centre auditif ; — V, centre visuel ; — T, centre tactile ; — E, centre de l'écriture ; — M, centre de la parole ; — K, centre du mouvement ; — aA, aV, aT, voies sous-polygonales centripètes ; — eE, mM, kK, voies sous-polygonales centrifuges.

Les impressions fournies par le psychisme inférieur peuvent parvenir jusqu'au centre du psychisme
supérieur et devenir conscientes. Mais il est de nombreux cas où ces impressions ne dépassent pas les
zones du psychisme inférieur et ne parviennent pas
à la conscience. Si je lis un journal en écoutant
une personne qui joue du piano, il arrivera à un
moment donné, que je lirai le journal sans le comprendre, si je prête plus d'attention au piano, ou inversement.

L'attention *bloque* donc les sensations de l'ouïe
pour permettre à celles de la vue de mieux agir. Et,
sans devenir *insensible* au son, *je ne le contrôle plus.*
J'ai inhibé les sensations auditives.

La régulation, le jugement, le contrôle moral,
l'attention, la faculté d'hiérarchisation, *l'inhibition*
des impulsions automatiques ou instinctives appar-
tiendraient à cette zone (Z. I.) qui serait intermédiaire
entre le psychisme inférieur et le psychisme supérieur.

« Lorsque une irritation qui arrive au cerveau, dit
Forel, ne donne lieu à aucun mouvement, mais se
transforme en tension ou force latente, on parle
d'arrêt ou d'inhibition. Les cellules ganglionnaires et
la substance intercellulaire sont considérées, en partie, comme appareils inhibiteurs. Lorsqu'au contraire, une faible irritation déclanche dans le cerveau de puissantes décharges motrices, on parle
avec Exner de *fraiement* (dynamogénie de Brown-
Séquard). »

La conscience de la douleur n'est pas la douleur
elle-même. La douleur locale est due à une modification physico-chimique cellulaire dont le cerveau
supérieur est averti et qu'il situe exactement. Et le

cerveau supérieur *inhibe* volontairement cette douleur, dans une certaine mesure, comme il peut y être
insensible par l'action du chloroforme. La volonté,
c'est-à-dire un fait d'inhibition corticale, peut empêcher le réflexe patellaire.

CHAPITRE II

SENSATION ET MOUVEMENT: LA FONCTION RÉFLEXE ET LA FONCTION AUTOMATIQUE

SOMMAIRE : Fonction biologique primordiale. — Sensibilité protoplasmique. — Mouvement. — Douleur. — Diverses théories. — Le plaisir. — Rôle du neurone. — Le réflexe. — Diverses modalités. — La mimique. — L'automatisme. — Rôle de la moelle : centres gris.

La perception est un phénomène qui comprend deux actes principaux, l'impression et la sensation. L'impression est le fait physiologique (physico-chimique), local, et sa transmission à un centre nerveux constitue la sensation. L'impression qui s'accompagne de mouvement est une sensation : l'impression et la sensation, transmises à l'écorce cérébrale, constituent la perception. Dans le langage courant le terme de sensation, médian, réunit les deux extrêmes, impression et perception.

Quand une cellule vivante reçoit des excitations du milieu extérieur qui produisent chez elle des réactions physico-chimiques, elle subit une transformation, des modifications, dont elle peut conser-

ver sinon le souvenir, du moins l'impression. C'est
le premier élément de la sensation, qui a véritablement son siège dans le protoplasma, qui est anatomique, organique. On classe ces premiers phénomènes dans la sensibilité préconsciente.

« Depuis, dit Ribot, ces recherches sur la sensibilité protoplasmique ont été poursuivies avec beaucoup d'ardeur, dans le règne des micro-organismes.
Ces êtres, tantôt animaux, tantôt végétaux, simples
masses de protoplasma, sont en général monocellu-
laires et paraissent homogènes, sans différenciation
de tissus. Or, on constate chez eux des *tendances*
très variées. Les uns cherchent, les autres fuient ob-
stinément la lumière. Les myxomycètes, masse protoplasmique qui vit dans l'écorce du chêne, placés
dans un verre de montre plein d'eau, s'y tiennent en
repos; mais si l'on dispose autour d'eux de la
sciure de bois, ils émigrent ausssitôt vers elle, comme
pris de nostalgie. » (*Psych. des sentiments*, p. 4.)

Les organismes les plus rudimentaires ont donc
déjà une sensibilité préconsciente et des tendances.
Et il faut considérer cette tendance comme représentant les instincts, les besoins, les appétits de l'être
vivant. A proprement parler la sensibilité protoplasmique représente l'essence biologique primordiale.

Cette sensibilité est donc commune à toutes les
cellules du règne végétal et du règne animal qui
semblent douées de propriétés d'attraction et de
répulsion. Cela éclate encore dans les phénomènes
de phagocytose, dans les productions leucocytaires,
dans l'agglutination, dans les fixations de complé-
ments, etc.

La sensation est d'abord organique et préconsciente. Mais au fur et à mesure qu'on s'élève dans

l'échelle des êtres vivants, on assiste à des différenciations histologiques et quand les premiers ganglions nerveux munis de prolongements cylindraxiles
apparaissent, ils sont chargés de recueillir les impressions protoplasmiques, de les fixer, de les situer et de
répondre par des décharges motrices adaptées au
déterminisme de l'individu inférieur.

« La douleur comme état de conscience, dit encore
Ribot, n'est qu'un signe, un événement intérieur
qui révèle à l'individu vivant sa propre désorganisation. Le seul cas où la douleur est cause, c'est
lorsque, s'étant solidement installée dans la conscience, la remplissant tout entière, elle devient un
agent de destruction, mais alors elle n'est cause que
secondairement. C'est l'un de ces cas fréquents dans
les sciences de la vie où ce qui est primitivement
effet devient cause à son tour. Quoiqu'elle soit commune à la plupart des psychologues, c'est donc une
erreur de considérer la douleur et le plaisir comme
éléments fondamentaux de la vie affective : ils ne
sont que des *marques*, le fond est ailleurs ; que
dirait-on d'un médecin qui confondrait les symptômes d'une maladie avec sa nature essentielle ? »

Chez l'homme la conscience est en relation avec
le monde extérieur et avec le milieu organique par
la sensation.

« Nos sensations, dit Bechterew, sont à proprement parler les symboles subjectifs de certaines
variations dans l'état de l'organisme. »

Quand l'élément anatomique souffre d'un malaise
quelconque, d'un défaut de nutrition, d'une intoxication, d'un traumatisme qui le modifie ou le détruit, les sensations de faim, soif, besoin de
sommeil, fatigue, douleur, instruisent les centres

nerveux secondaires, d'abord, supérieurs ensuite, et les incitent aux mouvements indispensables et nécessaires à la conservation de l'espèce.

« Les processus extérieurs, dit Wundt, qui agissant comme irritants sur nos organes sensoriels, engendrent *l'impression sensorielle*, sont des *mouvements*. Cependant, certains processus de mouvement possèdent la propriété des irritants sensoriels et, parmi ceux-ci, il en est quelques-uns qui excitent simplement des organes sensoriels déterminés. Il y a donc des irritants sensoriels *généraux* et *particuliers*. D'après l'état actuel de la science, *quatre* espèces de mouvements obligent, dans des circonstances appropriées, chaque organe sensoriel à produire la sensation. Ce sont : 1º la pression mécanique ou le choc (l'impulsion) ; 2º l'électricité ; 3º les variations du calorique et 4º les effets chimiques. Chacun de ces mouvements doit posséder une certaine intensité et une certaine vitesse, pour jouer le rôle d'irritant. » (*Psychologie phys.*, p. 309, t. I.)

Il apparaît donc qu'il serait très difficile de séparer la sensation du mouvement, dont l'essence semble être identique, même dans les formes biologiques les plus rudimentaires : sensation et mouvement sont fonctions protoplasmiques. On pourrait se demander également si, jusqu'à un certain point, ils n'appartiennent pas au règne minéral, quand on considère le mouvement dit *brownien* des particules moléculaires des métaux réduits à l'état colloïde, en corpuscules d'une division extrême, examinés sur le champ de l'ultramicroscope.

Le mouvement en plus n'est que la matérialisation, le pragmatisme d'un état physiologique, l'instinct de conservation, qui a pour but de maintenir l'intégrité de la vie. Les animaux supérieurs, et surtout l'homme, perçoivent des sensations organiques impérieuses, qui produisent, comme nous le disions plus haut, la faim, la soif, le sommeil, la fatigue, ou vagues, qui déterminent les états cénesthésiques subconscients (sur la nature desquels nous reviendrons bientôt avec tous les détails nécessaires). Les sensations spéciales (sens) et générales introduisent des excitations produites par le monde extérieur. Les unes et les autres engendrent le plaisir, la douleur ou l'état neutre.

Instruits de la nature et de la qualité de la sensation, nous pouvons nous demander pourquoi elle est pénible ou agréable, en d'autres termes, il nous faut préciser ce que sont la douleur et le plaisir physiologiques.

Chez l'homme tout ce qui trouble, modifie, détruit l'élément cellulaire produit une réaction spéciale, une sensation de douleur, perçue par les centres nerveux. La douleur a son siège véritable dans l'élément anatomique, le système nerveux a la charge de recueillir les indices du trouble protoplasmique et de les conduire jusqu'aux neurones psychiques les plus élevés, où ils produisent l'état de conscience. Par l'intermédiaire des conducteurs cylindraxiles, par l'excitation des ganglions nerveux gris, par les colonnes grises de la moelle, par les faisceaux centripètes, le bulbe, les centres secondaires du cerveau, et finalement la zone corticale grise, sont instruits des modifications physico-chimiques et dynamiques qui se sont produites dans la cellule vivante. Pour certains auteurs les vaso-moteurs et les vaisseaux joueraient également un grand rôle dans cette transmission.

Diverses théories ont été données pour expliquer la nature de la douleur. On s'arrête généralement à la conception de modifications chimiques dans les tissus et les nerfs, à la formation de toxines, à l'auto-intoxication. Dans cette hypothèse les nerfs vaso-moteurs serviraient de conducteurs.

« La douleur n'est pas comme beaucoup le croient le plus haut degré de sensation qui se produit dans les organes des sens spéciaux; mais la sensation la plus intense qui se produise dans les nerfs vaso-moteurs, sous l'influence d'une violente excitation. » (OPPENHEIMER, cité par RIBOT.)

Que l'origine de la douleur soit un mouvement, une réaction physico-chimique, une intoxication, elle se transmet sous forme d'ondulations vibratoires, de la périphérie au centre, ou plus simplement encore de la plaque nerveuse sensitive terminale au premier neurone ganglionnaire auquel elle est rattachée par le cylindraxe. L'influx, reçu par le neurone, gagne de proche en proche, jusqu'aux centres supérieurs qui peuvent l'arrêter, ou le laisser poursuivre jusqu'à la zone corticale. Ainsi s'explique la voie directe. Mais des décharges latérales, à chaque centre ganglionnaire, même les plus rudimentaires, peuvent se produire dans les nerfs moteurs aboutissant aux mêmes neurones. C'est la sensation réfléchie, c'est le réflexe. L'ondulation vibratoire abandonne en tout ou en partie le nerf centrifuge, pour repartir *angulairement*, dans une autre direction motrice ou sensitive.

Ainsi comprise la fonction réflexe est essentiellement *schématique*: elle est, en même temps, la base physiologique essentielle de tout acte biologique.

Tous les médecins connaissent le réflexe rotulien,

dont l'absence, ou signe de Westphall, constitue, avec les signes d'Argyll-Robertson et de Romberg, le trépied du diagnostic de tabes.

« L'ataxie locomotrice, dit Forel, qui détruit certaines connexions d'éléments nerveux, dans la partie lombaire de la moelle épinière, détermine la cessation complète du réflexe rotulien. Il est donc certain que l'irritation du tendon rotulien se transmet aux nerfs moteurs de la jambe à l'aide des nerfs sensibles par l'intermédiaire des neurones de la portion en question de la moelle épinière, portion qu'on appelle *zone de Lissauer*. Tout cela se passe donc à l'exclusion du cerveau. » (FOREL, *L'Ame et le cerveau*, p. 86.)

Toutes les réactions organiques, des plus simples aux plus compliquées, destinées à assurer la satisfaction des instincts, des appétits, des besoins, c'est-à-dire, en un mot, la nutrition, reposent sur un ensemble de réflexes allant des plus élémentaires, le réflexe pur, jusqu'aux systèmes les plus complexes et les mieux coordonnés, dans un but déterminé, qui prennent le nom de fonctions automatiques.

Tout neurone ganglionnaire recevant une excitation périphérique a la faculté de la réfléchir.

Quand les excitations ou les impressions extérieures gagnent les neurones de l'écorce cérébrale, grâce au processus neuro-psychique, il s'établit un réflexe neuro-psychique.

Les neurones psychiques, mentaux de la zone corticale de Flechsig, impressionnés dans *l'état de conscience* possèdent également le pouvoir réflexe. Une impression parvenant par la voix sensorielle peut être transmise par voix réflexe, à travers la moelle et le grand sympathique, jusqu'au cœur, à l'intestin, à la vessie.

Il est nécessaire, maintenant, de définir des termes qui, au risque de la plus grande confusion, ont besoin d'être nettement précisés, délimités, caractérisés.

Réflexe et automatisme sont deux expressions d'un même phénomène, *l'arc réflexe:* ils diffèrent l'un de l'autre, non par leur essence qui est la même, mais par leur qualité plus ou moins complexe.

Le réflexe peut être simplement neuro-organique, ou bio-psychique (sensibilité protoplasmique, réflexe organique, viscéral, etc.) et dès qu'il s'élève, il devient neuro-psychique. L'automatisme est une association de réflexes neuro-psychiques, coordonnés dans un but déterminé, d'un psychisme déjà assez élevé, mais cependant subconscient, non libre, non soumis au contrôle supérieur, dont cependant il n'est pas absolument isolé, dont il peut recevoir, à certains moments, des ordres et des sommations.

L'automatisme se crée par le frayage des voies conductrices neurotiques et par le renouvellement fréquent du courant dans le même sens et par la même route.

Il suffira pour nous faire mieux comprendre d'exposer la classification des réflexes établie par Bechterew.

D'après leur substratum anatomique les réflexes peuvent être considérés comme : *R.* protoplasmiques, *R.* neuro-cellulaires, *R.* neuro-organiques (grand sympathiques), *R.* neuro-psychiques (cénesthésie, fonctions sensorio-sensorielles, etc.), *R.* neuro-psycho-mentaux (région préfrontale supérieure, fibres d'association de Flechsig).

Quant à leur nature physiologique, ils sont :

R. simples. (Externes ou internes, automatisme simple.)

R. instinctifs. (Nutrition ; fonctions sexuelles, maternelles ; instinct de conservation, instinct social, etc.)

R. associés. (Sensations diverses, aboutissant au même réflexe, associations mentales, raisonnements, etc.)

R. mimiques. (Gestes, pantomimes, etc.)

R. de concentration. (Attention, etc.)

R. symboliques. (Parole(r. verbo-moteur), langage (r. verbo-psychique.)

R. personnels. (Caractère, personnalité, libre arbitre, etc.)

L'activité réflexe du processus neuro-psychique embrasse, on le voit, toute la psychologie.

Le réflexe simple est caractérisé par sa constance, son invariabilité de forme, sauf ce qui peut se produire du fait de l'inhibition. Il est toujours la conséquence de l'irritabilité, propriété biologique fondamentale du protoplasma. Les mouvements de défense, d'agression (le phobisme), la formogenèse, le néisme (formation d'organes), etc., appartiennent aux réflexes simples. L'excitation peut retentir à grande distance. Une irritation de la matrice provoque le vomissement; une impression auditive s'étend aux mouvements du cœur. Citons encore comme réflexes simples : le *R.* papillaire (1). Dans ces cas « le réflexe est le produit de la transformation d'une impulsion externe en réactions nerveuses ».

(1) Le cœur et la respiration sont étroitement liés. Le cœur possède des nerfs d'arrêt et des nerfs auxiliaires et en plus des ganglions propres. L'irritation des nerfs cutanés, laryngés, intestinaux peut amener par voie réflexe l'arrêt du cœur. L'irritation des nerfs sensibles des muscles, par voie réflexe, accélère le cœur, d'où palpitation et dyspnée (dyspnée d'effort) dans le travail musculaire exagéré.

(Bechterew.) Ce sont là les réflexes simples externes. Les réflexes internes tiennent sous leur dépendance l'immense domaine viscéral et vaso-moteur. Les impressions douloureuses produisent de la vaso-constriction et accélèrent le pouls, quand elles sont faibles ou moyennes et, l'effet contraire, quand elles sont très violentes.

Nous n'insisterons pas sur les réflexes instinctifs : Wundt fait de l'instinct une tendance innée et pour d'autres auteurs, il n'est qu'une modalité du réflexe. Bechterew dit que « l'instinct peut être caractérisé avant tout comme activité réflexe déterminée par les besoins organiques de l'individu ». Et plus loin : « Sous le nom d'instinct nous comprenons les réactions qui s'écou ent comme les réflexes, mais qui ont leur détermin on dans les besoins propres de l'organisme. »

Les réflexes associc ugmentent de complexité et dépendent de combinaisons établies antérieurement : ils peuve varier et n'ont pas le caractère de *nécessité* des précédents. Ce sont des réflexes d'éducation, de dressage qui augmentent par l'exercice et diminuent de force si on ne les entretient pas. L'inhibition et la variété de transmission les fait se modifier à l'infini. Ils résultent souvent d'une somme de sensations différentes (son, lumière, etc.).

Dans le laboratoire du professeur Bechterew, on emploie le procédé du docteur Moloti off pour établir l'association de deux réflexes. Le sujet est dans une chambre obscure : derrière un écran dépoli, une source de lumière électrique, ampoules colorées, se substituant à volonté sans bruit. Un courant électrique est mis en même temps en contact avec la plante du pied du sujet. Après quelques excitations

simultanées (courant électrique au pied et ampoules
colorées), on supprime le courant électrique du pied
et on constate, alors, que l'excitation lumineuse suffit
à elle seule à produire le réflexe plantaire avec le
mouvement d'extension des orteils.

Les réflexes associés sont au sommet de l'activité
neuro-psychique dans le jugement, la comparaison,
l'analyse, la synthèse, etc.

Nous reviendrons encore, ultérieurement, plus
longuement sur ce sujet.

Les réflexes mimiques comprennent toutes les
réactions motrices dues à l'état émotionnel.

J'en emprunte l'énumération à Bechterew.

Mimique organique. — Joie, tristesse, remords,
regret, inspiration, extase, attendrissement, etc.

M. musculaire. — Courage, peur, arrogance,
abaissement, énergie, abandon.

M. sexuelle. — Amour, jalousie, honte.

M. tactile. — Sympathie, commisération, amitié,
attachement, cruauté, ironie.

M. gustative. — Impression du palais, désir, aver-
sion.

M. olfactive. — Mépris, inspiration.

M. auditive. — Jouissance musicale, frayeur, vanité.

M. visuelle. — Haine, envie, étonnement, ambition, timidité, confusion.

Les couches optiques sont des centres importants
de la mimique de la face, mais elles sont aussi les
centres locomoteurs, gustatifs, de sensibilité cutanée,
des réactions vocales, cardio-vasculaires, stomacales,
intestinales. On comprend combien par voie réflexe
la mimique est capable de s'étendre. Mais le rôle
définitif appartient à l'écorce et à la région préfron-

tale qui peut arrêter ou provoquer volontairement la mimique (jeu de l'acteur, de l'orateur).

Les réflexes de concentration qui peuvent être assimilés à l'attention, à la perception englobent tous les mouvements qui servent à mieux préparer une perception déterminée (mouvements de la tête pour mieux écouter, arrêt de la respiration, immobilisation du corps pour mieux écouter, pour mieux voir; réflexion, inquiétude, défense, etc.).

Les réflexes symboliques comprennent les réactions destinées à établir un rapport déterminé à l'avance avec le monde extérieur: la parole, le langage, l'art, la lecture, les gestes, etc.

Les réflexes personnels constituent l'individualité, le caractère et ils dépendent de la reviviscence des traces cérébrales chez chaque sujet. « C'est ainsi, dit Bechterew, que se forme tout d'abord la sphère organique de la personnalité. » Et l'inhibition, qui peut varier avec chaque sujet, par l'habitude et l'éducation, constitue « le régulateur qui intervient dans la plupart des actes réflexes. »

Et c'est non seulement la personnalité, le caractère, mais encore le libre arbitre qui relèvent des réflexes personnels. Les mouvements de choix, de détermination, d'extériorisation de l'acte n'ont pas d'autres causes qu'un accès plus aisé, plus habituel, ou fortuit, dans une voie de conduction associative.

Toutes les fonctions viscérales se maintiennent dans un équilibre parfait grâce aux réflexes. Telles sont la digestion, dans ses actes multiples, mouvements, sécrétions; la respiration, la circulation, la miction, l'éjaculation, la défécation, etc., etc. Dans cette organisation si parfaite interviennent les neurones sympathiques, la moelle, le bulbe et le grand cerveau.

Les mouvements compliqués de la marche, des sports, des arts manuels n'ont pas d'autres règles, ni d'autre harmonie.

On sait combien l'enfant a de difficultés et met de temps à conquérir l'équilibre : il faut qu'il tâtonne patiemment avant de savoir mettre en jeu tous les systèmes musculaires antagonistes, qui lui permettent de se tenir debout, et de ne pas tomber dans les mouvements de propulsion en avant. Quand la série des réflexes nombreux est définitivement coordonnée en vue de la marche, c'est-à-dire dans un but précis et déterminé, *l'automatisme* est constitué. Le cerveau n'intervient plus que pour donner l'ordre de marche ou d'arrêt. On lit son journal, en promenade, on descend l'escalier sans *penser* aucunement à l'opération physiologique en cours. Le cerveau supérieur reste étranger absolument aux réflexes des neurones de la moelle. Il faut dire plus, si par hasard il intervenait par une influence inopportune, il ferait courir des risques de chute.

L'automatisme acquiert, pour ainsi dire, du fait de l'absence de la conscience volontaire, une plus grande netteté, une plus parfaite précision, parce que l'organisme devient un mécanisme *réglé* que l'inhibition ne trouble pas. Le somnambule, dont le psychisme inférieur, dont les neurones médullaires, dont le polygone fonctionnent sans que le cerveau supérieur et le centre O interviennent, risque fort, quand il marche avec une régularité automatique sur le bord d'un toit, de tomber si le réveil est brusque et si le cerveau conscient, reprenant son rôle, rompt l'équilibre et la précision des réflexes coordonnés.

Dans l'automatisme (1), il y a toujours une cer-

(1) « On est bien plus fort, dit Grasset, quand on joue du

taine part d'*idée* et de *volonté*; il est donc *psychique*.
Mais cette volonté peut être *ancienne* (coordination
volontaire préétablie) ou *récente*, avec quelque
apparence de spontanéité. Au début, la volonté
donne l'ordre *librement, en toute conscience*. Elle
décompose les mouvements, elle fraye les voies conductrices à travers les libres d'association. Quand la
coordination est établie la volonté n'intervient plus
que pour l'ordre général et ne s'occupe plus des
détails. L'automatisme pourra même se passer de la
volonté et de la conscience, un simple déclanchement réflexe suffira et la série d'actes et de mouvements réflexes se produira nécessairement par reviviscences des traces cérébrales et par *frayage*,
renouvelé par l'exercice, des voies de conduction.

Quand le tabétique présente de l'ataxie c'est que
les cornes et les cordons postérieurs de la moelle
affectés de lésions anatomiques sont impuissants
désormais à assurer leur rôle conducteur et réflexe.
Dans ce cas le cerveau peut intervenir, dans une
certaine mesure, et, par une rééducation lente et
patiente, créer une nouvelle série de réflexes coordonnés, qui emprunteront des voies anastomotiques de
cylindraxes et de neurones qui vicarieront ceux qui
ont été lésés ou détruits.

Les fonctions psychiques n'échappent pas aux

piano avec son polygone que quand, au début, on en joue
péniblement avec le centre O. »

« La synthèse volitive, dit Paulhan, cité par Grasset, est
exactement l'analogue de la synthèse créatrice, l'une étant dans
l'ordre de l'activité ce que l'autre est dans l'ordre de l'intelligence... Ce qui est automatisme chez un pianiste exercé, était
une série d'actes de volonté et d'attention chez le débutant,
comme ce qui est routine dans la manière d'un peintre ou
d'un poète, fut jadis une invention opposée à la routine de
l'école. » (GRASSET, *Psych. inf.*, p. 33-34.)

grandes lois biologiques qui régissent les actes réflexes et les actes automatiques et elles se divisent
ainsi nettement en psychisme inférieur ou psychisme
supérieur, suivant la qualité des réflexes (1).

(1) Nous aurons l'occasion dans les chapitres suivants de
développer encore davantage cette proposition.

CHAPITRE III

LE CERVEAU ET LES SENS

SOMMAIRE : Irritabilité. — Processus neuro-psychique. — Ses trois phases. — L'inhibition. — Les impressions sensorielles gagnent l'écorce de neurones en neurones. — Les deux psychismes. — Leur substratum anatomique. — La réflexologie. — Les localisations, d'après Grasset. — La théorie de Flechsig.

« Depuis les recherches de Glisson et de Haller, dit Bechterew, il est convenu d'appeler *irritabilité*, la propriété de la matière vivante de réagir aux excitations externes. » — C'est l'impression transformée en *sensation*, par l'intermédiaire des conducteurs nerveux, par le neurone qui, à son tour, réagit par le mouvement. C'est l'*arc réflexe*, schématique, dont nous avons déjà parlé et qu'il faudra toujours avoir présent à l'esprit pour bien comprendre le *processus neuro-psychique*. Chez l'homme, toutes les impressions peuvent arriver ou arrivent aux centres gris corticaux supérieurs pour y être perçues. Le cerveau représente l'*accumulateur principal* de l'*influx nerveux* qui est constitué et entretenu par l'activité cellulaire, les échanges humoraux, la nutrition générale, le fonctionnement viscéral, etc.

« Les centres nerveux, dit Bechterew, reçoivent, outre les impulsions externes, une masse d'impulsions organiques, car l'osmose, le capillarité, la filtration, la circulation sanguine et lymphatique, les mouvements des organes internes et les processus chimio-moléculaires dans les tissus doivent exciter les fibres du système nerveux sympathique et se transmettre aux centres. D'autre part, le sang qui afflue aux organe. centraux du système nerveux et surtout celui qui nourrit la matière grise du cerveau avec ses éléments cellulaires, assure un apport perpétuel de substances nutritives sur lesquelles se fait la reconstitution de l'énergie nerveuse. Cela fait que malgré toute la dispense que nécessite le travail des muscles et des glandes dans les conditions normales, les centres ne s'épuisent point et possèdent toujours des réserves d'énergie nerveuse. » (BECHTEREW, *Psych. object.*, p. 35.)

Le phénomène de la perception, transmise à l'écorce et recueillie par elle, peut se décomposer de la façon suivante en trois phases :

α) Phase réceptive, impression ;

β) Phase associative ;

γ) Phase réactive.

α) L'écorce reçoit des impressions multiples, externes ou internes. Les premières sont fournies par les sens ; les secondes par la *cénesthésie*, qui constitue l'ensemble des données organiques et viscérales recueillies par les neurones du *sympathique* et qui peuvent être transmises au cerveau par les anastomoses de ce système avec la moelle. Comme conditions anatomo-physiologiques les impressions supposent, pour parvenir à l'écorce, les voies conductrices tactiles, gustatives, olfactives, visuelles, auditives.

5) Les sensations parvenues dans les neurones corticaux s'irradient en sens divers et ont une tendance à se systématiser, à s'associer, suivant pour cela les fibres spéciales de Flechsig.

L'impression sensorielle avant d'arriver à l'écorce et avant de devenir sensation se décharge, au niveau des multiples centres gris qu'elle rencontre en chemin, en réflexes moteurs collatéraux formant des associations nécessaires dans un but déterminé.

Quand la lumière excite le fond de la rétine, il se crée une première conduction qui aboutit au *ganglion ciliaire*, d'où part un premier réflexe qui a pour but de faire *contracter la pupille* pour diminuer l'excès d'excitant lumineux. Puis, derrière le chiasma, à la région du 3e ventricule, nouveau réflexe de *coordination statique*. Le *corps géniculé externe* et les *tubercules quadrijumeaux antérieurs* réfléchissent des mouvements qui aboutissent à la pupille et aux muscles oculo-moteurs. Dans la *région de la fissure calcarine*, partent des *réflexes d'accommodation*. Et enfin, après ces diverses stations intermédiaires, l'excitation parvient au *poste terminus*, à la surface corticale du lobe occipital, localisation des sensations visuelles.

Arrivée à l'écorce l'excitation se poursuit dans plusieurs directions, créant des voies de conduction nouvelles qui relient plusieurs neurones entre eux.

« Ainsi, dit Bechterew, l'excitation visuelle après avoir atteint le centre de la vue, à la surface interne de la région occipitale de l'écorce, se transmet à la surface externe de la même région où elle éveille les traces des impressions antérieures associées aux impressions tactiles et musculaires. L'excitation ainsi accrue se transmet ensuite aux régions temporales de l'écorce où elle éveille les traces du symbole auditif, qui, à leur tour, par suite d'une association étroite avec le centre de la parole, suscitent la réaction verbo-motrice. » (BECHTEREW, *op. cit.*, p. 29.)

Le passage, plus ou moins fréquent, de l'influx nerveux dans les voies conductrices diminue leur potentiel de résistance et a pour conséquence, le *frayage d'une route de conductibilité nerveuse.* (Bechterew.)

Ce fait d'une haute importance anatomo-physiologique explique la coordination, la systématisation des associations, l'habitude de certains mouvements.

On comprend ainsi que les excitations parvenues à l'écorce, par des voies diverses sensorielles, puissent se réunir, se pénétrer, s'associer de neurones en neurones par l'intermédiaire des fibres de Flechsig.

Le frayage a deux conséquences importantes : son *développement* par l'exercice (adaptation, automatisme, habitude) et sa *reviviscence* plus aisée (mémoire).

γ) *Phase réactive.* Si l'inhibition, dont nous aurons l'occasion de parler plus loin, n'intervient pas, à l'excitation externe les neurones de l'écorce répondent par des réactions, externes ou internes spéciales, primitives ou associées. L'arc du réflexe neuro-psychique va se fermer et aboutira à un mouvement externe ou interne, à une sécrétion.

Ces réactions, au point de vue de leur terminaison, et de leurs influences ultimes et définitives sur le *tonus général organique* sont *sthéniques* ou *asthéniques.*

Les premières ont pour résultat l'augmentation de la nutrition et une qualité favorable, agréable, réconfortante.

Les secondes agissent en sens inverse, et sont déprimantes, désagréables, nuisibles.

Elles provoquent, les premières, des mouvements positifs, des attitudes et des tendances agressives, qui facilitent le renouvellement des impulsions primitives analogues et la reviviscence des traces cérébrales antérieures, par les voies conductrices de moindre résistance, établies par un frayage précédent.

Au contraire, les secondes, constituent la défensive soit sous forme de rassemblement, d'immobilité, de préparation, soit sous forme de fuite (réactions passives ou actives de défense).

Une période de *concentration* peut précéder la réaction extérieure. Elle a pour but de réunir le maximum d'influx nerveux pour la plus grande somme de décharge utile. C'est une condensation et une sélection à la fois, qui *bloque* tous les autres mouvements pour mieux canaliser dans un sens déterminé.

Le processus de concentration du courant de réaction neuro psychique constitue l'*attention*. Nous y reviendrons plus loin.

Nous pouvons nous résumer en un tableau et un schéma d'ensemble, marquant les différentes phases et les diverses étapes du processus neuro-psychique.

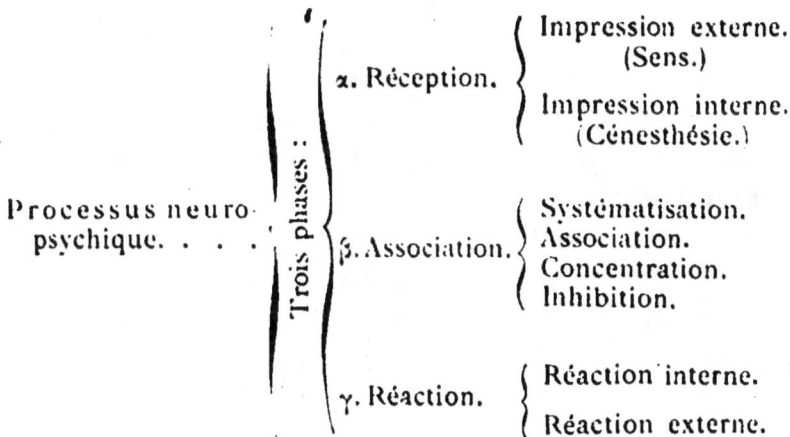

Processus neuro-psychique. . . . (Trois phases :)

α. Réception.
{ Impression externe. (Sens.)
{ Impression interne. (Cénesthésie.)

β. Association.
{ Systématisation.
{ Association.
{ Concentration.
{ Inhibition.

γ. Réaction.
{ Réaction interne.
{ Réaction externe.

Une des propriétés essentielles de l'écorce cérébrale est le pouvoir *d'inhibition* ; dans des conditions particulières qui tiennent à la concentration nerveuse, arrêt de tous les mouvements autres que ceux adaptés au but (attention), blocage des voies d'accès ou de décharge. La stimulation peut être reçue, accumulée

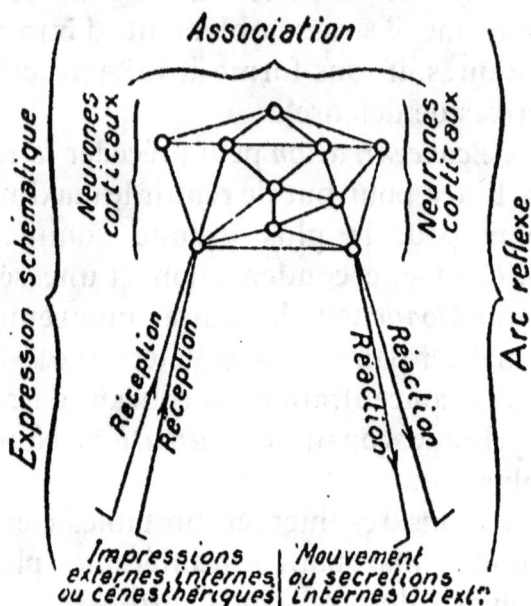

FIG. 10.

sans qu'elle gagne le troisième stade de l'arc réflexe, sans que la troisième phase du processus neuro-psychique se produise, la *réaction*. On dit alors que la sensation est *inhibée*.

« Avec ceci, dit Bechterew, il faut prendre en considération que l'écorce cérébrale étant, plus que toute autre partie du système nerveux, sujette aux inhibitions, chaque excitation qui se développe avec plus de force déprime celles qui se manifestent dans les régions voisines. Ces processus d'excitation, de reviviscence et de dépression constituent la trame de l'activité neuro-psychique. »

C'est la zone d'inhibition dont nous reparlerons. Cette activité neuro-psychique a pour base le rapport des processus sensitivo-sensoriels avec les centres gris qui répondent par la *condensation* du potentiel nerveux. (concentration, inhibition) ou par la *décharge* (réaction psycho-motrice ou psycho-sécrétoire).

Les sens (vue, odorat, ouïe, goût, toucher); la sensibilité générale externe (chaleur, froid, relief, trichestésie, contact); les sens des attitudes et de l'orientation; la sensibilité générale interne (cénesthésie); l'écriture, la lecture, le langage articulé et ses conséquences, la mimique et la pantomime constituent la relation et l'adaptation plus ou moins parfaites du cerveau avec le milieu interne ou externe. C'est le double processus biologique de nutrition et de relation.

La nutrition est assurée par l'intégrité cellulaire, établie par les échanges et réglée par le système nerveux, grâce à une série de réflexes simples, associés, automatiques, psycho-réflexes institués en vue de la conservation, du développement, de la satisfaction des besoins et des tendances de l'individu.

La relation avec le milieu externe est assurée par les voies de conduction sensorielles et motrices, par les fonctions psycho-motrices, psycho-sensorielles et psycho-sensitives.

Les impressions fournies par les différents sens, gagnant de neurones en neurones, parviennent par des voies conductrices stables, et des routes frayées, grâce aux fibres d'association de neurones, à des territoires spéciaux de la zone corticale.

Le cerveau est donc le centre véritable des fonctions psycho-sensitives et psycho-sensorielles, puisque dans l'écorce, grâce au processus d'association des neurones les impressions externes forment des *images* et des *idées* dont les traces *dynamiques* ont la propriété de se conserver (mémoire) et de revivre (pensée) sous l'action d'une nouvelle excitation (externe ou interne).

A la suite de Pierre Janet et de nombreux psychologues qui avaient fait la distinction entre un *psychisme supérieur*, conscient, volontaire, libre, et un *psychisme inférieur*, automatique, subconscient, non libre, Grasset a tenté de mieux étayer encore cette formule en établissant la légitimité de son schéma polygonal sur des bases réelles anatomo-pathologiques, sur des localisations cérébrales générales et spéciales.

« Sont psychiques, dit Grasset, les fonctions qui ont pour objet tout ce qui a trait à la pensée et pour siège les neurones de l'écorce cérébrale. »

Pierre Janet avait, en effet, déjà déclaré :

« Il y a deux psychismes ou deux groupes d'actes ou de fonctions psychiques : les *supérieurs*, qui sont volontaires ou conscients, les *inférieurs* qui sont automatiques et inconscients. »

Grasset a complété cette déclaration en soutenant l'existence des neurones supérieurs et des neurones inférieurs de la zone corticale grise du cerveau. Il affirme que tous les travaux et les conquêtes de la neurologie, depuis un demi-siècle démontrent, la réalité de la grande loi de neurophysiologie suivante : *A chaque grande fonction correspond un groupe différent de neurones, dont la lésion entraîne le trouble de la fonction correspondante.*

Malgré les objections qui ont pu être faites, il faut admettre la réalité d'existence des centres corticaux dont les fonctions évidentes ont été démontrées par l'anatomie et l'histologie pathologiques et par la vivisection (pigeon de Flourens, grenouilles, chiens décérébrés ou privés de centres déterminés, etc.)

Dans l'ouvrage si complet et si remarquable du professeur Bechterew, on trouve l'énoncé et la description détaillée des nombreuses expériences qui ont été faites dans cet ordre d'idées. Nous aurons, d'ailleurs, l'occasion de lui faire de nombreux emprunts et nous renvoyons à la lecture de ce livre si instructif, tous ceux qui désireraient parfaire leurs connaissances.

Dans le tableau de Grasset que nous avons déjà reproduit on saisit facilement l'ensemble des actes nerveux et de leurs centres.

Nous avons déjà critiqué dans l'exposé de Grasset la dénomination d'activité réflexe réservée au troisième paragraphe. Il serait préférable d'écrire activité réflexe simple, inférieure, étant donné qu'aucun phénomène psychique supérieur (mental) et psychique inférieur (automatique) n'échappe au schéma de l'arc réflexe Ceci découle des grandes lois énoncées par Bechterew.

« Tout acte neuro-psychique peut être réduit au schéma d'un réflexe ou l'excitation, atteignant l'écorce cérébrale, éveille les traces des réactions antérieures et trouve, dans celles-ci, le facteur qui détermine le processus de la décharge. »

Et encore :

« Les réactions psychiques comprennent une modification du réflexe par l'expérience antérieure de l'individu. Partout où la réaction est modifiée par l'expérience individuelle, nous avons un psycho-réflexe ou phénomène neuro-psychique, dans le sens propre du mot. »

Nous acceptons entièrement, pour notre part, ces deux lois primordiales confirmées par l'ontogénèse et la phylogénèse et qui permettent de suivre la trace constante du processus neuro-psychique et d'en concevoir la nature, qui permettent enfin de comprendre aussi bien la sensibilité protoplasmique que les plus hautes facultés de l'esprit, mémoire, imagination, volonté, conscience. Elles font mieux concevoir l'anatomie des localisations cérébrales et le mécanisme histologique et physiopathologique des symptômes morbides occasionnés par les lésions organiques ou les troubles passagers purement fonctionnels et réparables.

En une forte conclusion, Bechterew résume sa pensée essentiellement biologique, si l'on peut dire, qui est conforme à l'orientation générale des recherches et des travaux des psychologues et des neurologistes modernes, dont nous nous sommes inspiré pour l'idée et la rédaction de ces rudiments de psychologie physiologique.

Bechterew formule nettement, comme nous l'avons vu dans la citation de la page 21, sa pensée synthétisant sous le nom de *réflexologie* toute l'activité neuro-psychique.

La classification générale des fonctions nerveuses et de leurs centres, basée sur des autopsies nombreuses, relevées par Grasset, permet d'affirmer des localisations diversifiées dans l'écorce qui jalonnent, pour ainsi dire, le processus neuro-psychique, jusqu'à la région frontale, siège des facultés supérieures de l'esprit, sans autre détermination d'espèce, siège des processus de concentration, d'arrêt et d'inhibition (volonté, conscience libre, attention, discussion, délibération, abstention de l'acte ou passage à l'exécution active et motrice).

Tels sont les phénomènes qui constituent le psychisme supérieur mental (centre O du polygone de Grasset).

Dans d'autres régions corticales précises, on a pu localiser d'autres fonctions, en les sériant plus strictement, dans les régions prérolandiques, sylviennes, temporales ou occipitales.

Ces localisations, difficilement discutables aujourd'hui, répondent à plusieurs groupes physiologiques distincts.

Groupe neuro-psycho-moteur.	Mouvements des bras, des jambes, du tronc, du cou, de la face.
Groupe neuro-psycho-sensitif.	Sensibilité.
Groupe neuro-psycho-sensoriel.	Vue, ouïe, odorat, etc.
Groupe neuro-psycho-moteur graphique.	Écriture.
Groupe neuro-psycho-moteur phasique.	Symbolisme verbal.
Groupe neuro-psycho-sensit'f phasique.	Vision verbale, audition verbale.

Ces différents groupes répondent à des localisations cérébrales qu'on peut facilement repérer sur les deux figures suivantes empruntées à Grasset (*Psychisme inférieur*) et qui montrent bien la topographie de l'écorce cérébrale.

« La possibilité, dit Grasset, de l'altération isolée des unes ou des autres de ces groupes de neurone et la symptomatologie différente qui apparaît suivant que l'un ou l'autre de ces groupes de centres est atteint prouvent que, sans pousser la division à l'extrême, il faut bien en clinique, distinguer dans l'écorce trois groupes différents de neurones psychiques : les centres du psychisme sensorio-moteur (sensation et expression

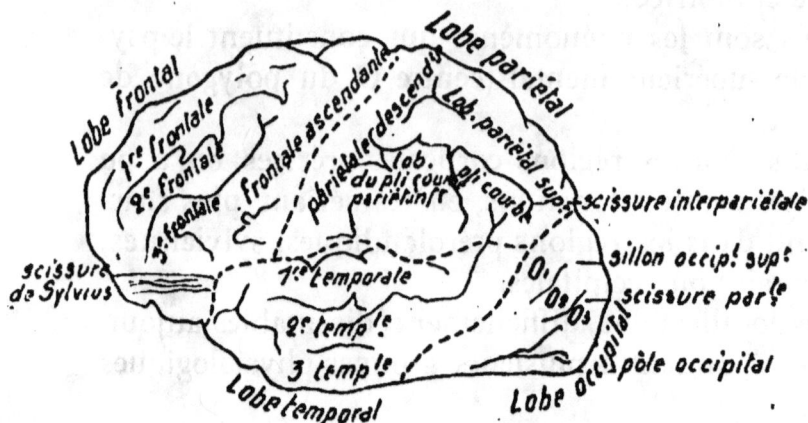

Fig. 11. — Face externe de l'hémisphère.

volitive); les centres du psychisme inférieur (automatique et inconscient); les centres du psychisme supérieur (volontaire et conscient). »

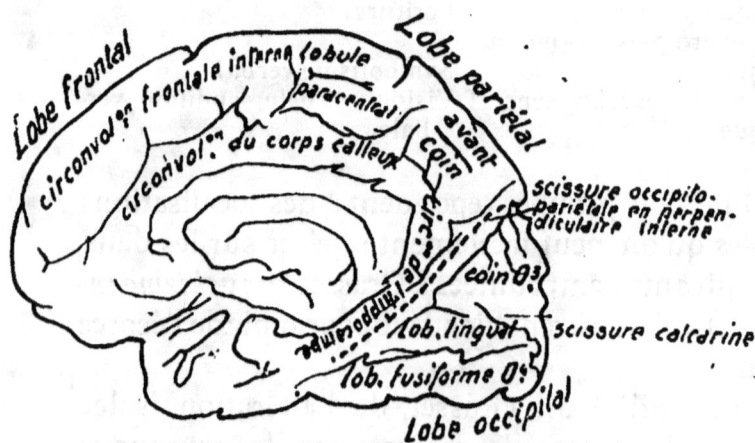

Fig. 12. — Face interne de l'hémisphère.

La théorie de Flechsig, construite d'après des recherches nombreuses et minutieuses, par la méthode des myélinisations, établit l'existence de deux sortes de prolongements des neurones :

α) Fibres de prolongements, dites *fibres de projections*, se dirigeant aux masses grises situées plus bas (centres de projection);

β) Fibres de prolongements ou de voisinage établissant le rapport, les voies conductrices frayées, avec les neurones mitoyens ou plus éloignés. Ces fibres prennent le nom de *fibres d'association de Flechsig*.

Les centres de projection occupent le tiers de l'écorce avec quatre sphères.

Sph. tactile (sensibilité générale et goût). Fr. et
        par. ascendantes (fac. ext.).
—   lobule paracentral (fac. int.).
—   une partie de la front. int.
—   circonvolution du corps calleux.

Sph. olfactive. — Tubercule olfactif, crochet de l'hippocampe (fac. int.).

Sph. visuelle. — Zone péricalcarine (fac. int.) : cunéus, lobule lingual, pôle occipital.

Sph. auditive. — Partie moyenne de la première temp. (face ext.).

Les centres d'association occupent le reste de l'écorce cérébrale en trois sphères.

Sph. antérieure (conscience, personnalité). Moitié ant. de la circ. frontale sup. Circ. front. moy. Circ. front. inf. (face ext.).

Sph. moyenne (langage). — Insula de Reil.

Sph. postérieure (coordination des impressions sensorielles). — Précunéus. Partie de la circonv.-linguale et circ. fusiforme (face int.) Circonv. pariétales. Circ. temp. inf. Partie ant. fac. ext. lobe occipital (face externe).

L'activité due aux réflexes neuro-psychiques associés auxquels participent ces diverses sphères se divise en fonctions psycho-sensitives, psycho-sensorielles psycho-motrices.

La sensibilité générale, le toucher, le contact, le froid, la chaleur, le relief, la trichesthésie, le sens des attitudes, la cénesthésie fournissent les renseignements de la première catégorie. Les voies de conduction centripètes peuvent être différenciées dans leur texture (nerfs sensitifs) et parviennent à des régions médullaires spéciales dont la désorganisation, par des symptômes objectifs dans certains cas pathologiques, a permis la dissociation des sensations de froid, chaud, contact (troubles dits syringomyélitiques). Le sens des attitudes, de l'orientation demande une cohésion de réflexes considérable. La vicariation est possible dans la moelle comme dans les régions corticales grises.

Les différents sens (fonction psycho-sensorielle) répondent à des nécessités et à des besoins multiples. Ils collaborent, bien souvent comme on sait, dans une action commune, de tout leur pouvoir spécifique et individuel, pour, en se prêtant constamment une aide mutuelle, obtenir le maximum de rendement et de travail utile pour la connaissance et la réaction qui constitue l'unité du sujet et son équilibration nutritive, agressive et défensive.

Enfin, la marche, la station debout, le langage, la lecture, l'écriture sont des systématisations neuro-psychiques, sensitives et motrices, du plus haut intéret, réunissant les réflexes les plus élevés.

La mimique et l'expression émotive, localisées dans les corps opto-striés, dans les zones de projection de Flechsig (région périrolandique), s'associent aux impressions et aux réactions vaso-motrices, circulatoires, sécrétoires ou autres parvenues dans des régions voisinant avec les mêmes zones de projection de Flechsig. Ce qui explique leur union et leur solidarité si étroites, ce qui fait comprendre qu'habituellement ces diverses réactions, impressions ou associations, sont soustraites à la volonté.

Nous allons voir comment ces diverses fonctions peuvent, suivant qu'elles restent localisées aux régions rolandique, temporale ou pariétale, demeurer subconscientes et engendrer des réactions «intelligentes», quoique automatiques, ou au contraire, parvenir à la région frontale se transformer en sensations conscientes et répondre par l'acte volontaire libre, jugé, délibéré, exécuté.

CHAPITRE IV

DE L'INCONSCIENT AU CONSCIENT

SOMMAIRE : Préconscience protoplasmique. — Impression
sympathique et cénesthésique. — La sensibilité générale. —
Le psychisme inférieur. — Le subconscient. — L'automatisme. — L'inhibition. — Le psychisme supérieur. — Les
quatre stades de l'inconscient au conscient. — Trois groupes
de centres psychiques, d'après Grasset.

D'après ce que nous venons de dire, on peut déjà
comprendre que la sensibilité protoplasmique est certainement un rudiment de conscience, mais, pour
l'homme, ces phénomènes n'arrivent pas aux centres
psychiques; ils restent donc inconscients, c'est-à-dire
réduits à des perceptions tellement légères qu'elles
passent inaperçues. Toutes les cellules vivantes de
l'organisme jouissent de cette propriété que nous avons
appelée la sensibilité protoplasmique et elles réagissent, aux excitations et aux modifications par l'irritabilité qui est l'essence biologique. Cette irritabilité
existe pour chaque élément cellulaire. Si elle n'est pas
perçue par la conscience supérieure, en tant qu'éma-
nation directe de chaque unité protoplasmique, la
somme de l'irritabilité des cellules de tout l'organisme

se totalise pour former le tonus organique. C'est la première manifestation de conscience, la première constitution du moi. Il faut y ajouter les sensations déjà plus organisées de la cénesthésie qui représente une systématisation plus élevée. La vie cellulaire, les échanges, l'état des humeurs, le fonctionnement des viscères, la circulation des liquides nourriciers, les sécrétions glandulaires produisent des excitations et des réactions infiniment nombreuses qui établissent par des réflexes automatiques, coordonnés dans un but déterminé et stable, la marche et la nutrition régulières, conformes à la conservation de l'individu, de tous nos organes.

Tout ce mécanisme compliqué dépend du système sympathique dont les ganglions assurent l'intégrité et l'équilibre. Comme nous l'avons vu, ces ganglions s'anastomosent avec la moelle. De plus le pneumogastrique est un nerf moteur qui met les centres psychiques en communication avec les viscères. L'écorce n'est donc ni indifférente, ni étrangère à ce qui se passe dans la vie viscérale et organique.

Le cerveau supérieur reçoit, dans des conditions particulières, des impressions et des excitations du grand sympathique, auxquelles il répond par des réactions déterminées, par le moyen du pneumogastrique ou du grand sympathique. C'est la décharge vaguo-sympathique. C'est justement cet ensemble de phénomènes qui constitue la cénesthésie. A proprement parler, suivant les circonstances, ces faits peuvent être *inconscients*, quand le processus neuro-psychique est nul, restant localisé, d'un tonus général faible, ne dépassant pas la moelle; *préconscients*, quand le même processus augmente d'intensité et porte aux centres psychiques les sensations cénesthésiques anormales, troubles vaso-moteurs, accélération ou ralentissement de rythme, augmentation ou arrêt de sécrétion.

On peut dire qu'à l'état physiologique ce premier stade de conscience ne dépasse pas ce que nous venons de dire. Les zones psychiques ignorent donc, sauf par le tonus général, l'état des cellules et des viscères, l'équilibre de l'organisme, mais elles reçoivent, par *la cénesthésie*, des impressions sur les variations fonctionnelles. Mais vient-il à se produire un désordre grave, une désorganisation cellulaire, un déséquilibre humoral, une intoxication endogène ou exogène, le centre psychique en est averti.

A l'état normal dans le premier stade biologique, cellulaire ou organique, il ne se produit que des phénomènes préconscients, subconscients ou cénesthésiques. Ces derniers ont trait à des groupes de réflexes qui ne dépassent pas les neurones du grand sympathique, en temps normal, mais qui peuvent dans certaines conditions ou circonstances devenir des réflexes neuro-psychiques et parvenir à l'écorce, à la région sensorio-sensitive ou de projection de Flechsig. Ils créent un psychisme subconscient avec impressions et idées vagues, fugitives, passagères qui ne se précisent que dans l'état de maladie, sous forme de douleur physique et de tristesse, quand les réflexes neuro-psychiques deviennent neuro-psycho-mentaux.

Dans le deuxième stade, plus élevé, normalement psycho-sensitif, et non plus organo-sensitif, les impressions du milieu externe nous sont fournies par la sensibilité au contact, au froid, au chaud, par la trichesthésie, par le sens des attitudes, par le sens de l'orientation. Toutes ces impressions parviennent à l'écorce, dans une zone et des régions spéciales. Elles sont généralement *perçues*, examinées, analysées, contrôlées par la conscience supérieure, si elle en éprouve le besoin, mais elles peuvent aussi rester au-dessous d'elles, demeurer *subconscientes*. Le processus neuro-psychique du second stade crée l'image, l'idée préconscientes, subconscientes, opérations de l'esprit les plus simples, psycho-sensorio-sensitives.

Des circonstances spéciales physiologiques, sommeil, somnambulisme, distraction, cantonnent le *subconscient* dans un domaine particulier, celui du polygone de Grasset, qui peut n'avoir aucune communication, aucune relation *momentanément* avec la conscience supérieure, le psychisme supérieur, le centre O. Le subconscient constitue le psychisme inférieur de Grasset, de Pierre Janet, etc. Anatomiquement, il a une existence réelle, étant localisé aux zones comportant les fibres de projection de Flechsig et les zones moyennes et postérieures des centres d'association de Flechsig et séparé, pour un temps, de la zone antérieure des centres d'association (voir le chap. précédent).

Cette dernière est seule supérieure, libre, volontaire, consciente (psychisme supérieur, centre O de Grasset).

L'ontogénèse et la phylogénèse sont d'accord avec cette progression biologique et anatomique du préconscient, au subconscient et au conscient supérieur. Et les localisations montrent le mécanisme des processus neuro-psychiques et psycho-mentaux.

Le troisième stade se confond presque avec le second. S'il est presque toujours subconscient et intelligent, psychique, il n'est pas encore mental *constamment*. Il se maintient subconscient et automatique. Le psychisme subconscient comporte, en plus de l'idée courte, fugitive, du second stade, l'imagination, la mémoire, l'association des idées (telles qu'elle fonctionnent dans le sommeil, le rêve, le somnambulisme, l'hypnose, l'état du médium), le langage articulé sans conscience véritable (écholalie, logorrhée des aliénés, écrits des médiums).

Ce sont des séries de réflexes agissant sur des neurones éloignés encore de ceux de la zone antérieure d'association de Flechsig (région préfrontale).

Le psychisme subconscient, inférieur est en même temps automatique. L'automatisme psychique apparaît comme une série de réflexes neuro-psychiques ayant adopté, grâce aux frayages répétés, des voies conductrices déterminées, fixes, adaptées à un but spécial et constant, présentant des voies de moindre résistance par lesquelles l'influx nerveux s'écoule plus facilement. Cette série de réflexes évolue sans que l'influx nerveux se propage aux neurones supérieurs, siège des réflexes psycho-mentaux. Quand il y a propagation aux centres supérieurs, il y a participation de la conscience et de la volonté qui peut surveiller, modifier l'automatisme en y ajoutant des voies de conduction nouvelles. Mais le processus perd alors en vitesse, en précision, en régularité à cause de cette adaptation nouvelle qui trouble la coordination ancienne. L'automatisme psychique a des qualités fixes de netteté, de précision, de régularité.

Tous ces phénomènes du psychisme inférieur, subconscient, automatique (automatiques psychiques de Pierre Janet, polygonaux de Grasset) peuvent se produire à l'état physiologique, mais encore avec un contrôle relatif de la conscience supérieure. Si dans l'état pathologique ce contrôle disparaît, à la suite de troubles fonctionnels ou de lésions organiques, l'au-

tomatisme perd de ses qualités psychiques en gagnant
son indépendance. Il déchoit en se désagrégeant du
centre supérieur O, abandonnant au fur et à mesure
toutes ses qualités élevées qui le rapprochaient du
mental. Le processus neuro-psychique inférieur organise dans l'écorce des réflexes simples, composés,
instinctifs, symboliques, mimiques, personnels, mais
restant localisés aux zones de projection et d'association de Flechsig, que nous avons mentionnées plus
haut.

Quand le pouvoir d'inhibition de l'écorce n'empêche pas ce processus neuro-psychique de parvenir
à la région préfrontale, à la zone antérieure des fibres
d'association de Flechsig, il provoque des réflexes
psycho-mentaux, conscients, supérieurs, volontaires,
libres (centre O de Grasset).

Ils parviennent alors, en se transformant, au qua-
trième stade, d'hyperconscience, de conscience supérieure, psycho-mental, libre. Celle-ci, suivant son
tonus, son dynamisme, sa concentration, suivant la
reviviscence des traces cérébrales antérieures, condense l'influx nerveux, l'arrête ou réagit par une
décharge. Cette décharge pourra suivre d'anciennes
ou de nouvelles voies conductrices purement *mentales*
ne quittant pas la zone antérieure d'association ou,
au contraire, gagnant les zones moyennes ou postérieures d'association ou les zones de projection, elle
se propagera en réactions psychomotrices ou sécrétoires.

Nous atteignons ainsi la phase supérieure de pensée
libre et consciente, capable de détermination et d'acte
extériorisé. La région préfrontale, la zone antérieure
des fibres d'association de Flechsig semble séparée
des autres centres corticaux tant au point de vue

topographique qu'au point de vue physiologique. Peut-être aussi un territoire intermédiaire, une zone frontière constitue la vraie ligne de démarcation avec, comme fonction, le pouvoir d'inhibition. Cette conception, toute schématique, repose sur la réalité physio-anatomique.

On sait que les lésions de la zone antérieure d'association font disparaître les fonctions d'arrêt et d'inhibition si importantes dans le développement de l'activité cérébrale.

Supposons que cette zone ait une existence réelle et l'*inhibition*, qui représente un ensemble de phénomènes d'une importance physiologique incontestable, s'éclaire plus aisément.

La faculté fondamentale de la propriété d'inhibition est le pouvoir d'arrêt, qui peut se manifester sous la forme de bloquage, de condensation, de concentration. Ce pouvoir d'arrêt s'exerce, par rapport à la zone figurée schématiquement, de deux façons différentes. Ou bien l'influx nerveux ne peut pas traverser la zone d'inhibition et ne parvient pas au centre supérieur, ou bien parvenu au centre supérieur, il y est arrêté et ne peut retraverser la zone d'inhibition. Il y a *bloquage* de la voie psycho-sensorio-sensitive dans un cas, ou condensation, avec arrêt de projection, dans le second. D'autres fois le *bloquage* peut porter sur une ou plusieurs voies conductrices ou d'accès vers O: c'est la concentration, l'attention, le monoïdéisme, etc. De même aussi la projection peut être élective.

A cette zone d'inhibition appartient donc la fonction neuropsychique et psycho-mentale essentielle à l'intégrité de la personnalité, du moi, à l'indépendance et à la liberté mentale et morale. Elle possède

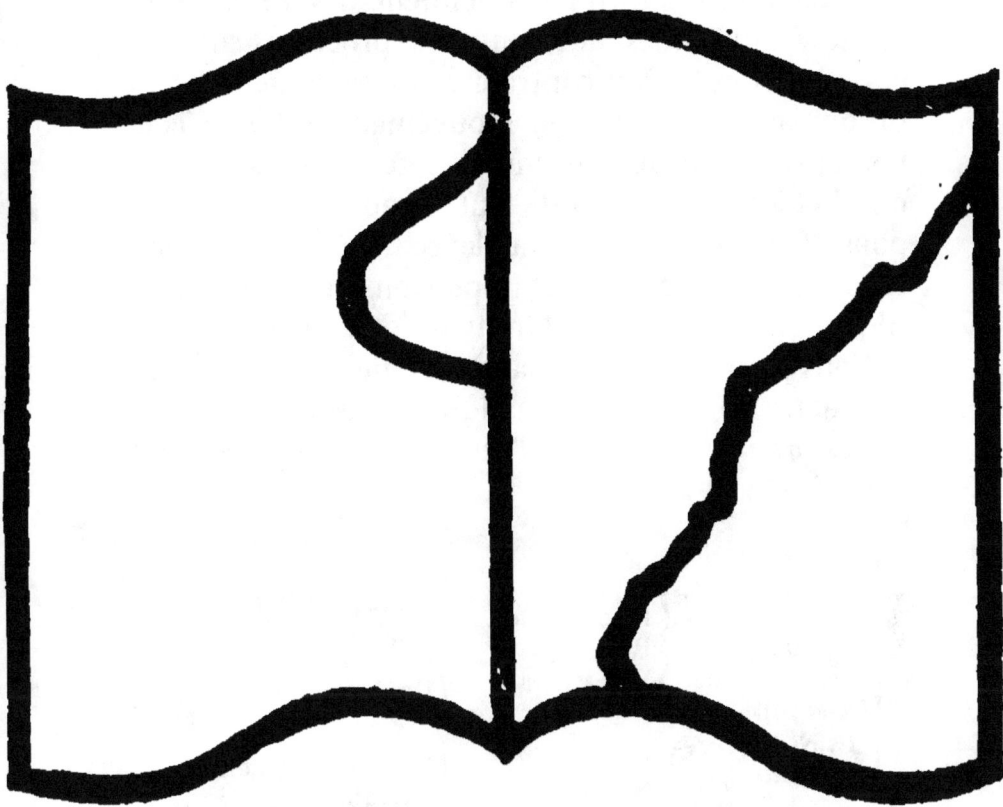

la faculté de freiner et de régulariser les impulsions et
les excitations qui lui parviennent des zones inférieures, auxquelles arrivent les processus neuro-
psychiques qu'il faut contrôler, classer, systématiser,
ordonner, transformer en mouvement utile, en acte
approprié, ou, au contraire, retenir sous forme
d'influx nerveux, qu'il faut condenser, réserver
pour une circonstance meilleure, arrêter dans une
tendance phobique, une impulsion négative, asthénique, dangereuse pour l'individu ou pour l'espèce.

Nous pouvons maintenant résumer cette description dans le tableau schématique suivant.

*Les quatre stades de l'inconscient au conscient
supérieur :*

Préconscient.	I. *Stade pri- mitif, cellu- laire ou or- ganique.* Bio-psychique. Organo-psychique.	R. simples. R. combinés. R. associés. Neuro-organiques.	Tonus général. Euphorie. Cénesthésie. Douleur.
Subconscient.	II. *Stade infé- rieur psy- cho-sensi- tif.* (Neuro-psychique.)	R. combinés. R. neuro-psychiques.	Sensibilité générale. Orientation. Équilibre. Idée subconsciente.
Subconscient.	III. Stade moyen psycho-sen- soriel.	R. » » R. psychomoteurs. R. sensitifs. R. sensoriels. R. vasculaires	Sens. Mimique. Langage. Lecture. Écriture. } Automatiques Idée subconsciente. Mémoire. Ass. d'idées.
Consc. libre.	IV. *Stade supé- rieur psy- cho-mental.*	R. d'inhibition. R. psycho-mentaux.	Psychique supérieur. Idéation réfléchie. Volonté libre. Conscience libre.

Sans pousser à l'extrême la division de ce tableau
schématique il peut aider à notre étude et mieux faire

comprendre le chemin parcouru de l'inconscient au conscient.

Quoiqu'on puisse dire que tout neurone cortical possède la faculté d'inhibition, il semble bien prouvé, par l'anatomie pathologique et les expériences de Flechsig, que cette faculté d'inhibition supérieure, intelligente, consciente, volontaire, réside dans une région frontale déterminée.

Le pouvoir d'inhibition est réservé, schématiquement pour nous, à une zone spéciale entre les centres du psychisme inférieur et ceux du psychisme supérieur conscient. Il existe un centre réel *anatomique* des réactions vasomotrices de l'émotion qui, suivant les sujets, sont soumises aux variétés les plus complexes d'arrêt et d'inhibition.

Grasset croit pouvoir affirmer l'existence bien démontrée de trois groupes de centres psychiques :

1° Sensorio-moteurs (centres de projection);

2° Inférieurs (centres d'association inférieur et moyen, centres polygonaux);

3° Supérieurs (centres d'association supérieurs, centre O).

Et de plus, il étaye cette division, en trois groupes distincts, sur les localisations cérébrales les plus modernes, dues aux travaux de psychologie expérimentale ou aux recherches d'anatomie pathologique, aux résultats d'autopsie.

« Il semble, dit-il encore, que l'on puisse tenter une localisation clinique de chacun de ces groupes de centres : les premiers dans les zones de projection de Flechsig, les deuxièmes dans les zones moyennes et postérieures d'association de Flechsig, et les troisièmes dans la zone antérieure d'association de Flechsig du lobe préfontal. »

Chaque fois que cette zone préfrontale est lésée, il se produit une émancipation des centres inférieurs, qui ne sont plus soumis au contrôle de la conscience et du pouvoir d'inhibition. Le sujet est alors réduit à ce psychisme inférieur, à l'automatisme, il devient anoïque ou paranoïque.

De cette étude, il ressort clairement l'impossibilité de séparer nettement l'inconscient du conscient supérieur, le volontaire de l'automatique. Entre les deux extrêmes sont d'innombrables phénomènes intermédiaires qui sont les anneaux de la chaîne ininterrompue : *natura non facit saltus.*

« Comme le dit très bien Tarde, fait remarquer Bechterew, rien n'est moins scientifique que cette division absolue, cette disjonction du volontaire et de l'involontaire, du conscient et de l'inconscient. Ne passe-t-on pas d'une manière imperceptible, de la volonté à une habitude presque mécanique et n'est-ce pas le même acte qui change de nature au cours de cette transition. »

En réalité, l'activité de l'esprit est due aux processus généraux bio-psychiques et neuro-psychiques. Elle est basée sur la sensation préconsciente, subconsciente et consciente. Elle a pour résultat la réaction réflexe.

Le réflexe neuro-psychique comprend le psychique et le mental sous forme de réflexe neuro-psycho-mental. Le mental est du psychique conscient ; le psychique n'est pas encore du mental, mais peut le devenir s'il gagne les neurones de la zone d'association antérieure de Flechsig, située dans le lobe préfrontal.

CHAPITRE V

L'AGRÉGAT PSYCHIQUE

Si le cerveau est unique comme organe et si le psychisme est unique comme manifestation de l'activité cérébrale, ses composantes sont complexés. Le psychisme réside dans l'écorce, où il trouve des territoires, des régions superposés, d'une texture histologique déterminée, qui sont le siège de réflexes de plus en plus compliqués, depuis le plus simple, le réflexe cellulaire, jusqu'aux réflexes neuro-organiques (grand sympathique), neuro-psychiques, neuro-psycho-mentaux.

Le cerveau peut, topographiquement, se décomposer en quatre lobes distincts superposés en deux étages, un peu schématiquement : lobes temporal et occipital, lobes pariétal et frontal. Suivant la phylogénèse et l'ontogénèse, ils vont de l'inférieur au supérieur, comme dates d'apparition et de perfectionnement, avec pour chacun d'eux une activité psychique plus grande, jusqu'au lobe préfrontal, localisation de la personnalité consciente, volontaire, de l'intelligence la plus élevée. A chacun des lobes appartiennent, peut-on dire, des psychismes différents qui s'imbriquent, s'associent, s'unissent, se confondent, tout en conservant une autonomie relative, une systématisation distincte.

Il y a des neurones qui président aux divers réflexes neuro-psychiques et neuro-psycho-mentaux et ces neurones occupent, comme nous l'avons vu des centres corticaux particuliers.

Le petit tableau suivant résumera notre description.

RÉGIONS	HISTOLOGIE	FONCTIONS
Lobe occipital. — temporal. — pariétal.	Neurones à fibres de projection. Neurones à fibres d'association (zones post. et moyen.	Réflexes neuro-psychiques (psycho-moteurs, psycho-sensitivo-sensoriels). Psychisme inférieur (polygonal).
— préfrontal.	Neurones à fibres d'association (zone antérieure de Flechsig).	Réflexes neuro-psychiques (comme ci-dessus) et réflexes neuro-psycho-mentaux. Psychisme supérieur (centre O).

A l'état normal, ces centres, topographiquement séparés, mais unis par des voies de conduction innombrables, fonctionnent dans un état d'harmonie qui constitue l'équilibre psychique.

Les neurones du lobe préfrontal peuvent recevoir des excitations, internes ou externes, auxquelles ils réagissent de diverses façons, par voie réflexe, ou qu'ils condensent grâce au pouvoir d'inhibition : ils reçoivent aussi les impressions transmises par les neurones des autres lobes avec lesquels ils entrent en communication, pour une coordination psycho-mentale complète. L'anatomie et la physiologie démontrent que la sensibilité spécifique se partage les multiples territoires de l'écorce et que la conscience semble réservée aux lobes préfontaux. L'état de conscience est la coexistence des réflexes neuro-psychiques et neuro-psycho-mentaux associés et se succédant sans interruption, sans interdiction d'accès ou de sortie due à notre zone *schématique* d'inhibition.

A décomposer cette constitution de l'agrégat psychomental, on peut établir quatre étages de formation biologique.

1er étage : Cellulaire, organique.	Réflexes simples.	Tonus général.
	— neuro-organiques.	Cénesthésie.
2e étage : Neuro-psychique.	— instinctifs.	Sensibilité.
	— associés.	Besoins, tendances.
	— sensoriels.	Émotions.
		Idées, images.
3e étage : Psychique.	— neuro-psychiques.	Idées, images.
	— symboliques.	Attention.
	Concentration, reviviscence des traces cérébrales.	Mémoire. Automatisme. Imagination.
4e étage : Psycho-mental.	Réflexes d'expérience individuelle.	Caractère.
	Réflexes d'exp. socle.	Personnalité.
	Inhibition.	Conscience.
	Réflexes personnels.	Choix.
	Réflexes variables suivant les routes de conduction.	Liberté. Volonté.

Cet agrégat des centres unifiés fait comprendre le monisme psychique, qui peut être suivant l'importance et l'étendue des communications, suivant la localisation des réflexes, dans un des quatre états ci-dessous :

Psychique.	Paraconscient.	Bio-psychique. Protoplasmique. Cénesthésie.
	Subconscient.	Image. Mémoire. Automatisme.
	Conscient.	Attention. Concentration.
	Hyperconscient (mental).	Conscience supérieure. Volonté. Détermination. Pragmatisme.

ou encore :

Psychisme protoplasmique.	. . .	Paraconscient.
— organique.		
— automatique.	. . .	Subconscient.
— Mental.	. . . . .	Conscient-supérieur.

L'activité neuro-psychique a besoin de la collaboration, de l'union, de l'équilibre de ces quatre psychismes, pour constituer l'agrégat psycho-mental supérieur, conscient, volontaire, libre. Mais, en vérité, l'essence du psychisme est unique : elle a pour base anatomique l'écorce cérébrale et comme origine fonctionnelle, l'influx nerveux résultat définitif de la nutrition générale.

L'unité du moi repose sur une sorte de réflexologie générale, sur une sorte de somme de réflexes simples et de réflexes neuro-psychiques (réflexes symboliques, instinctifs, d'expérience personnelle, sociale, esthétique, etc.).

De la base, organique pure, au sommet, mental, le

psychisme peut se figurer schématiquement encore de la façon suivante (fig. 13).

De la base au sommet du triangle, le psychisme inférieur a un territoire somatique (Zone E) très étendu (cellules, viscères, humeurs, etc.), et ne se trouve en communication avec le sommet A, que par les anastomoses du grand sympathique avec la moelle

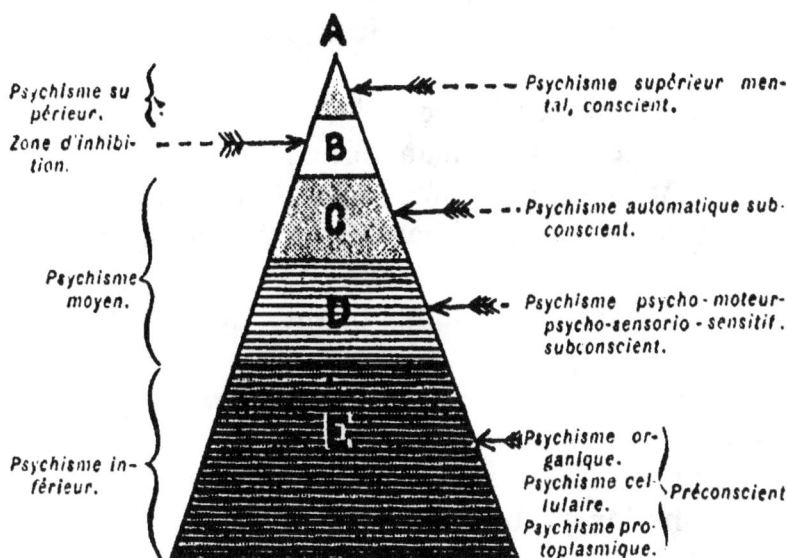

Fig. 13.

et dans le cas de troubles occasionnant la *douleur*. A l'état normal il donne le tonus général et crée 'a cénesthésie.

La zone D est moins étendue ; elle réunit les voies psycho-sensorio-sensitives et psychomotrices : zones de fibres de projection de Flechsig.

La zone C représente la zone de *l'automatisme-psychique* : elle comprend les centres d'agnosie (langage verbo-psychique, lecture, écriture). Elle peut coordonner les impressions sensorielles : elle est subconsciente.

La zone B d'inhibition, schématique, a une importance physiologique de tout premier ordre. Dans certains cas, elle arrête les excitations et les impressions externes venues de la base et *isole* la zone A. Ou encore elle empêche de passer les excitations externes parties de A, vers la base, *isolant* encore la zone A. Dans les deux cas il y a désagrégation : pour le premier, il y a défaut de contrôle de la conscience, pour le second rupture des communications et de l'équilibre.

La coordination psychique exige donc la solidité des quatre étages et la permanence des communications normales. Elle réclame aussi l'intégrité des centres et leur rapport d'harmonie physiologique constant.

Grasset adopte la division suivante de l'activité psychique :

« 1° *Fonctions psychiques sensorio-motrices* : perceptions sensitives et sensorielles (sensations, images) avec ou sans extension à des neurones plus éloignés (émotions) ; fonctions de mémoire et d'associations élémentaires de ces sensations et de ces images ; fonctions d'expression volitive et de manifestation externe par la mimique, le langage et la motilité ; en un mot, fonction psychique de relations extérieures, soit de dehors en dedans, soit de dedans en dehors (1).

2° *Fonctions psychiques inconscientes* et automatiques, psychisme déjà élevé, mais inconscient et involontaire, qui constitue la plus grande partie du psychisme inférieur ou polygonal étudié dans ce livre (l'autre partie moins importante, étant formée

_____
(1) Cénesthésie.

par les fonctions psychiques sensorio-motrices du premier groupe). A ce degré du psychisme il y a de la mémoire, de l'imagination, de l'association des idées et des images, des raisonnements, des jugements, des décisions et des volitions; le tout ayant pour caractère commun d'être inconscient et involontaire.

3° *Fonctions psychiques supérieures du centre O,* (*apperceptions centrum* de Wundt) intelligence supérieure et faculté de penser abstraitement de Hitzig, fusion physiologique qui est à la base du jugement et de la critique (Bianchi). Dans le psychisme supérieur se retrouvent avec le caractère commun du raisonnement voulu et conscient, la mémoire, l'imagination et le jugement... tous les actes trouvés déjà dans le psychisme inférieur sous la forme automatique et inconsciente, actes qui, dans O, deviennent ce qu'on appelle des actes libres et entraînent la responsabilité de la personne humaine, ainsi définitivement et complètement constituée. » (*Psych. inf.,* p. 376.)

De l'examen de notre schéma, comme de la lecture de la classification adoptée par Grasset on peut conclure de l'importance des zones C.D.E, des psychismes moyen et inférieur, par rapport à A. Les fonctions physiologiques des psychismes moyen et inférieur est considérable : elles résument toute l'activité psychique que A ne fait qu'épurer et contrôler. Mais, à ce dernier point de vue le contrôle, la régulation, la coordination, la fonction d'inhibition de A et B permettent la synthèse psychique et constituent le psychisme supérieur ou mental.

Quand la zone A est séparée des zones inférieures, nous le répétons encore, le contrôle, la régulation, la coordination, la constitution synthétique manquent. Après avoir montré le travail physiologique de cette constitution synthétique psychique, nous allons procéder à une étude inverse d'analyse, de décomposition, de désagrégation des éléments, comme cela a lieu déjà, dans certains états physiologiques, ou dans de nombreux cas pathologiques.

On ne peut bien comprendre la coordination et le mécanisme de la constitution de la synthèse psychique que par la désagrégation. L'expérimentation en psychologie physiologique, l'enquête, l'observation sur le sujet vivant, et les constatations nécropsiques en psychologie pathologique ont rendu les plus grands services et ont pu fixer et déterminer des points importants.

Le tableau ci-contre résume ce que nous venons de dire et établit la coïncidence entre notre schéma, la zone de Flechsig et les localisations cérébrales.

Si la zone A de notre schéma (le centre O de Grasset) présente des troubles fonctionnels ou organiques, qui, par inhibition ou défaut de communication, la séparent des zones inférieures, la conscience volontaire, libre disparaît ; l'organisme en est réduit au subconscient automatique, sans contrôle supérieur. Nous dirons alors, avec Grasset, qu'il y a désagrégation psychique.

Quelles sont les circonstances physiologiques ou morbides dans lesquelles on peut observer la désagrégation psychique ?

Le sommeil, le rêve, la distraction, l'entraînement grégaire, le somnambulisme, l'hypnose, les transes du médium, la lecture de la pensée, le cumberlandisme, etc.

Les lésions de la zone A (démence, confusion

ZONES DU SCHÉMA TRIANGULAIRE	ACTIVITÉ PSYCHIQUE	HISTOLOGIE	FONCTIONS	LOCALISATIONS
A B	Fonctions psycho-mentales, conscientes, volontaires. Intelligence supér. Abstraction mentale. Consc. libre. Volonté. Esthétique. Arrêt. Contrôle.	Fibres d'association de la zone antérieure de Flechsig.	Intell. sup. Consc. libre. Volonté active.	Moitié ext. C. Fr. sup. C. front. moyenne. C. fr. inf. (face ext.). C. droite (face inf. du lobe frontal.
C	Fonctions psychiques subconscientes et automatiques. Mémoire. Imagination. Assoc. des idées. Raisonnement. Décisions. Volitions. *Automatisme.* Langage (verbo-psychique).	Fibres d'association des zones moyenne et postérieure de Flechsig.	Coordination des impr. sensorielles. Automatisme. Langage (verbo-psychique).	Précunéus. Une partie de la C. linguale. C. fusiforme (face int.). C. temp. inf. Partie ext. face int. du lobe occip. C. pariétale. Insula de Reil.
D	Fonctions psycho-sensori-motrices pré-conscientes et subconscientes. Sensations. Images. Langage (verbo-moteur). Mimique. Fonction vaso-motrice.	Fibres de projection de Flechsig. Sph. vis. aud. olfact.	Fonction auditive. — visuelle. — olfactive.	Partie moy. de la 1ʳᵉ temp. Pôle occipital. Cunéus, lobe lingual. Zone péri-calcarine (face int.). Tubercule olfactif. Crochet de l'hippocampe (fac. int.).
E	Sensibilité pré-consciente. Sensib. générale. Cénesthésie.	Fibre de projection (sph. tactile).	Fonction tactile. Sensib. générale. Cénesthésie.	Fr. et par ascend. (face ext.). Lobule paracentral (face int.). Pied de la 3ᵉ front. (face ext.). Partie de la fr. int. C. du C. calleux

mentale, manie, et les troubles que nous étudions
dans la troisième partie.

Les lésions et les perturbations du psychisme inférieur : troubles du langage (aphasie, aphémie motrice, agraphie, surdité verbale, cécité verbale) ;
agnosies, asymbolies ; troubles du mouvement (akinésie, parakinésie, etc.)

Sommeil. — Quand l'homme dort, la conscience
a presque ou complètement disparu. La zone A est
séparée des autres : il y a désagrégation. Les zones
inférieures continuent à fonctionner. On peut dire
que la communication est interrompue entre le mental et le psychique. Comment cette interruption se
produit-elle ? en d'autres termes quel est le mécanisme physiologique du sommeil. La communication
normale est maintenue par la continuité allant de la
zone A à la zone C. Que la zone d'inhibition arrête
totalement l'influx nerveux et le sommeil se produira,
la conscience sera abolie.

Disons en passant, qu'on peut conclure de ce fait
que la conscience n'est pas une *entité* indispensable
au travail psychique inférieur. La conscience n'est pas
une propriété des neurones ; elle résulte du *dynamisme*
de ces neurones. Que le courant ne passe pas, ou passe
insuffisamment, que l'influx nerveux ou sa condensation diminue, et la propriété consciente disparaît,
sans que pour cela les neurones disparaissent.

Si les réflexes neuro-psycho-mentaux continuent
à se produire, grâce à des excitations extérieures
(théâtre, bals, plaisirs vifs, jeux, etc.), ou internes
volonté, préoccupation, émotions, etc.), ils maintiennent la communication entre le psychisme supérieur,
mental, conscients, et le psychisme inférieur ; et le
sommeil ne se produit pas.

Grasset signale comme intéressante. la théorie du sommeil soutenue par Mathias Duval. ·.

« Partant des rapports de contiguïté que *Ramon y Cajal* admet entre les extrémités des prolongements des divers neurones et des mouvements amiboïdes décrits par *Wiedersheim*, Mathias Duval a lancé cette théorie histologique du sommeil sur une idée émise par Lépine pour l'hystérie et (d'après Kölliker) par Rabl Ruckhard (1890) : théorie d'après laquelle le sommeil naturel pourrait être causé par le retrait des prolongements des cellules du sensorium, amenant ainsi l'isolement de celles-ci. Si cette théorie était démontrée c'est entre les neurones de O et les neurones du polygone qu'il faudrait placer la cassure, la désagrégation, la diminution d'intimité dans la contiguïté. » (*Psych. inf.*, p. 48.)

Si elle était démontrée pourrions-nous ajouter aussi, elle donnerait une base histologique d'une importance considérable à la zone B *d'inhibition* de notre schéma triangulaire.

Claparède réfutant les théories classiques du sommeil (hyperhémie, ischémie, auto-intoxication, théorie histologique de Mathias Duval) en fait une fonction biologique positive de défense, résultant d'un réflexe instinctif, pour ainsi dire, précédant l'épuisement et tendant à conserver encore des réserves. O se *désintéresse volontairement* et fait lui-même la coupure.

Nous pencherions bien plutôt, pour notre part, vers une explication plus histologique, en nous rapprochant toujours de la *réflexologie*.

On sait que l'influx nerveux, produit par tout l'organisme s'accumule dans les neurones qui ont la faculté de condenser cet influx. Tant qu'il n'y a dans l'apport de cet influx, ni diminution (fatigue) ni trouble de qualité (auto-intoxication), en un mot, tant que la charge est constante, les réflexes neuro-psychiques et psycho-mentaux se continuent en toute intégrité. Si le *tonus général* diminue par *adyna-misme*, si l'asthénie se produit, il y a un premier degré de désagrégation (somnolence); les réactions s'affaiblissent et dans un second degré plus avancé, elles cessent (sommeil), à moins que les réserves puissent encore agir sous l'impulsion de fortes exci-tations (plaisirs, théâtre, bal, jeu, volonté, émotion, préoccupation).

En d'autres termes si la qualité ou la quantité de l'influx nerveux diminue le potentiel du neurone, celui-ci ne réagit plus, ou imparfaitement, pour deux raisons : parce que, d'abord, le courant a perdu de sa force pour se réfléchir; parce que, en second lieu, le neurone, au-dessous d'une certaine charge, afin d'éviter l'épuisement, la décharge complète, *s'inhibe* pour conserver son potentiel de réserve.

Déjà la concentration des neurones supérieurs (attention, hyperattention, distraction) supprime la communication de A avec les zones inférieures, mais permet les réflexes psycho-mentaux par excitations et réactions réciproques. Une concentration plus grande supprime la sensibilité générale (Aïssaouas, médiums, etc.) ; enfin, une concentration extrême arrête la circulation de l'influx nerveux, supprime la dynamogénie réflexe et détermine le sommeil, ou l'hypnose.

Dans ces conditions, dans le sommeil physiologique l'activité neuro-psychique est supprimée ou réduite à des processus qui exigent un dynamisme ou un potentiel très restreint ne dépassant pas les zones du psychisme inférieur, n'atteignant pas le centre O, qui de ce fait se trouve *libéré* et capable de repos. Quand le potentiel de l'influx nerveux redevient normal le réveil a lieu.

Dans le sommeil artificiel (hypnose-somnambulisme) la désagrégation est due au mécanisme de concentration des neurones psycho-mentaux.

Les rêves ne sont que la conséquence du sommeil et que le résultat de la désagrégation du psychisme. Là encore la zone A (centre O de Grasset) continue à être séparée des autres qui peuvent fonctionner avec une activité relative et diminuée. Mais le contrôle, la régulation, la coordination, la constitution synthétique manquent aux rêves. Par contre, ils ne sont privés ni d'une certaine spontanéité subconsciente, ni d'imagination, ni de raisonnement schématique, ni de mémoire.

Il leur manque le potentiel, la qualité de l'influx nerveux nécessaire à l'attention, au jugement, aux réactions volontaires, à l'extériorisation, à la conscience libre, dus normalement aux réflexes intéressants les neurones supérieurs momentanément inhibés, comme nous le disions plus haut. Ils sont surtout automatiques, subconscients, involontaires, désordonnés, illogiques, absurdes..., l'individu est réduit à ses psychismes moyen et inférieur, aux zones C, D, E, séparées des zones B et A.

« Les rêves, dit Grasset, sont des idées ou des images, en tous cas des actes psychiques : ils présentent un certain degré d'intelligence, de jugement, mais ils manquent absolument d'intellectualité supérieure et de volonté libre. »

Ils sont, au demeurant, une excellente démonstration de l'automatisme des psychismes moyen et inférieur.

Le dormeur qui ne peut ni vérifier, ni juger par son contrôle personnel, les excitations sensorielles ou cénesthésiques est livré aux plus *irraisonnables* illusions, aux fantaisies les plus extravagantes.

Distraction. — Elle est un défaut d'attention, ou pour mieux dire une hyperattention sur un objet ou une idée déterminée, inhibant les autres sensations, ou les autres sollicitations mentales. Il y a concentration partielle des réflexes et des neurones, avec voie de conduction élective pour certaines excitations qui traversent la zone d'inhibition, bloquée pour toutes les autres sensations à moins qu'elles ne soient très vives.

En jouant au bridge, auquel je suis de bonne force, je suppose, une idée dominante s'empare de moi, je pense au sujet d'un article que je prépare : il y a hyperattention sur ce dernier point et je jette *distraitement* mes cartes et j'en arrive à commettre une faute très grossière que je ne ferais jamais si *j'étais au jeu au lieu d'être à l'article*. Il y a désagrégation de O et du polygone. Je songe à l'article avec O, je joue au bridge avec le polygone, qui est infiniment moins expérimenté que O pour « *faire la carte* ».

Sortant dans la rue, la zone A a donné l'ordre de marche, avec un but déterminé : l'automatisme assure la régularité de la station debout, de la progression en avant, etc. Puis une concentration se fait dans la zone A, qui s'isole des autres zones. Si la concentration est grande les perceptions extérieures ne viennent plus en A : on dépasse le but proposé, on continue à marcher ; on ne s'en aperçoit que lorsque A devient accessible aux excitations externes.

Grasset dit : « L'homme distrait pense à une chose et en fait une autre ; le centre O pense d'un côté, le polygone agit de l'autre. »

D'une part s'établissent des réflexes psycho-mentaux ; d'autre part, dans les zones inférieures, des réflexes neuro-psychiques.

Les *habitudes*, les *instincts*, *les passions*, *l'entraînement grégaire* appartiennent à une catégorie spéciale de réflexes neuro-psychiques s'imposant à la conscience par le fait de voies de conduction préétablies, faciles à l'accès, par la loi du moindre effort, ou inhibant la conscience par une décharge trop violente. Nous reviendrons sur ce point.

Somnambulisme, hypnose, médium. — Nous n'insisterons pas, outre mesure, sur ces états complexes qui s'expliquent par la désagrégation du psychisme. À étant libéré, par inhibition l'influx nerveux n'a plus l'activité normale pour entretenir les réflexes psycho-mentaux, le sujet est réduit aux psychismes moyen et inférieur, à l'automatisme, au subconscient, sans régulation et sans contrôle, comme dans le rêve ou dans le sommeil. Il peut en plus marcher, écrire, parler, gesticuler : ce qui prouve bien, physiologiquement, que ces diverses fonctions appartiennent aux psychismes moyen et inférieur reconnaissant des localisations anatomiques spéciales.

Cette dernière proposition sera mieux démontrée par la neuro-clinique, par l'anatomie pathologique.

Jusqu'à présent, il ne s'agissait que d'inhibition à l'état physiologique ou provoqué par un trouble fonctionnel passager.

Maintenant nous envisagerons les lésions anatomiques des différents centres gris des zones A.B.C., qui peuvent déterminer des modifications morbides

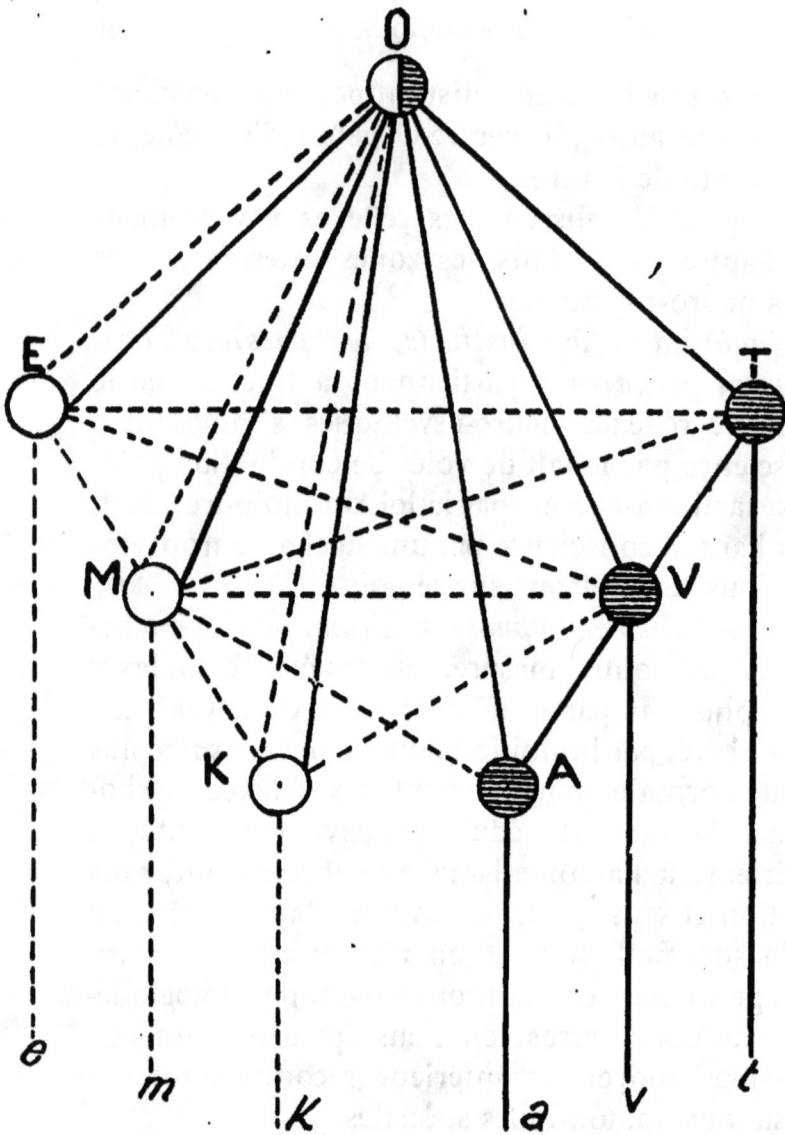

FIG. 14.

État physiologique		
		État morbide
Compréhension des mots parlés	a, A O,	surdité verbale
Répétition des paroles entendues	a, A M m	—
Écrire sous la dictée	a, A, E, e	—
Compréhension des mots lus	v, V, O,	cécité verbale
Pour lire tout haut	v, V, M, m	—
Copier un texte	v, V, E, e	—
Parole volontaire	O, M, m	aphémie motrice
Écriture volontaire	O, L, e	agraphie

profondes. La question la plus intéressante à étudier, à ce sujet, est celle des troubles du langage.

C'est une question de neuro-pathologie très familière aux médecins et que nous ne ferons que résumer ici en nous servant encore du schéma de Grasset, sur lequel on peut plus aisément suivre la description.

Quand un sujet, tout en étant conscient, en pouvant lire et écrire, ne peut pas parler ni lire tout haut, il est aphémique : la lésion est en M.

S'il peut parler. écrire, mais ne peut lire tout haut ni comprendre ce qu'il lit, ni copier, la lésion est en V (cécité verbale).

S'il peut parler, lire, et ne comprend pas les mots parlés, ne peut écrire sous la dictée, ne peut répéter les mots entendus, la lésion est en A (surdité verbale).

Il y a désagrégation par lésion de la zone C.

Dans les lésions des voies conductrices du polygone au centre O, il peut se produire plusieurs cas.

La parole volontaire est supprimée, tout le reste est conservé, même la parole automatique.

(Chant, récits, prière, etc.). *Aphasie idéo-motrice.* OM. lésé.
L'écriture volontaire est supprimée, tout le reste conservé, même l'écriture automatique. *Aphasie idéo-graphique* . . . . O.E. lésé.
Le malade lit à haute voix sans comprendre, tout le reste est conservé : *cécité psychique.* (Alexie sous-corticale de Wernicke.). . . . . . . V.O. lésé.
Le malade entend, mais ne comprend pas. *Aphasie idéo-auditive* . . . . A.O. lésé.

Dans les communications entre A.M.-V.M.-A.E.-V.E., il peut y avoir des lésions particulières. (Aphasies transpolygonales de Grasset, intermédiaires de Pitres) (1).

(1) Nous renvoyons pour les détails aux traités de patho-

Impossibilité de prononcer le nom d'un objet
vu. *Aphasie optique*. . . . .   V.M. lésé.
La parole en écho, écriture sous la dictée, répétition des mots entendus. *Aphasie auditive, audito-motrice* . . . . A.L.-A.M. lésé.

Dans l'impossibilité de reconnaître un objet par un sens (vue, ouïe, toucher), il y a agnosie, asymbolie (cécité psychique). Il y a *stéréoagnosie* pour l'impossibilité de reconnaître les dimensions et la forme.

L'asymbolie nécessite la suppression de la fonction du centre O ; la *stéréognosie* la suppression du polygone seulement.

Arrivé au terme de cette *désagrégation* par analyse des divers éléments du psychisme, nous pouvons mieux comprendre la fonction de la zone B, la zone d'inhibition. En effet la constitution de l'agrégat psychique est due au bon fonctionnement de la zone A, secondée par la zone d'inhibition. Celle-ci est chargée :

Des arrêts de réactions réflexes ;

Des frénations de réactions réflexes trop vives ;

Des renforcements de réactions réflexes trop faibles ;

Des concentrations de réactions réflexes ;

Des conservations des impressions sthéniques ;

Des expulsions des impressions asthéniques ;

Elle peut se comprendre et se schématiser de la façon suivante :

logie interne ou au livre de Grasset, *le Psychisme inférieur*, 2ᵉ édit. 1913, Paris.

Inhibition des reflexes.	Centripètes.	Psycho-sensoriels. — sensitifs.	Concentration. Voie d'élection. Bloquage.
	Centrifuges.	Psycho-moteurs. Voies non frayées. — frayées. Reviviscence des traces.	Arrêt des impulsions. Fixation des passions. Fixation des habitudes. Fixation des instincts.

Ce rôle est d'une importance considérable puisqu'il permet de diminuer la violence des impressions extérieures et de modérer la réaction centrifuge ou interne. De même, il peut lutter contre les excitations cénesthésiques en les jugeant et en les hiérarchisant. C'est la fonction d'équilibration par excellence. Nous avons déjà vu ce qu'elle était dans le sommeil, la distraction, l'hyperattention, etc.

Nous pouvons encore répéter ce que nous disions plus haut que, pour la constitution de l'agrégat psychique, deux conditions sont indispensables, l'intégrité fonctionnelle et organique des centres psychiques et leur rapport harmonique constant et conscient.

Si la zone A est frappée de lésions anatomiques graves, c'est la démence : l'individu est réduit à l'automatisme et à la vie organique (réflexes neuropsychiques et neur -organiques.)

Un trouble fonctionnel passager (ivresse, anesthésie, défaut d'inhibition, sommeil, distraction, hypnose, habitudes, passion, entraînement grégaire, etc.) est réparable, et le retour à la norme est possible.

Il en sera de même des fonctions des centres inférieurs. Nous avons suffisamment étudié l'aphasie pour qu'il soit utile d'insister.

La constitution de l'agrégat psychique dépend aussi de la réflexologie générale et notamment des réflexes personnels : égoïstes, altruistes, sociaux, esthétiques ; des réflexes personnels d'expérience. C'est le produit d'une série innombrable de réflexes — subconscients qui ne dépassent pas la zone C et qui ne gagnent pas les voies conductrices supérieures — cénesthésiques, groupe considérable de réflexes qui ne dépassent pas, en temps normal, les neurones du grand sympathique et qui peuvent dans certaines circonstances parvenir à l'écorce — conscients (psycho-mentaux, et reliant, par les fibres d'association des neurones, surtout ceux de la région préfrontale, riches en fonctions d'inhibition, en pouvoir d'arrêt, de contrôle, de détermination, d'extériorisation de l'acte.

Dans la seconde partie de cet ouvrage nous allons étudier les diverses fonctions de l'activité neuro-psychique.

DEUXIÈME PARTIE

CHAPITRE PREMIER

ANCIENNES ET NOUVELLES CLASSIFICATIONS DES FONCTIONS PSYCHIQUES

SOMMAIRE : Coup d'œil historique. — Métaphysique et spiritualisme. — Psychologie anglaise moderne. — Les travaux de Ribot. — Psychologie objective de Bechterew. — *Rudiments* pour étudiants et jeunes médecins. — Observation subjective ou objective. — La formule de Cl. Bernard. — Psychologie physiologique. — Psychisme et localisation.

L'ancienne psychologie était intimement liée à la métaphysique : elle démontrait l'existence de l'âme, substance spécifique distincte du corps, lui survivant, impérissable. Il ne pouvait être question que de l'esprit immatériel et de ses modalités : la psychologie était spiritualiste, idéaliste.

Elle fut telle avec Pythagore, Parménide, Socrate, Platon, Descartes, Malebranche, Leibniz, Berkeley,

Kant, Fichte, Schelling, Hegel, etc. Descartes se préoccupait de l'essence de l'âme, de la distinction de l'âme et du corps.

« Je ne suis, disait-il, précisément parlant, qu'une chose qui pense, c'est-à-dire un esprit...; l'essence de l'âme, c'est la conscience d'agir ou de pâtir, de vouloir ou de connaître. »

Platon avait déjà, dans son *Allégorie de la caverne*, voulu établir que la sensation est comparable à une ombre et que le fondement réel nous échappera toujours. L'idée seule est immuable, impérissable, réelle.

Au spiritualisme et à l'idéalisme furent opposés le sensualisme et le matérialisme. Démocrite, Épicure, Lucrèce, Locke, Hume. et bien d'autres illustrèrent ces doctrines. Condillac, Condorcet, Helvétius, La Mettrie, Cabanis. Volney, de Tracy, Büchner, Moleschott, Aug. Comte inaugurèrent les premières périodes de la psychologie positive, et de la psychologie physiologique.

« Les sensualistes, dit de Roberty, cherchaient l'origine de tous nos concepts dans les sensations ; dans la théorie de Locke, nos sensations nous donnent les idées simples, élémentaires — ce que l'école de Herbart appela plus tard les « représentations » — Les idées de couleur, de son, d'étendue, de mouvement ; de la combinaison et de la comparaison de ces idées simples naissent les idées générales, les conceptions abstraites, les sentiments complexes, les désirs, les affections. »

Locke n'était pas loin de s'appuyer exclusivement sur le processus biologique. Hume qui poussa le sensualisme à son apogée, tentait un *Essai d'introduction de la méthode expérimentale dans l'étude des phénomènes complexes*.

« A l'exception de quelques métaphysiciens, disait-il avec une certaine ironie, tous les autres hommes ne sont que des collections de perceptions diverses qui se succèdent avec une inconcevable rapidité et sous un perpétuel mouvement. »

Hume basait toute la « connaissance » *sur la science de l'homme.* « L'anthropologie est pour lui, dit Roberty, la science fondamentale, et, en même temps, la science centrale », et plus loin « le scepticisme de Hume se réduit tout entier à la doctrine de l'incognoscible, doctrine basée sur cette thèse que la matière n'est qu'un agrégat et *l'esprit qu'une succession de sensations et d'idées.* »

Nous avons essayé, justement, de démontrer dans notre chapitre précédent que la succession des idées et des sensations formait l'agrégat psychique.

L'ancienne psychologie des idéalistes, des sensualistes, des matérialistes se préoccupait toujours de prouver ou de réfuter la donnée de l'inconnaissable ou de l'immatériel : notre psychologie contemporaine, biologique et physiologique, avant tout étudiera l'activité neuro-psychique sans se préoccuper outre mesure de l'introspection.

La psychologie anglaise moderne avec Stuart Mill, Darwin, Herbert Spencer continue la tradition de Hume : elle est physiologique.

« La psychologie des Anglais est tout expérimentale, dit Fouillée : elle prend pour objet les faits de conscience et leurs lois; ce qu'est l'esprit *en soi,* elle fait profession de l'ignorer, comme elle ignore ce qu'est la matière en soi. Du reste, elle ne se borne pas à une description superficielle, comme l'école écossaise; elle s'efforce de ramener les faits intérieurs à un système et d'en montrer le développement. Son

9

analyse est, pour ainsi dire, une généalogie ou genèse
des phénomènes intérieurs. Le seul fait psychologique qui soit primitif et irréductible selon l'école
anglaise, c'est la *sensation*. L'idée n'est qu'une sensation continuée ou affaiblie : la volition n'est qu'un
mouvement produit par la sensation dominante. »
(Fouillée, *Histoire de la philosophie*, p. 469.)

Cette psychologie anglaise est l'introduction véritable de la psychologie moderne physiologique et
expérimentale : nous aurons souvent l'occasion de
citer Bain, Lange, William James, etc.

Un des plus remarquables représentants de la Psychologie physiologique contemporaine est M. Ribot.
Il s'est efforcé de montrer la filiation biologique de
toutes les manifestations de l'activité neuro-psychique : elle a ses fondements dans la sensation,
externe ou interne (cénesthésie) et dans les *tendances* de l'individu. Il démontre très nettement la
réalité de la théorie physiologique des émotions.
C'est dans son remarquable livre de la *Psychologie
des sentiments* , qu'il faut chercher ses déclarations
les plus nettes.

« La thèse que nous soutenons, dit-il, c'est que
l'intensité des émotions, même supérieures, est en
raison directe de la quantité des événements physiologiques qui l'accompagnent. »

M. Ribot est le continuateur des travaux de la
psychologie anglaise dont nous avons déjà parlé. Il
le dit lui-même très nettement.

« La thèse que j'ai appelée physiologique (Bain,
Spencer, Maudsley, James, Lange, etc.) rattache tous
les états affectifs à des conditions biologiques et les
considère comme l'expression directe et immédiate
de la vie végétative. C'est celle qui a été adoptée,

sans restriction aucune, dans ce travail. Pour elle les
sentiments ne sont plus une manifestation superficielle, une simple efflorescence ; ils plongent au plus
profond de l'individu ; ils ont leurs racines dans les
besoins et les instincts, c'est-à-dire dans les mouvements. » (Ribot, *Psychologie des sentiments*. Préface,
p. IX).

Enfin, pour lui, sensation et mouvement se confondent intimement et il souligne, avec toute la
vigueur qu'elle comporte, la conception *motrice* des
tendances et des émotions et de toute l'activité neuro-psychique. Les besoins, les tendances, les mouvements, l'activité neuro-psychique, c'est, en somme,
tout l'individu. C'est aussi à ces principes et à ces
idées *dynamiques* que se rattache Bechterew dans sa
Psychologie objective.

« L'étude des réflexes associés ne laisse pas de
doute, dit-il, sur l'existence des traces laissées par les
réactions antérieures. Quant à la nature de celles-ci,
la question n'est pas encore tout à fait tranchée.
Rappelons cependant, pour éviter un malentendu qui
pourrait naître de la terminologie même, que celles-
ci, comme nous l'avons déjà dit, ne doivent pas être
prises dans un sens statique. Ce ne sont ni des
empreintes, ni des clichés photographiques ; nous
devons les imaginer plutôt comme des altérations
fonctionnelles qui diminuent la résistance des voies
nerveuses et facilitent la reproduction des courants
de même rythme. Les traces cérébrales ne seraient
donc qu'un phénomène dynamique ayant son
expression propre dans la conductibilité des voies
nerveuses » (*Psychologie objective*, pp. 156-157.)

La psychologie qui est enseignée dans les lycées
s'inspire des doctrines spiritualistes. Elle fait une

distinction radicale entre les faits physiologiques et les faits psychiques.

« Plus d'un savant, dit Rabier, dont l'ouvrage est classique dans l'enseignement secondaire, a prétendu absorber la psychologie dans la physiologie. En effet, dit-on, la physiologie est *l'étude des fonctions des organes;* de la circulation, fonction du cœur, et des autres vaisseaux sanguins ; de la respiration, fonction des poumons; de la digestion, fonction de l'estomac, etc. Mais que sont la pensée, le sentiment, la volonté sinon des *fonctions du cerveaus?* La psychologie, ou étude des fonctions du cerveau, n'est donc qu'un chapitre de la physiologie ou étude des fonctions de l'organisme en général. Cette assimilation entre les faits spirituels ou fonctions de la vie morale et les faits organiques ou fonctions de la vie physique est *inexacte.* Car, entre ces deux ordres de fonction, ou de faits, il existe à plusieurs égards une *opposition radicale.* »

La psychologie de M. Rabier constitue donc un corps de doctrine *en opposition radicale* avec l'étude des phénomènes neuro-psychiques. les seuls utiles à l'étudiant en médecine, ou au jeune médecin. désireux de suivre et de comprendre les fonctions normales du cerveau et les syndromes morbides de la neuro-pathologie et de la psychiatrie. Nous le redirons encore, l'utilité de ces *Rudiments* nous est ainsi apparue.

M. Rabier énonce dans son ouvrage deux propositions importantes, et pour ainsi dire fondamentales : *aucun phénomène psychologique n'échappe à la conscience ; ils sont connus immédiatement et sans erreur possible.*

Il est inutile d'insister sur la réfutation de ces doc-

trines dont toute la psychologie physiologique
démontre l'inexactitude. Bechterew a récemment
prouvé scientifiquement que la conscience et la
réflexion, l'introspection ne sont pas indispensables
à l'étude de la psychologie. L'auto-observation serait
incapable de connaître la marche, la systématisation
du psychisme inférieur. Au contraire, pour M. Rabier,
l'étude de la psychologie a pour base la conscience et
il établit trois sortes de faits et de fonctions psychologiques :

Faits représentatifs ou faits intellectuels.

Faits affectifs ou sensitifs.

Faits volitifs ou de volonté.

Les causes de ces faits sont les anciennes *facultés*
métaphysiques : l'intelligence, la sensibilité, la volonté, la conscience.

M. Lubac, dans son ouvrage classique, d'une méthode rigoureuse et d'un exposé très clair, d'ailleurs,
développe les mêmes idées : « On appelle, dit-il, fait
psychologique tout fait qui se passe dans une conscience. » Plus loin : « Il est facile de ranger en trois
groupes l'ensemble des faits psychologiques, d'après
leurs ressemblances et différences les plus apparentes:
les représentations, les sentiments et les actes. » L'Âme
aurait trois facultés : « L'esprit, le cœur et le caractère. »

Grasset, dans ses travaux récents : *les Demi-fous
et les demi-responsables, le Psychisme inférieur*
et *l'Introduction physiologique à l'étude de la philosophie*, a déclaré à plusieurs reprises :

« Quelle que soit la doctrine de chacun sur la spi-
ritualité de l'âme et sur le libre arbitre, sur la conscience et sur la volonté, on ne peut pas admettre
une différence complète entre ce qu'on appelle des

actes psychiques volontaires et conscients et ce qu'on appelle des actes psychiques automatiques et inconscients. Les premiers sont des manifestations du psychisme supérieur, les seconds sont des manifestations du psychisme inférieur. »

Grasset a substitué de lui-même le mot *subconscient* au mot *inconscient* et par les phénomènes de désagrégation psychique arrive à l'unité psychique que nous démontrerons, unité qui a ses composantes.

Répondant à certaines critiques, Grasset a dit :

« Plus récemment Pieron (*Revue scientifique*, 1904, p. 840) a déclaré que, si je refusais la conscience au psychisme inférieur, c'est que je restais « préoccupé malgré tout par des idées transcendantes, métaphysiques, religieuses ». De parti pris, l'activité polygonale « ne doit pas posséder la conscience, parce que la *conscience est une propriété spirituelle et non matérielle*, qui doit donc être réservée à l'aperception du centre O, nouvelle glande pinéale, servant de point d'application à la force spirituelle, à l'âme. » Et Grasset ajoute : « Je n'ai jamais dit ni pensé que la *conscience est une propriété spirituelle et non matérielle*. J'en fais la propriété de certains neurones (que j'appelle psychiques supérieurs) et non de certains autres neurones (que j'appelle psychiques inférieurs). Mais ces premiers neurones sont tout aussi matériels que les seconds. C'est ma doctrine constante. La conception de ce centre psysiologique supérieur O, ai-je écrit, est indépendante des théories métaphysiques et religieuses de chacun (pp. 39 et 40).

En réalité, c'est la véritable position à adopter, puisqu'on ne dit pas que « *la conscience est une propriété spirituelle et non matérielle* ». L'essence, la fin dernière ne nous regarde pas : c'est de la métaphysique, non de la psychologie ; et nous avons ici l'unique préoccupation de faire de la biologie.

En présence du malade, le médecin observe et relève des symptômes pathologiques : sa méthode est tout objective, en somme. Mais, avant tout, il doit posséder à fond toutes les connaissances physio-anatomiques indispensables au praticien.

« Depuis Claude Bernard surtout, dit Grasset, on admet que les phénomènes pathologiques sont de même *nature* que les phénomènes physiologiques : la maladie ne crée pas des phénomènes d'une *espèce* nouvelle ; les symptômes ne sont que les fonctions ordinaires de l'être vivant déviées, modifiées, altérées ou abolies. Personne ne songe à s'élever contre cette idée. »

Cela est surtout vrai en psychologie pathologique. Le docteur Auguste Marie dans sa préface de la *Psychologie objective* du docteur Bechterew, dit très judicieusement :

« Quelque opinion qu'on ait sur l'emploi de la méthode subjective et les avantages de l'introspection, personne ne saurait nier l'intérêt qu'il y a à saisir le rôle objectif de ces mêmes phénomènes. On ne doutait que d'une chose : de l'extension de cette méthode à tous les phénomènes de la vie psychique. Le travail du professeur Bechterew donne à ces doutes un démenti éclatant. On trouvera ici le moyen d'engager des recherches objectives sur tous les points de la psychologie... Ce que nous voudrions encore, c'est l'importance que présente l'extension de cette méthode aux phénomènes de l'idéation. »

Nous conformant aux doctrines physiologiques toujours observées au cours de cette étude, nous avons

adopté une classification des faits psychologiques,
basée, d'un part, sur l'évolution des divers psychismes
et fondée, d'autre part, sur les localisations cérébrales
aujourd'hui adoptées.

Cette classification repose sur les quatre psychismes
figurés par les zones de notre schéma triangulaire:

α. Bio-psychisme (cellulaire, organique) cénesthésie.

β. Psychisme sensorio-moteur.

γ. Psychisme automatique, subconscient, inférieur.

δ. Psychisme conscient, volontaire, de contrôle,
libre, supérieur.

Comme nous le disions, dans le chapitre précédent,
ces divers éléments psychiques ne sont pas isolés, ils
s'imbriquent, ils s'unissent, se pénètrent, se fusion-
nent par la constante irritation réflexe. Notre classification comportera l'étude de trois classes : *vie
affective, vie intellectuelle, vie mentale*. Elles ne sont
pas séparées par des cloisons étanches et se succèdent
par des transitions successives sans sauts brusques.
Le langage, par exemple, appartient aux deux classes
de la *vie intellectuelle* et de la *vie mentale*.

Notre description est en somme physiologique et
surtout ontogénique: elle suit exactement le travail
de synthèse que nous avons poursuivi pour la constitution de notre agrégat psychique. Elle va du simple
au composé: elle suit le développement biologique
de l'activité psychique.

Ainsi présentée, elle répondra aux localisations
cérébrales, aujourd'hui bien établies, et montrera la
concordance, dont l'utilité est grande pour le médecin, de la fonction et de l'organe. La classification
des faits qui constituent la psychologie physiologique
ne perd pas de vue, ainsi, la neurologie et la psy-

FONCTIONS PSYCHIQUES	ACTES PSYCHIQUES		LOCALISATION
Fonction senso-rio-motrice ou de relation extér.	α Cellulaires organi-niques. β Sens. Sensibilité générale. Kinésie.	Bio-psychique. Cénesthésie. Sensation. Sentiments. Images. Mimique. Motilité.	*Vie affective.*	*Zone périrolandique* (sensibilité générale et mobilité). *Zone moyenne :* 1ʳ, 2ᵉ *temp.* (ouïe). *Zone péricalcarine* (f. int.) (vue). *Zone hippocampe* (goût, odorat).
Fonction neuro-psychique.	Automatique, subconsciente ou consciente.	Mémoire. Imagination. Association des idées. Attention. Raisonnement. Jugement. Langage (verbo-moteur).	*Vie intellectuelle.*	*Zones moy. et post.* (centres ass. *Flechsig.* *Partie moyenne du pli courbe.* *3ᵉ temporale.* *Corps calleux* (faisceaux de relation psychologique entre les deux hémisphères).
Fonction neuro-psychio-mentale.	Intelligence supérieure. Abstraction. Critique. Contrôle. Inhibition.	Langage (verbo-psychique). Conscience libre. Volonté. Détermination. Extériorisation ou volition avec responsabilité. Libre arbitre.	*Vie mentale.*	*Zone prérolandique ou préfrontale.* *Lobe frontal* (moins la front. ascendante et le pied de la 3ᵉ frontale qu'il faut rattacher à la pariétale ascendante et au lobule paracentral.

chiâtrie : elle s'adaptera de son mieux aux symptômes morbides pour bien se convaincre de l'importance de la formule de Cl. Bernard que nous avons citée plus haut. La psychologie pourra, aussi bien que la neurologie, envisager constamment dans ses descriptions de la fonction le substratum anatomique, l'organe.

L'introspection lui servira fort peu. Elle ne lui sera d'un certain secours que pour le mental. Encore la méthode objective est-elle, même dans ce domaine, toute-puissante. Les excitations psychiques internes, psycho-mentales, sont rarement isolées et sont, sauf en cas d'inhibition, suivies de réactions externes diverses qui permettent de les apprécier expérimentalement et objectivement, comme l'a fait Bechterew.

« Il n'y a pas, dit cet auteur, de phénomènes psychiques qui soient uniquement subjectifs ou spirituels, dans le sens philosophique du mot, et qui ne se doublent pas d'un processus matériel. C'est ce qui explique aussi que tout travail mental produit des altérations nutritives et aboutit à l'épuisement. »

Aussi le savant psychiatre russe s'est-il appliqué de façon remarquable à la psychologie physiologique et expérimentale : *il a observé et enregistré tous les mouvements et autres réactions de l'organisme en rapport avec les facteurs externes et les influences antérieures qui ont pu agir dans le cas présent.*

Ribot, qui, comme nous l'avons dit plus haut, a déclaré nettement sa *théorie physiologique des sentiments*, a prouvé également toute la valeur de la *méthode objective* dans la psychologie. J'emprunte à la *Psychologie des sentiments* le passage suivant :

« L'application de la méthode pathologique à la

psychologie n'a pas besoin d'être légitimée; elle a
fait ses preuves. Les résultats acquis sont trop nombreux et trop connus pour qu'il y ait besoin de les
énumérer. Cette méthode, en effet, a deux principaux
avantages : 1° elle est un instrument de grossisse-
ment, elle amplifie le phénomène normal : l'hallucination fait mieux comprendre le rôle de l'image et
la suggestion hypnotique éclaire la suggestion qui se
rencontre dans la vie ordinaire; 2° elle est un instrument précieux d'analyse. La pathologie, a-t-on dit
justement, n'est que la physiologie dérangée et rien
ne fait mieux comprendre un mécanisme que la suppression ou la déviation d'un de ses rouages ; les
aphasies produisent une décomposition de la mémoire
et des diverses sortes de signes, que l'analyse psychologique la plus subtile ne pourrait tenter ni même
soupçonner. » (*Psych. des sent.*, pp. 62.)

CHAPITRE II

VIE AFFECTIVE : FONCTION SENSITIVO-MOTRICE

SOMMAIRE : Vie de relation : sensibilité, ses origines. — Conditions du processus neuro-psychique. — Tonus organique : cénesthésie. — Réaction de l'écorce. — Les sens. — Variétés diverses des appréciations et des perceptions. — Le noyau rouge. — Plaisirs et douleurs. — Mimique. — Langage : symbolique de relation. — Les différents centres.

Grâce aux fonctions neuro-sensorio-motrices le rapport peut s'établir entre le milieu extérieur et le milieu intérieur. C'est la vie de relation. La faculté neuro-psychique qui permet à l'individu d'être influencé par ces deux sources différentes d'excitation s'appelle la *sensibilité*. Elle se différencie elle-même d'après les origines.

L'excitation, externe ou interne, produit une impression qui gagne un neurone où elle se transforme en sensation. A cette sensation le neurone répond par un mouvement. C'est l'irritabilité, propriété fondamentale de la matière vivante. Dans les organismes primaires la réponse à l'excitation externe se produit en une contraction du protoplasma. C'est la sensibi-

SENSIBILITÉ			
	Tonus organique.	Protoplasmique préconscient.	Cellulaire (osmose, capillarité).
		Cénesthésie.	Organique-viscérale vaso-motrice.
	Spéciale sensorielle.	Sens.	Ouïe. Vue. Olfaction. Goût. Toucher.
	Générale sensitive.	Froid. Chaud. Relief. Altitude. Trichesthésie.	

lité préconsciente, le bio-psychisme. Chez les animaux supérieurs s'établit un processus neuro-psychique. Les détails dans lesquels nous sommes entrés, dans un chapitre précédent sur la sensation et le mouvement nous dispenseront de nous appesantir davantage sur le même sujet.

La sensibilité représente, en somme, l'évolution générale du processus neuro-psychique.

« Par suite, dit Bechterew, pour éviter tout malentendu et supprimer l'opposition invétérée du physique au psychique (1), il est légitime et même nécessaire de remplacer la notion des phénomènes psychiques par celles des processus neuro-psychiques; neuro-psychiques chez les animaux doués d'un système nerveux, bio-psychiques chez les protistes. »

Nous avons déjà vu également que le processus

---

(1) Cette opposition reste, malheureusement, en pratique, très commune, aussi bien chez le médecin que chez le malade. Mais le *moral*, c'est aussi le neuro-psychique et le neuro-psycho-mental. L'opposition ne doit donc subsister que pour les commodités du langage.

neuro-psychique se schématise dans l'arc réflexe et qu'il comporte trois phases, d'impression, d'association, de réaction. Le réflexe neuro-psychique se différencie du réflexe organique simple par la phase d'association extrèmement complexe dans le domaine psychique, très simple ou presque nul dans le domaine organique pur. Le processus neuro-psychique a des caractéristiques générales très nettes. Il faut tout d'abord signaler la *reviviscence des traces laissées par les réactions antérieures* (Bechterew); *la faculté d'association : le pouvoir d'inhibition : la lenteur relative du processus neuro-psychique ; sa prédilection pour les voies frayées, conséquence de la loi générale du moindre effort.*

« Une question se pose maintenant, dit Bechterew; pourquoi une nouvelle excitation éveille-t-elle tel ensemble de traces plutôt que tel autre ? Nous répondons à cela que le courant nerveux consolide les voies par lesquelles il passe et facilite la répétition du même trajet. Il se crée ainsi dans l'écorce et ses fibres nerveuses, des voies de moindre résistance en rapport avec le nombre des réactions passées, avec l'intensité des excitations et quelques autres facteurs concomitants. » (*Psych. obj.*, p. 127.)

α). *Reviviscence des traces laissées par les réactions antérieures.* — Le chien piqué pour la première fois par une épingle retire les pattes; si on essaie de le piquer une seconde fois, il cherche à s'enfuir, à se cacher.

Puis, chaque fois qu'on présentera l'épingle, le chien fuira, grondera et se mettra en défense. La vue de l'objet seule a déterminé la reviviscence des traces laissées par les réactions antérieures.

β). *L'association centrale.* — Est la conséquence

de la réviviscence des traces cérébrales. Elle se produit plus aisément si la voie est frayée par un courant nerveux antérieur qui a ouvert une voie de conductibilité. « Le courant nerveux, dit Bechterew, consolide les voies par lesquelles il passe et facilite la répétition du même trajet. »

Elle peut varier à l'infini. Elle peut se faire de la même manière que la première fois ou suivre une nouvelle voie qui dépendra du tonus général, de la cénesthésie, de la sensibilité générale (1), etc.

γ). *L'inhibition.* — Est un pouvoir commun à tout neurone (2) qui lui permet de réfléchir l'excitation ou de la condenser, de la concentrer. L'influx nerveux peut être conservé pendant un temps très long et ne pas donner lieu à la troisième phase *réactive.*

Une impulsion externe très vive qui stimule une association déterminée peut inhiber toutes les autres qui pourraient nuire à la vivacité de la première.

« Dans le processus neuro-psychique, dit Bechterew, la réaction centrale se trouve seulement inhibée ou se complique de la reviviscence des traces laissées par les réactions antérieures, suivie d'une transmission aux centres associés. »

δ). *Fraiement et loi du moindre effort.* — On a déjà compris ce qu'ils pouvaient être d'après ce que

---

(1) Relire la citation de Bechterew faite p. 42.
(2) Pour la commodité de la description, qui adopte un psychisme supérieur et des psychismes inférieurs, nous avons établi un schéma triangulaire dans lequel nous réservons une zone spéciale intermédiaire dans laquelle nous localisons *l'inhibition*, schématiquement, comme pouvoir supérieur d'arrêt, de contrôle, dont seraient doués surtout les neurones de la région préfrontale, de la région antérieure d'association de Flechsig.

nous venons de dire. Une moins grande résistance
de la voie conductrice nerveuse permet au courant de
passer aisément et grâce à la loi de *répétition générale*,
et le sens du courant devient une habitude, et les
conditions générales satisfont à *la loi de moindre
effort*. Le courant ne passera pas par une voie conductrice *engorgée* par le temps, à moins qu'un
frayage nouveau ne diminue l'engorgement et la
résistance.

Après cette étude rapide des propriétés du processus
neuro-psychique et de ses phases, étudions les diverses catégories qu'il peut produire.

« Ce qui fait la complexité de la vie psychique,
écrit Bechterew, c'est que dans l'écorce cérébrale le
frayage des voies nouvelles se fait simultanément
avec la consolidation des voies déjà établies et avec
l'engorgement de celles où le courant nerveux n'est
pas repassé depuis quelque temps. »

Dans ses trois phases le processus neuro-psychique
présente des modalités importantes. L'impression
qui le motive résulte de toutes les modifications que
l'individu offre dans ses rapports avec le monde
extérieur, milieu ambiant, ou avec le domaine intérieur cellulaire, humoral, viscéral, vaso-moteur.
L'impression est donc externe ou interne : sensitive,
sensorielle, cénesthésique suivant qu'elle émane du
tégument externe, des muscles, des sens ou des
viscères.

Dans la phase associative, le processus neuro-
psychique subit des transformations multiples et
complexes suivant qu'il détermine des reviviscences
des traces cérébrales antérieures de l'inhibition, des
associations nouvelles avec d'autres systèmes de réflexes. Au point de vue du résultat il faut tenir compte

également des organisations préétablies instinctives ou individuelles, qui constituent la personnalité du sujet. Enfin, il faut envisager le tonus affectif (1), résultat des réactions sthéniques ou asthéniques précédentes.

Les réactions, phase terminale du processus, pourront être externes ou internes, c'est-à-dire, aboutir à un mouvement musculaire ou à une sécrétion glandulaire ou viscérale, résultant de la contraction des parois d'un organe, ou du parenchyme d'une glande.

Aux impulsions favorables ou défavorables répondent des réactions sthéniques ou asthéniques. Les premières favorisent la nutrition, le développement, les tendances de l'organisme : elles sont toniques, agressives.

Les secondes entravent la nutrition, le développement, les tendances de l'organisme; elles sont déprimantes, pernicieuses, provoquent la défensive.

Au nombre des réactions internes, il faut indiquer celles qui agissent sur les appareils vasculaire, respiratoire, cardiaque, intestinal, urinaire, génital, des glandes endocrines, etc.

Toutes ces réactions peuvent créer un tonus déterminé, sthénique ou asthénique.

Il faut dire, en passant, que parmi les impulsions ou les impressions qui les provoquent, on ne doit pas oublier les impressions du psychisme inférieur ou supérieur (mental), qui peuvent être rangées, d'ailleurs, au nombre des impressions internes psychiques.

Tonus organique; cénesthésie. — Avant toute impression venue du dehors l'organisme connaît celles qui ont pour origine la vie interne. L'état des viscères

_____

(1) Nous l'étudierons plus en détail au paragraphe qui lui est consacré plus loin.

est subordonné à l'innervation centrale, à la plus ou
moins grande intensité de l'afflux du sang, à la nutrition générale, en un mot. Nous avons déjà vu comment le grand sympathique s'anastomose avec le système cérébro-spinal et comment les sensations qui en
émanent peuvent arriver à l'écorce, qui répondra à
son tour par des réactions déterminées.

« Parmi les phénomènes de cette catégorie, dit
Bechterew, un rôle particulièrement important revient
aux impressions musculo-articulaires qui méritent
d'être examinées à part. Chaque contraction des
muscles, de même que chaque articulation passive
des membres, s'accompagne d'excitations qui peuvent
être appelées musculo-articulaires. L'importance de
ces dernières a été révélée par les travaux de Bell et
de Weber. D'autre part, Duchenne a signalé le rôle
des surfaces articulaires pour l'exécution des mouvements et le même fait a été confirmé par Lewinski,
sur les malades atteints d'ataxie. Bichat, Spiers et
même Schiff niaient l'action des impressions musculaires sur les mouvements, se basant entre autres,
sur l'absence des nerfs centripètes dans les muscles,
mais Sachs est arrivé à les découvrir dans les tendons
et plus tard les terminaisons nerveuses ont été trou-
vées dans les muscles mêmes. » (*Psych. obj.*, p. 707.)

La pression, l'irrigation, et la composition du sang
jouent certainement le rôle le plus considérable dans
l'origine des sensations internes, mais il faut y
ajouter la circulation de la lymphe, l'osmose, la capillarité, la qualité générale des humeurs.

Ces diverses impressions peuvent produire la faim,
la soif, la satiété, l'appétit sexuel, la fatigue, et sont,
en somme, les signes objectifs des tendances générales
de l'organisme au mouvement.

Les viscères comme le cœur, le poumon et surtout l'estomac et l'intestin, sont le point de départ de nombreuses impressions qui peuvent être transmises à l'écorce. Comme leur état varie à chaque instant, on voit quelles sources d'irritabilité nerveuse ils constituent.

Ces excitations sont recueillies par les fibres centripètes du pneumogastrique et par les fibres du grand sympathique qui aboutissent aux ganglions spinaux. L'anastomose de ceux-ci avec la moelle est assurée par les *rami communicantes*.

« Dans la moelle, dit Bechterew, les prolongements de ces fibres remontent, comme il a été prouvé par des recherches de notre laboratoire (docteur S. Mikhaïloff), en partie dans les cordons antéro-latéraux, en partie dans les cordons postérieurs, et, se joignant au-dessus du bulbe, au corps rectiforme et à l'olive, s'élèvent probablement avec ceux-ci vers le noyau extérieur ou latéral de la couche optique. De là elles doivent passer avec les fibres thalamo-corticales dans les parties centrales de l'écorce, où doivent se trouver, à en juger par les expériences sur les animaux, les centres corticaux aussi bien des impressions musculo-cutanées que des impressions organiques en général. »

Aux impressions internes de la cénesthésie, l'écorce peut répondre par plusieurs genres de réactions :

Réactions motrices internes ou externes.

Réactions vasculaires.

Réactions secrétoires.

Réactions trophiques.

Ces diverses réactions peuvent même se combiner. Elles constituent donc la troisième phase de nombreux *arcs réflexes* variés à l'infini. Elles emprunteront une dominante particulière à l'état du tonus

général sthénique ou asthénique antérieur. L'importance des impressions cénesthésiques dans la vie de
l'individu peut être, on s'en rend compte aisément,
considérable.

Comme nous le disions plus haut, l'impression
intérieure psycho-mentale, représentant l'*activité* associative du système nerveux peut être le point de
départ d'un réflexe complexe.

En d'autres termes, si la cénesthésie apporte à
l'écorce des impressions nombreuses, celles-ci subi-
ront des transformations diverses suivant la disposition mentale du moment. L'écorce dans une orientation, ou une association, psychique ou psycho-mentale, déterminée réagira sur les viscères produisant
alors des réactions organiques, plus ou moins vives,
suivant l'intensité du processus nerveux.

Au sujet des états affectifs et des émotions, nous
reviendrons sur ce point spécial.

On comprendra, encore, toute l'étendue et la puissance des impressions cénesthésiques si on considère
qu'elles sont les premières en date dans l'ontogénèse.
Dans la vie utérine, elles se produisent déjà et parvenues au cerveau du fœtus l'écorce peut réagir par un
ensemble de mouvements. Dès la naissance, l'enfant
oppose aux premières sensations externes une trame
associative antérieure d'impressions internes qui pè-
seront, pour ainsi dire, de toute leur influence sur les
réactions de l'âge le plus tendre. Il faut, d'ailleurs,
un certain temps avant que les sens produisent des
notions précises et le véritable fonds de sensibilité du
nouveau-né restera longtemps la cénesthésie. Ce dernier ne présentera pendant plusieurs semaines qu'un
mode végétatif très simple : un poumon et un tube
digestif reliés au cerveau.

« Règle générale, dit Ribot, tout changement profond dans les sensations *internes* se traduit d'une façon équivalente dans la cénesthésie et modifie le ton affectif. » Et encore : « L'enfant ne peut avoir au début qu'une vie purement affective. Durant la période intra-utérine, il ne voit, ni entend, ni ne touche ; même après la naissance il lui faut plusieurs semaines pour apprendre à localiser ses sensations. »

Nous verrons tout à l'heure que les états affectifs dépendent presque essentiellement de la cénesthésie.

Les sens. — La vue, l'ouïe, l'odorat, la kinesthésie, le goût, le toucher nous mettent, comme on le sait, directement en rapport avec le monde extérieur : des appareils spéciaux sont reliés à l'écorce par des nerfs centripètes qui avant d'arriver aux centres gris supérieurs peuvent sur leur chemin rencontrer des centres gris de moindre importance où l'influx nerveux, dans des neurones intermédiaires, pourra se réfléchir par voie motrice centrifuge.

Ces différents sens ont une localisation précise dans l'écorce.

Le toucher fournit les renseignements de la sensibilité générale. Ces derniers se répartissent en diverses classes ;

1° Appréciation du contact.
3° Appréciation du chaud.
3° Appréciation du froid.
4° Appréciation trichesthésique (poils).
5° Appréciation de la douleur.

Ces impressions diversifiées ont pour base physio-anatomique l'innervation centripète du tégument externe et des bases des poils. On sait qu'à l'état normal ce complexus d'impressions constitue une association aboutissant à l'unité psycho-sensitive.

Dans certains cas morbides la dissociation se produit. La sensibilité au toucher peut être conservée, et abolie la sensibilité à la température et à la douleur.

On désignait autrefois cette catégorie de symptômes sous le nom de *syringomyéliques*, parce que fréquents dans ce syndrome : mais on sait aujourd'hui qu'ils peuvent se rencontrer dans nombre d'autres affections. Les *tabétiques* présentent aussi de la dissociation de la sensibilité : diminution de la sensibilité tactile avec conservation de la sensibilité à la température et à la douleur.

Ces phénomènes sont dus à des lésions de la substance grise, postérieure et centrale, de la moelle.

« Les fibres sensitives tactiles, dit Grasset, passent plutôt par les cordons postérieurs et ne passent pas ensuite *obligatoirement* par les cornes grises postérieures. Quand celles-ci sont détruites, les conducteurs sensitifs peuvent continuer par la seule substance blanche postérieure ou par des neurones de relais plus élevés. Au contraire les impressions thermiques et douloureuses passent plutôt par la substance grise postérieure et, de là, probablement par des faisceaux du cordon antéro-latéral, notamment le faisceau de Gowers. » (GRASSET, *Intr. à l'étude de la philosophie*, p. 251.)

L'ensemble des impressions internes et des réactions motrices qui nous permet de nous tenir debout et de nous diriger constitue la *fonction de l'équilibration*. Sensitivomotrice, elle aussi, la fonction de l'équilibre, dit Grasset, comprend une fonction centripète (*orientation*) et une fonction centrifuge (*équilibre*).

« C'est une fonction absolument à part, dit Brissaud,

qui a un appareil nerveux spécial ne pouvant pas
plus être confondu avec l'appareil labyrinthique
(oreille) ou avec le cervelet qu'avec l'appareil sensitivo-moteur général. — Cette fonction complexe est
une et constamment en activité, s'exerçant au repos
(équilibre statique) ou dans le mouvement (équilibre
cinétique). Habituellement automatique, réflexe et inconsciente (1), elle est très souvent influencée, modifiée, dirigée par la volonté consciente. » (Grasset, *op.
cit.*)

L'ensemble des impressions d'attitude, de position,
de mouvements, d'espace (de notre corps par rapport
aux objets environnants) constitue le sens de l'*orientation* et des *attitudes*. Il comprend la kinesthésie et
les sens qui sont ses auxiliaires (vue, ouï, toucher).
La kinesthésie se confond avec les sens musculaires
et articulaires profonds.

Tous les mouvements musculaires ou articulaires
fournissent une somme de renseignements importants qui parvient à l'écorce. La kinesthésie se joint
à la cénesthésie pour constituer la réunion des impressions internes. La kinesthésie fournira donc un
grand nombre de sensations qui alliées, nous le répétons, aux impressions tégumentaires, ou impressions sensorielles générales, constituent la perception
véritable et exacte de la vie de relation.

a) Sensation de position des membres ou du corps
au repos.

b) Sensation de poids, résistance.

c) Sensation des mouvements passifs.

d) Sensation de mouvements actifs, sensation musculaire, de fatigue, etc.

(1) Il vaudrait mieux dire *subconsciente*, comme nous l'avons
déjà vu.

e) Sensation stéréographique (de relief).

f) Sensation kinesthésique oculaire.

g) Sensation kinesthésique labyrinthique.

Nous ne ferons qu'énumérer ces diverses sensations dont l'étude détaillée appartient davantage à la physiologie.

Les voies kinesthésiques spéciales de conduction centripète méritent davantage d'être indiquées ici.

« Elles sont, dit Grasset, distinctes des voies de sensibilité générale, mais très voisines sur une grande partie de leur trajet. »

Le schéma que nous empruntons au livre de Grasset (*Introduction physiologique à l'étude de la philosophie*) permettra de mieux suivre le courant centripète et sa réaction centrifuge. On comprend l'importance des divers noyaux gris que le trajet centripète traverse et où peuvent se produire des réflexes de divers ordres. La localisation anatomique du sens de l'équilibration comprend le cervelet, le noyau rouge, les noyaux de Deiters et de Bechterew de l'appareil labyrinthique, les noyaux du pont et de l'écorce.

« Le noyau rouge, dit Grasset, représente pour Pavlow un centre réflexe pour transmettre les impressions de lumière aux muscles de notre corps et pour maintenir nos muscles en une contraction constante, laquelle concourt à l'équilibre du corps sans l'intermédiaire de la volonté. Van Gehutchen en fait le centre des réflexes tendineux. »

On voit, d'après ce dispositif anatomique, la liaison très étroite qui unit les données de la kinesthésie à celles des appareils sensoriels et à celles de la sensibilité générale tactile.

Toutes ces fonctions s'établissent et se maintiennent *automatiquement*, grâce à un ensemble de ré-

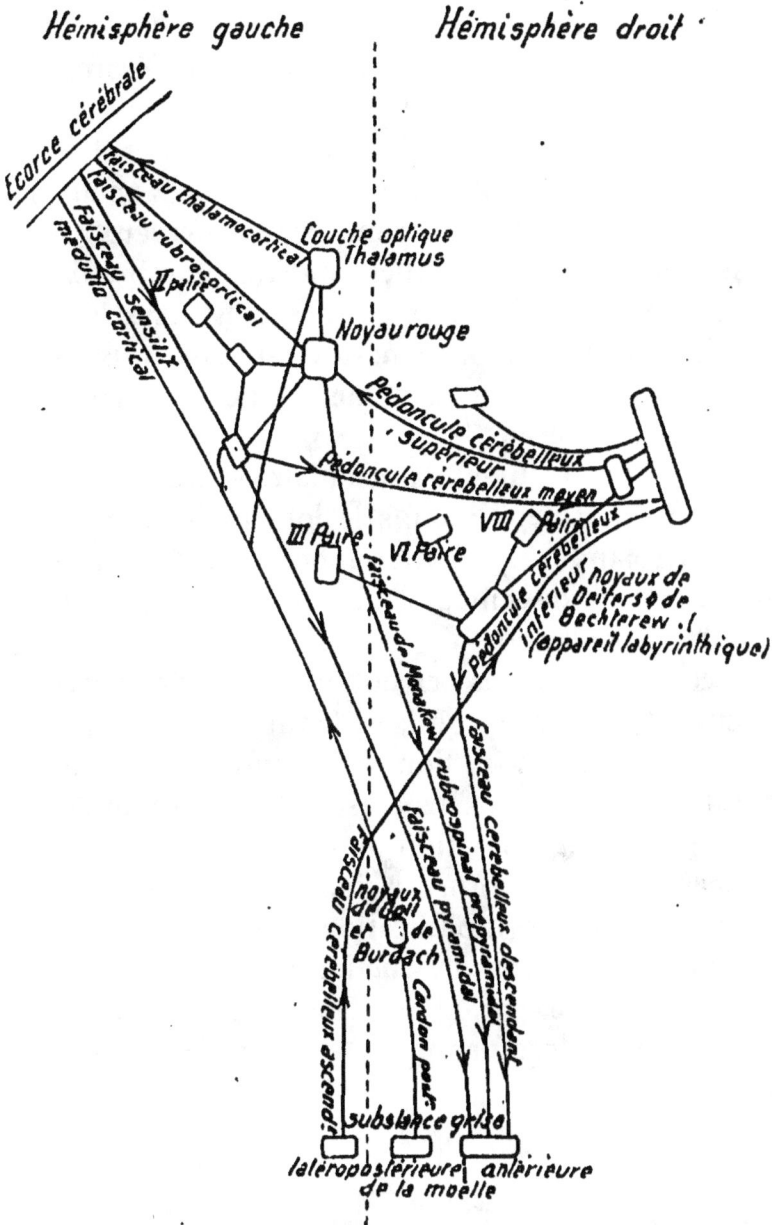

Fig. 15. — Schéma de l'appareil nerveux de l'orientation et de l'équilibre (figure empruntée à Grasset).

flexes coordonnés. Mais la volonté peut intervenir
dans l'équilibre comme elle peut le faire dans la
marche et dans toute éducation sportive. A l'écorce,
donc, aboutissent en dernier lieu les voies centrifuges
et en repartent des voies conductrices centripètes. Les
troubles de l'équilibration dus à des lésions anatomiques des centres ou des conducteurs nerveux, à
des insuffisances fonctionnelles sont très nombreux.
L'orientation peut être altérée per des anesthésies, des
hyperesthésies ou des paresthésies du sens musculaire. Le déséquilibre suit de même l'akinésie, l'hyperkinésie, la parakinésie.

Le siège cortical du sens musculaire se trouverait,
d'après Luciani et Sepilli, dans le lobe pariétal, dans
la zone périrolandique sensitivo-motrice, dans un territoire s'étendant davantage en avant et en arrière de
la scissure de Rolando.

Dans certains cas, les perceptions sensorio-sensitives peuvent être compromises. On notera une augmentation ou une diminution, ou une disparition de
la sensation corticale : hyperesthésie, paresthésie,
anesthésie; une augmentation ou une diminution ou
une disparition de la transmission de la douleur par
les voies conductrices (modification *in situ* protoplasmique, modification ou destruction des nerfs centripètes) : hyperalgésie, paralgésie, analgésie. Tels sont
les anesthésies chloroformiques, hystériques, le pa-
naris analgésique, etc.

* *

Avec la sensibilité préconsciente ou protoplasmique, avec les impressions internes (cénesthésie) et
externes sensorio-sensitives (sens, sensibilité générale), nous pouvons nous rendre compte de ce que

doit être, d'après l'ancienne psychologie, la faculté d'éprouver du plaisir ou de la douleur. Cette définition est incomplète puisqu'elle ne mentionne ni le tonus organique, ni la cénesthésie. Nous n'éprouvons pas toujours du plaisir ou de la douleur : nous sommes très souvent dans une sorte *d'état neutre*, intermédiaire entre le plaisir et la douleur, entre la joie et la peine.

L'exposé de la nature, du mécanisme, des réactions de la sensation, nous porte à considérer la sensibilité comme la *notation psychique*, positive ou négative, des transformations que l'organisme subit à chaque instant dans sa constitution cellulaire.

C'est par la sensibilité — la propriété d'être influencé par le milieu extérieur et d'y réagir — que le protoplasma peut vivre. Elle représente toute l'évolution du processus neuro-psychique qui est comparable, schématiquement, à l'arc réflexe.

Pour Ribot « elle est la faculté de *tendre* ou de *désirer* et *par suite* d'éprouver du plaisir ou de la douleur. La tendance n'est rien de mystérieux, elle est un mouvement, ou arrêt de mouvement à l'état naissant ».

La *tendance* est l'essence même de la matière vivante et chez les organismes supérieurs comme l'homme, elle résume à elle seule toutes les origines véritables de la vie affective : il faut l'envisager comme le complexus physiologique de l'individu, considéré dans les moindres épisodes de sa vie de relation. Chaque sujet possède, dès la vie embryonnaire, dès l'identification fœtale, dès la naissance, une somme de besoins, d'instincts, d'appétits, d'inclinations, de désirs qui lui font rechercher les éléments utiles à son développement et à sa conservation et qui, à l'oppo-

site, l'incitent à repousser, expulser, détruire ce qui
lui semble nuisible, désagréable, pernicieux. Cette
appétence totale, c'est la tendance. La série de mouvements, de réflexes simples, associés, organisés ou
systématisés à laquelle elle donne lieu, parvient,
grâce au *processus neuro-psychique*, jusqu'à l'écorce
où elle produit des associations, des réactions multiples.

A ce stade, le processus neuro-psychique *sensibilise*
les neurones d'une façon dynamique, par le passage
du courant et non à la façon d'une plaque photographique. Parvenu à l'écorce, il se transforme en psychique, c'est-à-dire en préconscient, subconscient,
conscient ou hyperconscient (psychique-mental de la
zone préfrontale).

« Toutes les tendances, dit Ribot, supposent une
innervation motrice : elles traduisent les besoins de
l'individu, quels qu'ils soient, physiques ou mentaux ;
le fond, la racine de la vie affective est en elles, non
dans la conscience du plaisir ou de la douleur qui
les accompagne, selon qu'elles sont satisfaites ou contrariées. Ceux-ci — les états agréables ou pénibles —
ne sont que des signes, des indices ; et, de même que
les symptômes nous révèlent l'existence d'une maladie, non sa nature essentielle qui doit être cherchée
dans les lésions cachées des tissus, des organes, des
fonctions ; de même aussi le plaisir et la douleur ne
sont que des *effets* qui doivent nous guider dans la
recherche et la détermination des causes, cachées
dans la région des instincts. »

La position *physiologique*, prise par Ribot, est
pour nous la seule vraie, la seule justifiée : c'est celle
qui est choisie dans tous les travaux de psychologie
moderne, objective et expérimentale surtout.

L'enquête physiologique peut seule expliquer et coordonner les données fournies par les *sensations internes* (cénesthésiques) ou externes. Elle détermine également la nature de l'instinct qui doit être considéré comme une *tendance fondamentale* de l'organisme à la nutrition et à la reproduction, etc., dont le schéma fonctionnel et le substratum physio-anatomique est fort bien *objectivé* par l'arc réflexe du processus neuro-psychique.

Claude Bernard, cité par Ribot, avait dit dans un mémoire (1) : « Les philosophes ne connaissent et n'admettent, en général, que la sensibilité consciente, celle qui leur atteste le moi. C'est pour eux la modification, plaisir, douleur, déterminée par les modifications externes... Les physiologistes se placent nécessairement à un autre point de vue. Ils doivent étudier le phénomène objectivement, sous toutes les formes qu'il revêt. Ils observent que, au moment où un agent modificateur agit sur l'homme, il ne provoque pas seulement le plaisir et la douleur, il n'affecte pas seulement l'âme : il affecte le corps, il détermine d'autres réactions que les réactions psychiques et ces réactions automatiques, loin d'être la partie accessoire au phénomène, en sont, au contraire, l'élément essentiel. »

On nous pardonnera la longueur de cette citation en raison de sa valeur exceptionnelle en faveur de la théorie que nous exposons d'après Ribot, Forel, Wundt, Herzen, Bechterew et bien d'autres, dont nous avons déjà cité les noms.

Physiologiquement, l'instinct, les attractions, les

(1) CL. BERNARD, *la Sensibilité dans le règne animal et végétal*, 1876 ; *la Science expérimentale*, p. 218.

répulsions, les désirs, les inclinations, en un mot les *tendances* se résument en phénomènes *physio-chimiques* et *dynamogéniques*. La tendance devient synonyme de mouvements et de réactions biologiques indispensables à l'entretien et à la reproduction du sujet. L'attraction est un ensemble de phénomènes de nutrition. C'est l'assimilation qui fait choisir ce qui convient le mieux au développement cellulaire. La répulsion est l'acte de rejet, de désassimilation : le protoplasma se débarrasse de ce qui peut lui être nuisible ; il se *défend* contre tout ce qui compromettrait sa stabilité et son intégrité.

« Nous avons ainsi donné, dit Ribot, une base à notre sujet, en montrant qu'il existe au-dessous de la vie affective consciente, une région très inférieure, très obscure, celle de la sensibilité vitale ou organique qui est une forme de la sensibilité consciente et la supporte. »

.·.

Le résultat de la perception psychique, c'est *l'image*, *l'idée*. C'est la représentation mentale d'une sensation auditive, visuelle ou tactile, d'une impulsion ou d'une impression interne ou externe. Dans l'arc réflexe l'idée ou l'image résident dans la phase associative. La reviviscence des traces cérébrales permet de comprendre le souvenir de l'image ou de l'idée, de la sensation ou du sentiment (comme nous le verrons encore à propos de ce dernier dans le chapitre suivant).

Nous ne ferons ici que mentionner la genèse, la naissance, la formation de *l'image* et de *l'idée*, nous proposant de les mieux examiner dans le chapitre relatif à la *vie intellectuelle*.

À la *vie de relation* appartient encore le langage et l'écriture qni permettent l'extériorisation de l'activité neuro-psychique et la mimique, qui sont tous les trois, pour ainsi dire, des réactions motrices.

La mimique apparait la première en date dans la phylogénèse et l'ontogénèse : elle est directement en rapport avec le tonus sthénique ou asthénique et avec les variations de l'état affectif dont nous parlerons dans le chapitre suivant.

Les réflexes mimiques peuvent être externes ou internes; les premiers, les plus importants, sont représentés par les différents mouvements de la face et les attitudes du corps. Les seconds tiennent sous leurs dépendances les vaso-moteurs (pâleur, rougeur, accélération d'une fonction viscérale ou glandulaire).

La mimique, sourire, rire, larme, fureur, etc., a été souvent décrite de façon excellente par de nombreux auteurs : Duchesne, Gratiolet, Piderit, Darwin, Mantegazza, Sikorsky, Pitres, etc. Darwin, Wundt ont trouvé des rapports étroits entre les tendances, les instincts et le développement biologique.

De même, il y a une relation d'adaptation intense entre la mimique et les états émotionnels (concomitants physiologiques de l'émotion — voir plus loin). On peut donc dire que la mimique est la première ébauche du langage.

Les réflexes mimiques sont de plusieurs ordres et ont pour centres des neurones corticaux, sous-corticaux, médullaires ou bulbaires où se produisent des réflexes simples, associés, automatiques, des psychoréflexes. Pour tous ceux-ci comme pour ceux de la marche et de l'équilibration, au début, ou dans certaines circonstances, la volonté et la conscience peuvent avoir leur part, avant la création de l'automatisme.

Dans l'ontogénèse de la parole, ce sont les réflexes verbo-moteurs qui apparaissent les premiers. Avec les gestes et la mimique, ils constituent le *complexus symbolique de relation*. Ils sont des représentations synthétiques des états affectifs ou intellectuels : ils facilitent les rapports. « On peut, écrit Bechterew, dire avec assurance que le niveau humain de l'activité neuro-psychique n'aurait jamais pu être atteint sans le concours des réflexes symboliques. De même qu'en mathématiques l'algèbre a permis de simplifier les calculs et de résoudre les problèmes les plus complexes, la symbolique verbale a permis d'opérer avec les réactions les plus étendues et de saisir leurs rapports, dans le mécanisme cérébral. »

Le type du réflexe verbo-moteur est la répétition d'un mot entendu, ou la désignation par son nom d'un objet précis dont on connaît le nom. On sait que c'est là le procédé habituel de l'apprentissage de la parole et de l'étude des langues. On comprend également la signification du psycho-réflexe, qui établit la coordination rapide entre le processus psycho-mental et l'expression motrice (parole ou écriture).

Le schéma du polygone de Grasset permet de se rendre compte rapidement de la partie neuro-psychique (automatisme subconscient) et de la partie psycho-mentale (pensée consciente) du langage.

Les développements dans lesquels nous sommes entrés au sujet des troubles du langage dans le chapitre v (1re partie, Agrégat psychique) nous dispenserons de revenir sur ce sujet.

Du verbo-réflexe, imitation d'un mouvement, ou répétition d'un son entendu, l'enfant passe insensiblement au langage réflexe (verbo-moteur) ou langage psycho-réflexe. Ainsi on parcourt les trois stades habituels : les cris, le parler enfantin (babillage), la parole. Le babillage est le langage simple et naturel du bébé ; imitation de mouvements de succion des lèvres (mama) et autres (papa), phonations réflexes, onomatopées, etc., d'où sort, par modifications et corrections successives, dues à l'éducation, le langage véritable et correct. La facilité de reproduction (papa, mama, bobo, lolo) aide au processus d'imitation qui engendre l'onomatopée (miaou, han-han, cocorico, etc.). C'est aussi à l'économie de dépenses nerveuses, due aux réflexes symboliques, que sont dus le perfectionnement et l'avantage du langage.

La symbolique verbale favorise également l'activité neuro-psychique en donnant à la pensée une représentation mentale plus rapide, synthétique aussi. Le langage comprend, comme on le sait, la lecture, l'écriture, la parole, l'écriture dictée, la lecture à haute voix, etc.

Le mécanisme schématique du langage est le suivant : les impressions auditives arrivent au centre qui leur est propre et gagnent le centre verbal ; de là, ils parviennent à la circonvolution de Broca (parole) ou au centre moteur du bras (écriture), remplacé par le centre graphique, s'il y a lieu. Les impressions visuelles se transmettent au centre graphique dans l'action de l'écriture (copie d'un texte).

Bechterew précise les localisations suivantes :

Centre verbal. — Partie postérieure de la première circonvolution temporale gauche.

Centre auditif. — Partie antérieure de la première circonvolution temporale gauche.

Centre moteur. — Partie postérieure de la troisième circonvolution frontale gauche (circonvolution de Broca).

Centre guttural. — Partie inférieure de la circon-volution antéro-centrale.

Centre visuel du langage. — Région occipitale gauche et complément du centre visuel ordinaire (chez les gens lettrés).

Centre de l'écriture. — Pédoncule de la deuxième circonvolution frontale et complément du centre bra-chial (deuxième circonvolution antéro-centrale).

CHAPITRE III

VIE AFFECTIVE : FONCTION SENSITIVO-MOTRICE

(Suite.)

SOMMAIRE : Réaction sthénique ou asthénique. — Tonus affectif. — Étages de la vie affective. — Quatre états affectifs. — L'émotion : ses origines; ses concomitants physiologiques. — Théories diverses. — Émotions et tendances. — Les sentiments : quatre classes.

Nous avons vu dans le chapitre précédent que le résultat de la fonction sensitivo-motrice était de créer des impressions qui réfléchissaient, à leur tour, des réactions internes ou externes, motrices ou sécrétoires. Le processus neuro-psychique ainsi provoqué établit des voies de conduction dynamogénique qui constituent l'idée, l'image. Nous connaissons les caractéristiques de ce processus neuro-psychique : reviviscence, frayage, etc. Les nouvelles impressions externes ou internes, psychiques ou psycho-mentales ravivent les anciennes. Quant aux impressions, qu'elles viennent du dehors ou des milieux internes (cénesthésie, association psycho-mentale), elles déterminent des réactions internes qui peuvent être *sthéniques* ou *asthéniques*, comme nous l'avons déjà vu.

Le processus neuro-psychique, en un mot, ne s'épuise pas immédiatement, à moins d'être inhibé. S'il ne l'est pas, il se propage, il se diffuse en une action réflexe sur les appareils cardio-vasculaires et pulmonaires, sur les échanges nutritifs. Il crée, de cette façon, un tonus positif ou négatif, qui parvient à l'écorce et constitue l'état affectif, conscient ou subconscient.

« Les variations du tonus affectif, dit Bechterew, dépassant une certaine limite s'appellent émotion. »

Mais on peut se demander quelles impressions, externes ou internes, créent des réactions sthéniques ou asthéniques, produisant des tonus neuro-psychique, positif ou négatif ? Il est aisé de voir que ce sont toutes les impulsions externes ou internes qui *tendent* à la satisfaction ou à la privation d'un instinct. Tout ce qui favorise la nutrition, les échanges, l'augmentation, l'appétit ou le désir de l'individu est *sthénique* : l'inverse est *asthénique*. Pour faciliter la description et la schématisation, on serait autorisé à dire que l'édification de la vie affective, du simple au supérieur, comprend quatre étages :

1er *étage*. — Instincts, besoins, appétits, désirs, *tendances* (dynamogéniques).

2e *étage*. — Réactions sthéniques ou asthéniques. Constitution du tonus positif ou négatif. État affectif.

3e *étage*. — Émotion (concomitants physiologiques).

4e *étage*. — Sentiments, caractère, etc.

1er *étage*. — L'énumération simple des différents instincts, suivant la classification adoptée par Ribot, suffira à montrer les tendances fondamentales de l'individu.

1ʳᵉ assise.	L'instinct de la conservation avec la peur et les phobies (action défensive); nutrition. Colère, action agressive, etc. Instinct de sympathie (altruisme, vie en société, etc.).
2ᵉ assise.	Instinct du jeu (superflu d'activité). Instinct de curiosité ou de connaissance (attention, mémoire et intelligence). Instinct d'égotisme (*self-feeling*). Instinct sexuel (reproduction).

Le plaisir ou la douleur, la joie ou la peine, sont les constatations psychiques ou de conscience qui résultent des modifications de l'organisme favorisant ou entravant l'exercice libre et avantageux d'une des tendances (début de mouvement) qui caractérisent les instincts. L'instinct produit un appétit qui, assouvi, favorise la nutrition et le développement de l'individu, qui, contrarié, produit l'effet inverse, d'où réaction sthénique ou asthénique, avec tonus neuro-psychique, positif ou négatif.

« L'appétit, avait déjà dit Spinoza, est l'essence même de l'homme, de laquelle découle nécessairement toutes les modifications qui servent à la conserver... Entre l'appétit et le désir, il n'y a aucune différence, sinon que le désir, c'est l'appétit avec conscience de lui-même. Il résulte de tout cela que ce qui fonde l'appétit et le désir, ce n'est pas qu'on ait jugé qu'une chose est bonne, mais, au contraire, l'on juge qu'une chose est bonne, parce qu'on y tend par l'appétit et le désir. »

Le fonds de la vie affective est donc bien l'appétit, ou son contraire, un mouvement ou un arrêt de mouvement (sensibilité protoplasmique préconsciente);

au début, tendance indépendante de la conscience et de l'intelligence. Plaisir et douleur, joie et peine sont des résultantes des modifications profondes de l'organisme (appétit ou répulsion, désir ou dégoût) : elles sont *effets* et non *causes*. De cette façon, on peut concevoir la nature dynamique du processus neuro-psychique qui se réfléchit, dans le neurone, en mouvement ou en sécrétion, à moins qu'il ne soit condensé ou inhibé. La reviviscence des traces cérébrales laissées par un premier passage s'entendra toujours au point de vue dynamique, non au point de vue statique.

2° étage. — La production des réactions sthéniques ou asthéniques constitue un tonus neuro-psychique *positif* ou *négatif*.

« Les impulsions (externes ou internes) peuvent être divisées, dit Bechterew, en deux grandes catégories : impulsions favorables ou défavorables. Les premières sont celles qui provoquent des réactions *sthéniques*, contribuant à la nutrition, au développement de l'organisme ; les secondes provoquent des réactions asthéniques et agissent d'une manière déprimante ou pernicieuse. » La constitution d'un tonus asthénique ou sthénique, quelque peu fort, crée l'état affectif.

« Règle générale, dit Ribot : tout changement profond dans les sensations *internes* se traduit d'une façon équivalente dans la cénesthésie et modifie le ton affectif. »

On peut trouver dans les états affectifs quatre catégories distinctes :

α. *Agréables*. — (Plaisir, joie.)

β. *Pénibles*. — (Douleur, chagrin, tristesse.)

γ. *D'émoi, de peur*. — (Phobie), sans raison, sans motif.

δ. *Excitables*. — Psychonévroses, irritabilité.

Tantôt il y aura un fonctionnement plus ample de l'organisme, tantôt plus restreint. Le cours des associations mentales, sous forme d'impulsions internes, psycho-mentales, peut produire les mêmes effets et déterminer des états affectifs ressortissant à une ou plusieurs des catégories précitées.

Les variations du tonus affectif dépendent donc des impressions organiques, internes ou externes, ou du *stimulus* dû à l'activité reproductrice et associative de l'arc réflexe neuro-psychique. Pour Bechterew, concluant dans un sens contraire à Lange, les états affectifs ne dépendent pas d'une altération fonctionnelle du système cardio-vasculaire, mais d'un processus de circulation ou de nutrition du cerveau qui retentit ensuite sur les organes vaso-moteurs. Mais, en fin de compte, les modifications subies par les vaso-moteurs sont perçues par l'écorce grâce à la cénesthésie et produisent également l'état affectif, qui a toujours une base physiologique, cérébrale ou vaso-motrice. Pour Bechterew encore le tonus de l'état affectif peut être :

Positif (joyeux) ;

Négatif (triste) ;

Neutre (indifférent).

Il est presque inutile de faire remarquer que chaque individu réagit à sa façon par suite d'association et de systématisation neuro-psychiques personnelles et que le tonus positif facilite les associations, tandis que le tonus négatif les *réduit* et les *inhibe*. La circulation et la nutrition du cerveau, les troubles vaso-moteurs étant à la base des états affectifs, ceux-ci doivent nécessairement modifier l'*activité psycho-mentale*.

3ᵉ *étage*. — Les modifications de l'activité neuropsychomentale produite par les réactions sthéniques ou asthéniques constituent le tonus affectif (1). La classification des émotions a été tentée par Dumont, Beaunis, Bain, Mercier, etc. Ribot la déclare très difficile, incertaine, imprécise. Cela tient surtout à la variété et à la complexité très grandes de l'émotion. Les recherches sur la nature de l'émotion ont donné lieu à de nombreuses controverses et on fait naître plusieurs théories. Ribot s'est très résolument rangé à la doctrine de James et de Lange et a défendu la théorie physiologique. Lange a fort bien décrit les concomitants physiologiques de l'émotion.

« Voici par exemple la joie, analysons l'ensemble des caractères qui l'expriment : dans les muscles de relation l'innervation est augmentée ; l'homme joyeux se sent léger, il gesticule (les enfants sautent et frappent des mains) ; le visage prend une forme arrondie, le larynx fonctionne de lui-même ; ce sont des chansons, des éclats de voix, des cris... L'innervation vaso-motrice diminuée, les artérioles se dilatent ; la peau qui reçoit plus de sang rougit et s'échauffe ; les sécrétions, celles de la salive, en particulier, augmentent visiblement et les larmes viennent souvent aux yeux. La circulation plus rapide facile la nutrition des tissus ; toutes les fonctions s'accomplissent mieux, le corps est plus robuste et plus sain, l'esprit plus actif ; on dit avec raison que la joie rajeunit. »

Grasset s'est élevé contre cette théorie et soutient l'ancienne théorie psychologique qui expose, dans l'émotion, l'ordre des phénomènes de la façon suivante :

_____

(1) Les variations du tonus affectif dépassant une certaine limite constituent justement l'émotion.

1º Un événement heureux est perçu par la conscience;

2º Émotion agréable;

3º Les phénomèmes physiologiques se produisent.

« Je crois pouvoir conclure, dit Grasset, que tous les physiologistes sont unanimes pour combattre les théories de Lange, James, Sergi qui mettent l'émotion essentiellement dans les phénomènes physiologiques et ne voient dans le phénomène psychologique qu'une conscience de ces phénomènes physiologiques. »

C'est là faire encore persister l'opposition traditionnelle du physique et du moral qui ne doit plus exister en psychologie physiologique (1). C'est méconnaître l'essence du processus neuro-psychique, sa nature, ses lois, la formation de l'arc réflexe. Comme nous avons longuement insisté sur ces différents points de vue nous ne croyons pas avoir besoin d'y revenir encore. Disons cependant que Lange, Williams James, Georges Dumas, Ribot, Sergi exposent la théorie physiologique de l'émotion de la façon suivante:

α. Un état mental (idée émotive : annonce d'une bonne ou mauvaise nouvelle, ou reviviscence mentale ou impression interne modifiant l'état mental).

β. Phénomènes circulatoires consécutifs.

γ. Émotion, c'est-à-dire conscience des variations de l'état affectif dépassant une certaine limite.

Suivant l'analyse de plus près, nous avons exposé la *formation* des différents stades de la vie affective, en les identifiant avec l'activité du processus neuro-psychique, dans son schéma de l'arc réflexe. Ainsi

(1) Nous nous sommes expliqué à ce sujet. Cette distinction ne peut demeurer que pour les commodités du langage dans la pratique médicale.

voit-on mieux se produire le tonus sthénique ou asthénique dans la phase associative. Ainsi, également,
on ne perd pas de vue la base essentielle de la vie
affective, la satisfaction des tendances de l'individu.

L'analyse de l'émotion revient à ceci :

1° Connaissance de l'événement heureux ou malheureux : impression externe ou interne (reviviscence)
arrivant au neurone (phase impulsive de l'arc réflexe).

2° Dans la phase associative, seconde phase de l'arc
réflexe, réveil d'idées, d'images, de concepts pouvant
augmenter la valeur de l'impression première. Satisfaction ou opposition d'une tendance : formation du
tonus sthénique ou asthénique (émotion, due à des
variations vaso-motrices ou nutritives cérébrales).

3° Réactions internes ou externes, phénomènes
physiologiques concomitants de l'émotion.

L'émotion dépend donc des impressions extérieures
(sensorio-sensitives, ou idées émotives) ou des impulsions internes (cénesthésiques ou mentales) dues à
l'activité associative du processus neuro-psychique.
Bechterew insiste sur les causes physiologiques : une
hyperhémie ou une ischémie du cerveau avec troubles
consécutifs de nutrition de cet organe (1), (comme
nous venons de l'indiquer à l'instant). — Il y a des
modifications vaso-motrices qui à leur tour peuvent

(1) « On parle sans cesse, dit Ribot, de l'affaiblissement ou
de l'augmentation de la circulation sanguine : toutefois les dispositions ou modifications émotionnelles ne sont pas liées seulement à des variations de *quantité*, mais aussi de *qualité* du
sang (anémie, aglobulie, paludisme, etc.). La locution popu-
laire sur les émotions qui font *tourner le sang* n'est pas si
ridicule qu'il peut sembler. La colère, la peur, la fatigue s'accompagnent souvent de changements dans la constitution intime du liquide sanguin. »

retentir sur le *cœur*. Ce dernier, jadis, fut érigé en centres de l'émotion à cause d'une donnée empirique, confondant l'effet avec la cause et signalant le rôle des vaso-moteurs dans l'émotion.

Claude Bernard avait écrit : « Quand on dit à quelqu'un qu'on l'aime de *tout son cœur*, cela signifie physiologiquement que sa présence' ou son souvenir éveillent en nous une impression nerveuse qui, transmise au cœur par le pneumogastrique, fait réagir notre cœur de la façon la plus convenable à provoquer dans notre cerveau un sentiment ou une émotion. Chez l'homme, le cerveau doit pour exprimer ses sentiments, avoir le cœur à son service. » (*Science expérimentale. Physiol. du cœur*, 1865. Cité par Ribot, *Psych. des sentiments*, 119.)

Voici, à notre avis, comment il faut comprendre la question. Les modifications circulatoires, les troubles de nutrition cérébrale (anémie, aglobulie, paludisme, etc.) peuvent être ou le résultat d'une intoxication, endogène ou exogène, ou d'une infection, ou la conséquence d'un ensemble de réflexes neuropsychiques produits par l'annonce d'une bonne ou mauvaise nouvelle, par la reviviscence d'une émotion antérieure, produisant un tonus sthénique ou asthénique, un état affectif, positif ou négatif, dont le retentissement physiologique se trouve justement l'ischémie ou l'hyperhémie, l'intoxication cérébrale, à leur tour perçues par des états de conscience et constituant le sentiment triste ou gai.

Ces troubles sont donc bien en rapport avec les *tendances* satisfaites ou contrariées qui déterminent des perturbations vaso-motrices et nutritives produisant le tonus sthénique ou asthénique, l'état affectif positif ou négatif, l'émotion agréable ou désagréable,

le plaisir ou la peine, perçus par l'écorce cérébrale.
L'émotion est ainsi, à proprement parler, un *mouvement* enregistré par la conscience.

4ᵉ étage. — De la sensation au sentiment nous avons
vu toute la gradation progressive. Le dernier peut-
être défini la perception de l'état affectif : c'est une
représentation psychique. Le sentiment est l'état de
conscience le plus étroitement lié à l'émotion. En
effet, quand l'état affectif augmente d'intensité et
échappe au pouvoir inhibiteur, des réactions vaso-
motrices se produisent, l'émotion apparaît, déterminant, suivant l'occurrence, un sentiment triste ou
gai. Le sentiment est encore la façon de percevoir, de
sentir les idées, les images, les concepts de la vie
affective. Il est agréable ou désagréable suivant que
la façon de percevoir ou de sentir est conforme, ou
non, à nos tendances, désirs, appétits, inclinations,
goûts, opinions, convictions, etc.

Une idée affective est-elle parvenue à l'écorce ou la
reviviscence d'une association accompagnée d'un
tonus sthénique ou asthénique se produit-elle ? Il y a
production d'un état affectif dont l'intensité déterminera *l'émotion sentie*, à son tour, par le sujet.

Le sentiment, comme l'état affectif, dépend à chaque instant de nos sensations internes (cénesthésiques)
ou externes (sensorio-sensorielles), du tonus sthénique
ou asthénique, de la reviviscence des traces cérébrales,
de l'individu et des associations antérieures (état générale, santé, maladies, fatigue).

L'arc réflexe s'accompagne-t-il, comme nous l'avons
vu, d'un tonus sthénique ou asthénique ? L'état affectif
sera positif, neutre ou négatif et le sentiment naîtra
en tant que perception consciente des modifications
et des troubles du psychisme, de l'activité neuro-psy-

cho-mentale. Ainsi on comprendra que le sujet per-
çoive l'excitation ou la dépression, la tension ou la
détente, le plaisir ou la tristesse. Ou encore l'*inhibition* intervient en tant que *régulateur* de l'état affectif, pour modérer, harmoniser, hiérarchiser les impressions affectives.

Nous comprenons fort bien que les sentiments,
comme les sensations, répondent à un mouvement
ou à un arrêt de mouvement et s'identifient aux tendances, aux besoins, aux désirs. Tout ce qui développe la personnalité psychique de l'homme, tout ce
qui augmente son potentiel affectif, tout ce qui détermine un tonus sthénique produit un sentiment de
plaisir. Dans la citation que nous avons faite plus
haut de Bechterew nous lisons : « Les variations du
tonus affectif qu'on désigne habituellement comme
dispositions d'esprit. »

Et l'auteur ajoute en note : « Nous employons ce
terme pour ne pas perdre de vue les données de la vie
pratique. En réalité le mot *disposition* ne se rapporte
pas à l'entité conventionnelle de l'esprit, mais à l'état
des centres nerveux.

Cette *disposition d'esprit*, c'est le *sentiment*, c'est-
à-dire la perception de l'état des centres nerveux, la
perception des variations du tonus affectif. Quand ces
variations du tonus affectif dépassent une certaine limite, quand elles augmentent en hauteur, *l'émotion* se produit. Si les variations du tonus affectif dépassent *cette certaine limite*, c'est que l'inhibition ne
s'est pas produite : il y a eu *hyperesthésie affective*.

Le sentiment est en rapport constant avec l'émotion :
il est un état affectif plus ou moins intense comme
elle ; il peut être excitant ou déprimant. Les émotions,
comme les sentiments les plus complexes et les plus

élevés, dépendent directement et intimement des *ten-dances* favorisées ou contrariées.

Les sentiments peuvent se répartir en quatre classes : sentiments religieux, sentiments moraux, sentiments intellectuels, sentiments esthétiques.

Ce sont là les manifestations les plus épurées de la sensibilité, de la vie affective, de la vie de relation. Ils sont, je le répète, strictement liés aux émotions qu'ils font naître et auxquelles ils sont attachés. Les sentiments les plus violents sont en même temps les plus émotionnels puisque le sentiment n'est que la perception de l'état affectif d'où dérive l'émotion. Dans l'une ou l'autre quatre grandes classes de sentiments, on reconnait le besoin de satisfaction d'une *tendance*, ayant pour origine foncière, pour source fondamentale, un des instincts, un des appétits, une des inclinations ou une des répulsions caractéristiques de l'individu. L'organisme dans son souci d'assurer la nutrition générale et la reproduction recherche ce qui lui est favorable et repousse ce qui lui est nuisible. Il *assimile*, fait siennes les impressions du premier ordre, expulse les secondes, les chasse, cherche à s'en débarrasser. C'est l'état agressif, le mouvement de rapprochement, la sympathie ; c'est l'état défensif, le recul, la répulsion, la fuite.

Cette analyse répond aux sentiments moraux : la jalousie, la honte, l'indignation, l'admiration, la sympathie, l'amour, la haine, etc. Mais on en retrouve également les marques bien évidentes dans les sentiments religieux, esthétiques ou intellectuels. Dans le processus neuro-psychique suivi d'un état affectif, la phase d'association devient de plus en plus compliquée, au fur et à mesure qu'on se hausse davantage dans l'ordre sentimental ou émotionnel.

« Ils sont, dit Forel, indirectement dérivés des sentiments primitifs par leur association compliquée quoique souvent instinctive, avec les éléments de la connaissance, sur la base de dispositions héréditaires. Ils présentent souvent un mélange, ou plutôt des combinaisons de plaisir et de tristesse, ou de déplaisir. Selon les peuples, l'hérédité, les mœurs et l'éducation, ils s'associent avec des objets différents et plus ou moins précis. »

Ribot exprime à peu près la même pensée : « En résumé, de même que dans l'ordre intellectuel il y a une échelle ascendante qui conduit du concret aux formes inférieures, puis moyennes, puis supérieures de l'abstraction, de même, dans l'ordre affectif, il y a une échelle qui monte de la peur ou de la colère aux émotions les plus idéales : et de même que le concept le plus élevé garde la marque des concrets dont il est issu, sous peine de n'être qu'un mot vide : de même les sentiments les plus éthérés ne peuvent perdre totalement les caractères qui en font une émotion, sous peine de disparaître comme telle. »

Les sentiments comme toutes les manifestations de l'activité neuro-psychique sont soumis aux grandes lois de ce processus que nous avons signalées déjà plus haut. Ils présentent les trois phases de l'arc réflexe : impulsive, associative ou inhibitrice, réactive. Les impulsions sont d'origine interne (cénesthésie, association psycho-mentale) ou externe (sensorio-sensorielle, idée, image). Ils comportent les caractéristiques essentielles du processus neuro-psychique : reviviscence des traces, facilités de conduction après fraiement, etc.

D'une façon différente, on peut dire que la mémoire affective (reviviscence des traces) a une grande

importance dans le sentiment et l'émotion. Le souvenir des impressions antérieures et leur reproduction
par le mécanisme de l'association psycho-mentale est
possible. Pour que cela arrive, il faut que les voies
conductrices aient été énergiquement ouvertes et que
leur frayage reste suffisant assez longtemps, sinon, il
y a engorgement des voies conductrices, oubli et disparition de la trace cérébrale antérieure.

Une émotion très vive, un sentiment violent persistent fort longtemps, s'ils continuent à être *sentis*
véritablement par les mêmes voies conductrices; si,
au contraire, l'*abstraction* se produit, si le sentiment,
abandonnant la vie affective, émotive, passe dans le
domaine intellectuel, il se transforme en idée, en
concept pur débarrassé du trouble affectif, du tonus
sthénique, ou asthénique, c'est-à-dire en idée, en
concept *indifférent* et *non affectif*.

Le sentiment dépend surtout de l'activité associative du processus neuro-psychique et le tonus affectif
le développe, ou le restreint suivant qu'il est sthénique ou asthénique.

L'idée émotive peut prendre, avec l'association
des images ou des concepts, une intensité particulière, si l'inhibition ne se produit à temps et dans la
mesure d'un régulateur harmonique. On sait que
chez les individus dont l'imagination s'impose
outre mesure dans l'association des idées émotives,
sans que le pouvoir d'arrêt, de hiérarchisation, d'inhibition intervienne, il s'établit une sorte d'hyper-
thésie affective émotionnelle, avec tendance à la concentration réflexe qui peut produire l'hyperattention,
le monoidéisme, l'idée obsédante et les phobies. Ce
sont les grands émotifs, obsédables, sans maîtrise
d'eux-mêmes, sans régulation, sans inhibition, qui

se laissent envahir par le sentiment dominant, et sont classés sous le nom bien impropre de neurasthéniques.

Ribot pose en principe général :

« D'une part l'agréable et le désagréable sont les plus puissants mobiles de l'activité humaine, s'ils ne sont pas les seuls ; d'autre part, il y a des gens chez qui la reviviscence affective est forte, faible ou nulle. »

De tout ce qui précède, on peut conclure aisément que dans le développement biologique, sur la *vie végétative* se greffe, se construit, s'installe la *vie affective*. Les états affectifs sont les premières *sommes* physiologiques et psychiques. La base de toute existence est le désir, tendances à conserver son intégrité, son bien-être, à se reproduire. La vie végétative précède la vie affective, comme celle-ci la vie intellectuelle. Les racines véritables de l'homme sont dans le *cœur* (vie affective), non dans la *tête* (vie intellectuelle).

La mémoire du *cœur* (reviviscence, association des émotions, des sentiments) est plus forte, plus *sentie*, souvent, que la mémoire de l'esprit. La mémoire a donc de véritables fondements dans la vie affective qui lui procure les idées, les concepts, les reviviscences émotionnelles. De ce qui précède se déduira une nomenclature, sinon une classification des sentiments.

Sentiments primitifs (individualistes).	Physiologiques.	Nutrition. Conservation. Reproduction. *Tendances.*
	Psychiques.	Désirs. Appétits. Sentiment paternel, filial.
Sentiments secondaires.	Famille.	Sympathie. Amour.
S. familiaux et grégaires.	Collectivité.	Devoir social. Dévouement. Philanthropie. Bienveillance. Pitié. Patriotisme.

Sentiments complexes.	Religieux.	Sensibilité extrême. Fétichisme. Spécul·tion métaphysique. Fo.. Amour. Sentiments moraux,
	Esthétiques.	Sentiment de la nature; du vrai, du beau, de l'harmonie.
Sentiments intellectuels.	Optimistes.	Croyance. Conviction.
	Sceptiques.	Doute. Perplexité.

Ce tableau n'a aucune prétention, je le répète, à une classification rigoureuse. Les catégories ne sont pas distinctes et empiètent les unes sur les autres en se pénétrant, s'associant, s'anastomosant. De leur nombre, de leur variété, de leur simplicité ou de leur complexité, de leur évolution on déduit de nouveau toute l'importance de la vie affective dans le processus neuro-psychique.

CHAPITRE IV

VIE INTELLECTUELLE

L'idée et l'image constituent à proprement parler le fait psychique. Elles résultent des sensations et des sentiments. Elles dépendent de l'activité neuro-psychique. Les diverses impressions qui parviennent aux centres de l'écorce produisent *l'arc réflexe* qui est la base anatomique et physiologique de l'*idée* et de l'*image*. Elles existent momentanément sans mémoire, attention, jugement ou autre opération de l'esprit. C'est le schéma le plus rapide de la vie intellectuelle. L'idée n'est pas synonyme de fait psychique conscient : elle peut être subconsciente ou préconsciente, déterminée par des réflexes neuro-psychiques, sans atteindre la région préfrontale supé- rieure où se produisent les réflexes neuro-psychiques mentaux, c'est-à-dire les idées conscientes, volontaires.

L'idée et l'image répondent à un processus essentiellement dynamique, produit de l'irritabilité, né de
l'impression ou de l'impulsion et se transformant en
réaction motrice ou sécrétoire. Herzen avait déjà dit :
« Or si la force psychique se trouve avec le mouvement moléculaire nerveux dans une corrélation telle
qu'elle doit son existence à un mouvement qui
expire et qu'elle expire en produisant un autre mouvement, il est clair et il est certain que cette force
elle-même ne peut pas être autre chose qu'un mouvement. » (*Le cerveau et l'activité cérébrale*, p. 69.)

Il ne faut donc donner à l'image ou à l'idée aucun
caractère *statique* et ne jamais les comparer à une
empreinte, à un cliché photographique.

L'idée et l'image existent dans le psychisme inférieur de Grasset et ont le caractère de l'automatisme
et du subconscient. Elles existent encore, quoique
vagues et indéterminées, légères et fuyantes, dans
l'ensemble des impressions cénesthésiques qui parviennent à l'écorce dans l'appréciation ou la perception du tonus affectif.

Ce sont là des *notions*, des *représentations* con-
crètes ou abstraites, de sensations passées ou pré-
sentes. L'idée représente l'unité primitive ou l'élément le plus simple du domaine de la connaissance.
En lui donnant pour trame physiologique le réflexe
neuro-psychique, on lui constitue une individualité
organique précise. Elle est le produit de l'activité
neuro-psychique la plus simple, comme l'atome de la
constitution intellectuelle. Par elle-même, elle n'a
que la signification d'un rapport, d'une sensation,
d'un sentiment. Pour constituer le travail normal de
l'esprit elle doit être soumise aux lois principales du
processus neuro-psychique :

La reviviscence des traces cérébrales ;

Le fraiement des voies conductrices d'association pour les impulsions de même rythme;

L'association sous ses diverses formes;

La loi du moindre effort ;

La concentration nerveuse;

Le pouvoir d'arrêt ou d'inhibition, de régulation, de choix, d'hiérarchisation.

En d'autres termes, l'idée existe par la perception, elle se fixe et se renouvelle par la mémoire, augmente par l'attention. Elle se lie par l'association aux idées nouvelles ou anciennes : obéissant à la loi du moindre effort, elle se renouvelle plus difficilement, ayant une tendance marquée à la répétition des réflexes habituels. Enfin, quand elle devient consciente, elle se coordonne sous l'action de la volonté, sous l'action du régulateur nerveux, l'inhibition. Ribot classe les images par rapport à la reviviscence en trois groupes :

« Images à reviviscence directe et facile (visuelles, auditives, tactiles-motrices, avec des réserves pour ces dernières).

« Images à reviviscence indirecte et relativement faciles: plaisirs et douleurs, émotions. Elles sont indirectes parce que l'état affectif n'est évoqué que par l'intermédiaire des états intellectuels auxquels il est associé.

« Celles à reviviscence difficile, tantôt directes, tantôt indirectes. Ce groupe hétérogène et réfractaire comprend les saveurs, odeurs et sensations internes. »

La mémoire apparaît donc comme une fonction psychique d'une importance considérable dans le développement intellectuel. Pour Bechterew, c'est la reviviscence des traces cérébrales. Elle répond aux deux caractéristiques essentielles de l'activité nerveuse (Forel) :

1° La faculté de laisser après soi une altération durable ;

2° La faculté de se reproduire de la même manière que la première fois.

C'est, en somme, la reviviscence : conservation et reproduction, due à une altération spéciale, moléculaire, bio-chimique ou vaso-motrice, conséquence du premier passage du courant nerveux.

La *conservation* des traces correspond à la *fixation* de la psychologie classique qui comprend la pénétration (processus neuro-psychique) et la *reproduction* (évocation et représentation dans le temps).

« L'essence des actes mnésiques, dit Bechterew, consiste apparemment en ceci, que chaque réaction neuro-psychique facilite la conduction du courant nerveux et ouvre aux courants suivants des voies de moindre résistance. On sait que plus une réaction se répète, plus elle devient facile et plus elle s'écoule rapidement. On en a la preuve tous les jours, car tout mouvement quelque peu complexe est difficile au commencement, mais se fait chaque fois plus coulant et finit par devenir automatique. Il est clair que le courant nerveux rencontre de moins en moins de résistance et reprend de plus en plus facilement la voie tracée par l'exercice. En fin de compte, comme altération physiologique, on peut admettre une transposition de molécule qui se conserve dans les voies nerveuses. »

La mémoire est donc bien d'abord un fait biologique, puis une conséquence du processus neuro-psychique : si elle est psychique, elle n'est pas tou-

jours consciente ; elle ne l'est même qu'exceptionnellement.

On lui reconnaît habituellement trois éléments :

α) La conservation de certains états ;

β) Leur reproduction ;

γ) Leur localisation dans le passé.

Les deux premiers sont neuro-psychiques, le troisième mental ; et les deux premiers sont les plus
essentiels. Ribot pose deux conditions physiologiques
de la mémoire :

1° Une modification particulière imprimée aux
éléments nerveux ;

2° Une association, une connexion particulière
établie entre un certain nombre de ces éléments.

L'automatisme est la manifestation physiologique
la plus frappante de la mémoire dynamogénique.
Les réflexes associés et coordonnés avec peine, au
début, par la volonté, retrouvent aisément des traces
et des voies conductrices bien frayées par l'exercice.
La mémoire intellectuelle est de l'automatisme psychique.

« Il est évident, dit Maudsley, qu'il y a dans les
centres nerveux des résidus provenant des réactions
motrices. Les mouvements déterminés ou effectués
par un centre nerveux particulier, laissent comme
les idées, leurs résidus respectifs, qui, répétés plusieurs fois, s'organisent ou s'incarnent si bien dans
sa structure que les mouvements correspondants
peuvent avoir lieu automatiquement... Quand nous
disons : une trace, un vestige ou un résidu, tout ce
que nous voulons dire, c'est qu'il reste dans l'élément
organique un certain effet, un quelque chose qu'il
retient et qui le prédispose à fonctionner de nouveau
de la même manière. »

Ribot dit aussi :

« Nous croyons donc de la plus haute importance d'attirer l'attention sur ce point : que la mémoire organique ne suppose pas seulement une modification des éléments nerveux, *mais la formation entre eux d'associations déterminées pour chaque événement particulier*, l'établissement de certaines *associations dynamiques* qui, par la répétition, deviennent aussi stables que les connexions anatomiques primitives. » (RIBOT, *Maladies de la mémoire.*)

La mémoire se présente donc tout d'abord comme une fonction automatique (la mémoire automatique, subconsciente, polygonale du psychisme inférieur de Grasset). Ce n'est que plus tard que cet acte *psychique* devient *mental*. C'est alors la mémoire consciente, supérieure, du psychisme supérieur, du centre O de Grasset. Elle a une étendue restreinte par rapport au vaste empire de la première. En cela nous suivons toujours les grandes lignes de notre schéma triangulaire dans lequel le triangle du mental est plus petit que le quadrilatère du psychisme subconscient. Pour Ribot, en effet, l'action nerveuse neuro-psychique est la condition fondamentale de la mémoire, la *conscience n'est que l'accessoire*.

La mémoire consciente suppose deux conditions : l'intensité et la durée de l'impression. Elle réside dans la *localisation dans le temps*, dans la *reconnaissance*, dans les *points de repère*. Pour mieux analyser les éléments essentiels de la mémoire suivons les divers états de son développement. La mémoire s'établit progressivement, allant du simple au composé, de l'organique au psychique et au mental : elle est d'abord *motrice pure* et nous permet de conserver le souvenir ou, pour mieux dire, la coordination des mouvements, qui aboutit à l'automatisme : c'est la mémoire des actes. Puis viennent les sensations et les sentiments qui laissent des traces dont la reviviscence est aisée : c'est la *mémoire affective*. Le goût et l'odorat laissent des sensations qui peuvent être ravivées de façon spontanée ou provoquée. La cénesthésie fournit également des impressions qui sont capables de conservation et de reproduction.

Enfin ce tonus affectif, perçu sous la forme de sentiment ou d'émotion, avec son rythme sthénique ou asthénique, revient également très fréquemment dans le champ de la conscience. Douleur ou plaisir, peine ou joie, laissent, en somme, des traces cérébrales capables de conservation et de reproduction, capables d'évoquer le souvenir. Si ce souvenir reproduit le même tonus affectif, grâce à une impression interne psycho-mentale, l'émotion sera *sentie* avec toute son intensité première.

Il y a dans cet ordre de phénomènes de nombreuses différences individuelles ; à l'état normal les prédominances de *mémoires spéciales* varient avec chaque sujet.

« Plusieurs personnes m'affirment, dit Ribot, que le souvenir d'une émotion les secoue aussi vivement que l'émotion primitive et je n'ai nulle peine à le croire. Est-ce que le seul souvenir d'une sottise ne fait pas rougir. »

De façon générale, comme nous l'avons déjà vu, au sujet de la reviviscence des images affectives, le souvenir d'un état émotionnel est long à se produire, puisqu'il exige la remise en jeu des causes occasionnelles, ou de leur représentation mentale, avec les réactions consécutives (troubles vaso-moteurs, isché-

mie ou hyperhémie de l'écorce, intoxications des cellules. troubles de nutrition de l'écorce, etc.)

Quand ces derniers phénomènes se produisent, il
s'agit de la mémoire *affective, vraie, concrète*. Mais
il y a aussi une mémoire *affective, fausse, intellectuelle, abstraite*. Elles ne sont que les deux degrés
d'un même processus. La trace cérébrale d'un plaisir,
d'une douleur, d'une joie, d'une peine peut se *raviver*
sans tonus affectif; elle restera psychique sans être
sentie à titre d'émotion, demeurant *intellectuelle*. Puis,
par manque de renouvellement, les voies de conduction s'engorgent et c'est l'oubli avec le temps.

Une émotion violente, conséquence d'une inhibition mal réglée ou d'un *choc* intense, laissera une
trace très forte qui, spontanément ou involontairement, se renouvellera encore, faute de pouvoir d'arrêt, ou de pouvoir régulateur avec une intensité exceptionnelle. Cet état crée l'émotivité des psychonévroses,
S'il y a des hypermnésies affectives, il y a aussi des
amnésies et des paramnésies du même genre: des
gens qui se souviennent longtemps, d'autres pas du
tout ou très peu. On concluera en disant qu'il existe
à côté des mémoires *visuelles, auditives, motrices*,
une mémoire *affective* qui est très nette, et très vivace
chez certains individus.

En ce cas, le pouvoir d'inhibition, d'arrêt, de régulation et le complexus des réflexes personnels jouent,
pour chaque sujet, un rôle considérable. Et chacun
possède encore une *mémoire affective spécialisée* suivant la prédominance de tel ou tel instinct, de telle
ou telle tendance (sexuelle, mélancolique, joyeuse,
d'après le moment, le caractère ou le tonus, etc.). Les
acquisitions psychiques, formées par des idées, des
images, sans tonus affectif, constituent la mémoire

intellectuelle mentale, la plus élevée, celle qui sert aux opérations de l'esprit. D'après les faits de désagrégation partielle de la mémoire, on reconnaît plusieurs composantes mnésiques :

La mémoire des noms propres.

   —   —   communs.

   —   adjectifs et des verbes.

   —   des gestes ou mémoire mimique.

Chez l'enfant, elle suit cette gradation de bas en haut : c'est la mimique qui commence, puis viennent les onomatopées, les réflexes verbo-moteurs et ainsi de suite des interjections aux noms propres. Dans la dissolution progressive de la mémoire les noms propres disparaissent d'abord et ainsi de suite jusqu'aux gestes : dans les cas de guérison les souvenirs reviennent dans le sens inversé de bas en haut. Là encore, la neurologie et la psychiâtrie ont éclairé nombre de problèmes obscurs de la psychophysiologie. En résumé, nous vérifions l'existence, pour ainsi dire de deux mémoires : l'une subconsciente, automatique, l'autre consciente, volontaire ; la première neuropsychique corticale (polygonale de Grasset, de notre zone C), la seconde, neuro-psycho-mentale, corticale, préfrontale (du centre O, de Grasset ; de notre zone A).

La première est stable : elle apparaît primitive dans la formation du psychisme ; elle disparaît la dernière. La seconde est instable : elle apparaît progressivement chez l'enfant après la première ; elle disparaît, tout d'abord, dans les troubles pathologiques ou séniles. C'est la loi de régression ou de réversion.

« La mémoire descend progressivement de l'instable au stable », dit Ribot. Et encore il ajoute : « C'est un processus d'organisation à degrés variables com-

pris entre deux limites extrêmes : l'état nouveau,
l'enregistrement organique. »

La mémoire considérée dans son développement
présente quatre états ou étages.

I. *État organique*. — Automatisme, routine, habitudes (se lever, s'habiller, se coucher, prendre ses
repas, jouer aux cartes, etc.). Activité automatique se
passant de jugement, de volonté, d'effort.

II. *État affectif*. — S'appuie sur le précédent, avec
en plus sentiments intimes : cénesthésie, sensations,
sentiments, caractère, tempérament.

III. *État intellectuel* (fonds anciens d'association).
— Acquisitions scientifiques, artistiques, professionnelles ; langues étrangères (les souvenirs personnels
s'effacent en descendant vers le passé) (Ribot).

IV. *État mental contemporain* (actes récents). —
Les conditions de la reviviscence des traces disparaissent les premières : il ne peut plus se faire de frayage
de nouvelles voies de conduction. Les anciennes seules
persistent et disparaîtront, d'ailleurs, insensiblement.
Le nouveau meurt avant l'ancien (Ribot).

Ainsi la mémoire est une fonction qui à l'état normal est toujours en pleine activité : elle repose avant
tout sur le fonds organique et affectif le plus stable.
Les réflexes associés et automatiques sont ceux dont
le frayage est le plus ancien et le plus difficilement
destructible, celui dont la reviviscence est le plus
aisée. Viennent ensuite les acquisitions intellectuelles
qui se gravent par la répétition et l'exercice. Pour les
faits récents, les acquisitions nouvelles, il se fait
chaque jour des frayages nouveaux, infiniment moins
durables parce que la répétition et l'exercice insuffi-
sants n'ont pas encore eu le temps de les consolider
fortement.

D'une façon générale, la mémoire suit la loi fondamentale du psychisme qui monte graduellement du protoplasmique à l'organique, de l'organique au neuro-psychique et de celui-ci au neuro-psycho-mental (voir le chapitre IV, Ire partie, de l'*Inconscient au conscient*).

D'après ce que nous venons de dire, on comprendra le vaste champ de la *mémoire motrice*. Toute impression sensorielle détermine des actes *mnésiques :* d'où des *mémoires auditives, visuelles, olfactives, gustatives, tactiles*. Les deux premières *se spécifient* plus généralement et créent, à côté des types *moteurs*, des types *auditifs* et *visuels*. Mais au point de vue de l'arc réflexe du processus neuro-psychique, nous en revenons toujours à la conception dynamogénique.

Mouvement = sensation = mouvement.

Nous verrons plus loin, au sujet des troubles de la mémoire qu'ils se subdivisent en *paramnésies, amnésies, hypermnésies*.

L'ATTENTION est indispensable à la fixation des traces cérébrales. Il faut, pour qu'une impression laisse une trace cérébrale durable, et de reviviscence aisée, qu'il y ait une *concentration* spéciale dans la phase associative de l'arc réflexe. Cette concentration peut se localiser aux zones de projection, ou d'associations postérieure et moyenne de Flechsig, rester subconsciente, polygonale. Si, au contraire, l'arc réflexe s'étend à la zone antérieure d'association de Flechsig, à la région préfrontale, il y aura concentration *consciente, attention* proprement dite (1).

(1) Consulter : W. B. PITTSBURG, *l'Attention*. Chap. « Physiologie de l'attention », 1906, Bibl. inter. de psych. expér. normale et pathologique ; W. JAMES, *Précis de psychologie*, Marcel Rivière, éditeur, Paris.

La concentration nerveuse se caractérise, dit Bech-terew, par les traits suivants : « 1° Adaptation de l'appareil récepteur, notamment de son appareil mus-culaire ; 2° par l'inhibition momentanée.de tous les autres mouvements ; 3° par l'accélération du rythme de la respiration, alternant avec les arrêts complets de celle-ci, au moment de l'hypertension de l'or-gane. »

Certaines impressions peuvent être ainsi fixées sub-consciemment, et arriver *spontanément*, à un moment donné à la conscience, à titre de souvenir éloigné, de reminiscence (ou fausse reminiscence, paramnésie).

L'attention, la concentration consciente, est indis-pensable au fonctionnement mental, à l'effort de l'es-prit, au jugement, à la délibération, à la volonté et à l'extériorisation de l'acte. La concentration con-sciente est donc la meilleure préparation à la réaction voulue, choisie. Grâce à elle, l'idée, l'image occupent fortement le champ cérébral. Toute l'activité neuro-psychique *se condense* sur un objet déterminé, il y a *bloquage* et *inhibition* pour toutes les autres percep-tions qui ne traversent pas la zone B de notre schéma triangulaire et restent confinées dans la zone du psy-chisme inférieur, où elles peuvent, d'ailleurs, se fixer exceptionnellement, comme nous venons de le dire.

La concentration psychique constitue le mono-idéisme utile au travail cérébral intense, pour donner toute sa puissance à une fonction déterminée : une occupation intellectuelle élevée étant incompatible avec la distraction, cette diminution passagère de l'agrégat psychique.

L'hyperattention fixe sur une seule idée et rend *distrait*, *absent*, pour toutes les autres qui ne s'y rap-portent pas. Pour Grasset, O travaille, d'un côté et le

polygone, de l'autre. La concentration violente continue, prolongée, l'*hyperattention*, provoque le monoidéisme, l'idée fixe. Quand celle-ci reste intellectuelle
et normale, elle constitue la préoccupation dominante
du savant, du poète, de l'inventeur. Mais si elle envahit trop violemment le champ de la conscience, si
l'inhibition n'intervient pas, si elle s'accompagne
d'un tonus affectif élevé, elle devient morbide et constitue l'*obsession*, avec l'anxiété ou la phobie. L'obsession est déterminée par une idée fixe émotive qui
s'impose, dont on ne peut se débarrasser, qui crée un
émoi intellectuel et des troubles organiques prolongés.

La concentration empêche l'association des idées,
diminue la vigueur de la phase associative, ralentit,
diminue ou supprime les réactions, diminue consécutivement la volonté.

Pour Ribot « l'idée fixe physiologique (normale)
est voulue, parfois cherchée, en tout cas acceptée, et
elle ne rompt pas l'unité du moi. Elle ne s'impose
pas fatalement à la conscience ; l'individu en connaît
la valeur, sait où elle conduit et adapte sa conduite à
ses exigences. Exemple : Christophe Colomb. L'idée
fixe pathologique est parasite, automatique, discordante, irrésistible. L'obsession n'est qu'un état particulier de la désagrégation psychique, une sorte de
dédoublement de la conscience ».

La concentration facilite le développement du
noyau individuel, ensemble d'orientation et de tonalité de la sphère neuro-psychique qui constituera la
personnalité et peut faire dire que *chacun réagit à sa
façon*.

Le défaut d'attention, hypoattention, est nuisible
au fonctionnement de la mémoire et, consécutivement

à l'activité psychique ; son exagération, avec produit de tonus affectif intense est également contraire à l'équilibre intellectuel et à l'agrégat mental.

En résumé, comme la mémoire, l'attention peut être subconsciente ou consciente.

Dans le premier cas, il s'agit d'une concentration neuro-psychique, dans le second cas d'une concentration neuro-psycho-mentale. Il y a une attention, comme une mémoire, du polygone et du centre O. Pour Pierre Janet, il y a une *attention automatique* (automatisme psychique de l'auteur, attention spontanée de Ribot, subconsciente pour nous, polygonale de Grasset), et une *attention volontaire* (supérieure, consciente, de O, pour Grasset).

La concentration de la phase associative de l'arc réflexe aboutit à l'*accommodation* des traces cérébrales à un but déterminé. Ribot définit aussi l'attention : *l'adaptation*, l'accommodation du psychisme à ses fonctions de réception et de représentation.

CHAPITRE V

VIE INTELLECTUELLE (*Suite*).

ASSOCIATION DES IDÉES. — La reviviscence des traces cérébrales, que la concentration psychique ou mentale a établie, permet, dans certaines conditions, la prédominance de la phase associative dans l'arc réflexe. De plus, grâce à l'établissement des réflexes associés, les idées, les images réapparaissent plus aisément et se combinent entre elles en suivant en cela des lois déterminées. C'est l'association psychique *subconsciente* d'abord, *consciente* ou *mentale* ensuite.

Nous rappelons que les réflexes associés consistent en réactions réunies dans les centres nerveux : la fuite à la vue seule d'une bête féroce, le mouvement de défense devant un fusil, l'inclinaison de la tête au sifflement d'une balle. Répondant à des souvenirs

13

antérieurs, souvent fort anciens, ils sont possibles
grâce à la phase associative (associations et reviviscences des traces cérébrales) du processus neuro-psychique.

Ils n'ont pas la fatalité et la nécessité du réflexe
simple, dans lequel justement la phase associative
est très réduite. Ils peuvent se créer et disparaître et
se renouveler encore ultérieurement, à longue distance. S'ils sont *enrayés* dans certaines circonstances,
une éventualité nouvelle les désenrayera. L'habitude
inhibe le réflexe associé, mais une excitation fortuite et énergique le fait réapparaître, surprenant pour
ainsi dire l'*inhibition*.

« Imaginons, par exemple, dit Bechterew, que
nous nous trouvons dans un musée devant un groupe
de gros serpents séparés de nous par une paroi de
verre. Au début, si un serpent se fâche et se jette
contre le verre, nous ne pourrons réprimer un mouvement de frayeur, mais il suffit que cela se reproduise une ou deux fois pour que nous cessions d'y
réagir. Le réflexe sera enrayé. Admettons maintenant qu'un de ces serpents s'échappe de la cage
et le réflexe se trouvera désenrayé à la vue seule de ce
dernier. » (*Psych. objective*. p. 250.)

En un mot, l'association des idées dépend des
réflexes associés qui eux, à leur tour, se reproduisent
grâce aux propriétés essentielles de la phase associative de l'arc réflexe, qui reposent elles-mêmes sur la
facilité de reviviscence des traces cérébrales.

On peut maintenant énoncer les lois qui créent les
trois catégories suivantes :

A. Association par ressemblance ;
B. Association de la partie au tout ;
C. Association par contiguïté.

ou, plus schématiquement, loi de *ressemblance* ou
de *rapprochement* (dans le temps ou dans l'espace).

L'association, comme l'attention ou la mémoire,
est *subconsciente*, dans le sommeil, les rêves, l'hypnose, le somnambulisme, l'état du médium, la distraction, etc. Maudsley avait déjà dit, en 1883, précisant l'existence des centres psychiques supérieur et
inférieur :

« Les écarts fantastiques des voies ordinaires de
l'association des idées, la perte du contrôle sur les
idées, la suspension de la conscience, l'abstraction du
moi, le semblant de réalité des rêves grotesques sont
autant d'effets de la même cause : *ils viennent de la
discontinuité de la fonction des centres supérieurs
du cerveau*, d'une suspension temporaire des liens
de l'unité fonctionnelle de ces centres. »

Ce manque de coordination, cette désintégration
des centres cérébraux se rapproche beaucoup de la
conception de la désagrégation des deux psychismes
de Grasset.

Pour Bechterew, l'association peut présenter :

« 1° Un rapport causal, lorsqu'une impression succède directement à une autre ;

« 2° Un rapport de partie à tout ;

« 3° Un rapport de ressemblance ;

« 4° Un rapport de contemporanéité ;

« 5° Un rapport de succession ;

« 6° Un rapport de connexion, lorsque l'une et l'autre sont perçues dans les mêmes circonstances.

« Les deux premières formes, ajoute Bechterew,
peuvent être appelées principales, les autres complé-
mentaires. Outre cela, il peut y avoir encore des associations habituelles, résultant d'une répétition réi-
térée des mêmes excitations. »

Les associations se font entre impressions externes ou internes, ou par un mélange des unes et des autres. Les associations internes sont cénesthésiques ou mentales et ont, surtout les premières, une importance capitale au point de vue de la réaction individuelle, de la personnalité. Le tonus affectif dépend de ces associations internes dont le rythme sthénique ou asthénique varie à l'infini suivant que l'influx nerveux est en harmonie ou en contradiction avec les tendances générales, et les instincts de l'individu.

Disons encore en passant que la cénesthésie fournit des impressions parties :

α) De l'estomac et de l'intestin (faim, digestion, etc.) ;

β) Du poumon (quantité et pureté de l'air) ;

γ) De la région cardiaque (activité accélérée ou retardée du cœur) ;

δ) De la région génitale (hyperhémie des organes sexuels, besoin de sécrétion) ;

ε) Des muscles (fatigue, repos) ;

ζ) Du cerveau (hyperhémie, ischémie, troubles de nutrition ; travail intellectuel, fatigue, excitation).

IMAGINATION. — Elle représente une fonction de reproduction des idées et des images conservées par la mémoire et associées d'une certaine façon, qui peut varier à l'infini. Elle participe, comme toutes les autres fonctions dont nous avons parlé déjà, au complexus dynamique du processus de l'activité neuro-psychique. L'imagination dépend donc de la plus ou moins grande puissance ou fécondité de la phase associative de l'arc réflexe, de la plus ou moins grande richesse des réflexes associés. Nous avons déjà vu que le tonus sthénique ou asthénique favorise ou

diminue cette énergie associative. Tant que les
reviviscences des traces cérébrales ne rappellent que
des faits, des images, des idées déjà existantes, il
s'agit seulement d'imagination *reproductrice*.

Ribot distingue deux sortes d'imagination :

La première simplement *reproductrice* (faits anciens);

La seconde plus élevée *créatrice* (faits nouveaux).

Dans la première, il s'agit, comme nous venons de
le dire à l'instant, de perceptions antérieures qui se
renouvellent, spontanément ou volontairement :
dans la seconde, outre les éléments de la première
apparaissent des états affectifs qui peuvent susciter
des productions nouvelles, conformes aux tendances
de l'individu.

Les images s'associent alors dans des groupements
nouveaux, grâce à des combinaisons, des coordinations *inédites*. Entre ces deux sortes d'imagination
existent toutes les formes de passage et de transition.
L'une et l'autre s'appuient sur une première base de
sensibilité (sensations ou émotions simples), puis
sur une seconde, superposée à la première, de vie
intellectuelle (les images, la reviviscence, l'associa-
sion).

Ribot compare l'*imagination créatrice* à la volonté
avec laquelle elle a de nombreux rapports.

« L'imagination créatrice, dit-il, elle aussi sous sa
forme complète, tend à s'extérioriser, à s'affirmer en
une œuvre qui existe non seulement pour le créa-
teur, mais pour tout le monde. Au contraire, chez les
purs rêveurs, l'imagination reste intérieure, vaguement ébauchée ; elle ne prend pas corps en une invention esthétique ou pratique. La rêverie est l'équivalent des velléités : les rêveurs sont les abouliques

de l'imagination créatrice. » (RIBOT, *Imagination créatrice*, Introduct., p. 8.)

L'imagination peut être, elle aussi, subconsciente ou consciente. Si le contrôle supérieur, volontaire, si l'inhibition n'interviennent pas, la reproduction se fait sans ordre, sans méthode : c'est le rêve, la rêverie, l'imagination polygonale, *la folle du logis*.

Les impulsions, externes ou internes, par leur rythme spécial, éveillent-elles un tonus sthénique, ou asthénique, et la production d'un état affectif, déterminant, par sa *hauteur*, une *émotion* ? Le trouble intellectuel peut être assez grand, succédant aux modifications organiques (vaso-motrices, etc., pour supprimer momentanément le pouvoir d'arrêt, de régulation, d'inhibition. L'association des idées présente, en foule, les images et les idées les plus opposées. C'est l'imagination reproductrice ou créatrice, déréglée, avec perte passagère du contrôle, la suspension de la conscience. Et, comme conséquence, des réactions externes ou internes, violentes, incoordonnées elles aussi.

Pour réaliser l'ensemble de ces phénomènes, il faut avant tout, on l'a vu, la production d'un état affectif dépassant un certain degré *émotionnel* qui supprime, pour un temps, le pouvoir d'inhibition, le contrôle, la conscience.

Ribot soutient, au sujet du facteur *émotionnel* dans l'imagination, les deux propositions suivantes :

α) *Toutes les formes de l'imagination créatrice impliquent des éléments affectifs* ;

β) *Toutes les dispositions affectives quelles qu'elles soient peuvent influer sur l'imagination créatrice.*

« Je défie, dit Ribot, qu'on produise un seul exem-

ple d'invention produite *in abstracto* et pure de tout
élément affectif : la nature humaine ne comporte pas
ce miracle. »

Encore faut-il ajouter au facteur émotionnel toutes
les conditions de l'état affectif, c'est-à-dire, comme
nous le disions plus haut, les impulsions externes ou
internes, dans un certain rythme. Or, parmi les
derniers, il faut tenir pour considérables les sensations cénesthésiques et les tendances, besoins, instincts, appétits, désirs de chaque sujet.

Dans une certaine mesure l'*inspiration* appartient
à l'imagination créatrice *subconsciente*, émotionnelle,
à laquelle néanmoins l'intelligence du sujet donne
sa marque et sa qualité personnelles. En d'autres
termes, d'après le noyau des réflexes individuels,
chacun diffère dans son imagination affective. On a
ainsi des associations détestables, médiocres ou élevées, sublimes, conformes aux coutumes et aux
instincts du sujet, ou enfin, des associations, inhar-
moniques, affaiblies, débiles, morbides, contraires
aux tendances de l'individu ou de l'espèce.

L'imagination subconsciente (et dans une certaine
mesure, l'inspiration) succédant à un état émotionnel
ou à une désagrégation des centres supérieurs ne
vaut que par la qualité même de ces centres supérieurs, par leur état de plus ou moins grande force,
de plus ou moins grande intégrité. Les somnam-
bules, les médiums, les hypnotisés ne peuvent prendre
que dans leur propre fonds. D'où les inventions pi-
toyables, en général, de ces *sujets*.

Wundt avait déjà fait remarquer, après une
séance de spiritisme à laquelle il avait assisté, combien était pauvre l'imagination des médiums. Jamais
en effet, ils n'ont pu, évoquant couramment les

esprits de Voltaire, Molière, Beaumarchais, Talley-
rand, Jules César ou Bonaparte leur donner des *pensées* conformes à la haute intellectualité de ces grands
hommes.

Et Pierre Janet dit dans une boutade : « Ce serait
vraiment renoncer à une vie future, s'il fallait la
passer avec des individus de ce genre. »

L'imagination subconsciente a une valeur qui dépend *du noyau individuel des réflexes*, qui constitue
l'intellectualité du sujet. Les créations de cette imagination parviennent à la conscience, quand le
pouvoir de régulation est rétabli ; quand l'émotivité,
cause du mal, a disparu ; quand la volonté, le contrôle, la faculté d'arrêt, d'inhibition de chacun interviennent pour rétablir l'équilibre, l'harmonie, etc.

Sans aller jusqu'à faire de l'inspiration et du génie
une névrose, on peut analyser dans l'imagination
créatrice la part du subconscient émotif et du contrôle supérieur, volontaire et conscient.

L'équation du noyau individuel des réflexes de la
personnalité intervient pour une part prépondérante.
Mais la soudaineté et, pour ainsi dire, l'impersonna-
lité de l'inspiration, en font bien un acte subconscient et automatique, d'un ordre intellectuel élevé
par la qualité psychique même du sujet. Elle est
souvent brusque, passionnée, irrésistible, involontaire. Malgré l'avis du professeur Grasset elle est
réellement polygonale. Il est piquant de constater
qu'il restreint lui-même le polygone dont il est l'inventeur. La divergence d'opinion vient de ce qu'on
n'a pas suffisamment fait intervenir la notion du
noyau individuel des réflexes, qui constitue à proprement parler et surtout toute sa valeur *psychique*.

Grasset dit cependant en donnant la prédominance

au centre O : « Les grandes œuvres littéraires, artistiques ou scientifiques sont, en définitive, le produit de *l'activité de l'entier psychisme.* » Mais dans l'inspiration, c'est plutôt le psychisme subconscient qui prédomine, puis intervient le contrôle du psychisme supérieur.

Grasset ajoute encore : « Dans cette collaboration des deux psychismes pour la production des œuvres d'inspiration, la part n'est pas toujours facile à faire entre les deux groupes de centres, et, d'ailleurs, varie beaucoup suivant la nature particulière de *l'inspiré* ».

La nature particulière de l'inspiré, c'est le noyau individuel des réflexes. En d'autres termes, si V. Hugo avait été médium, il eût fait parler Homère en poète : l'artisan du coin ne lui prêtera que des vers de mirliton.

L'importance du mental conscient et volontaire reste toujours primordiale : sa valeur intrinsèque fait les grands génies qui savent harmoniser, régler, diriger l'inspiration, grâce au pouvoir de régulation, d'arrêt, d'inhibition, suprême chez eux. L'inspiration subconsciente donne le souffle, la force, la vigueur, la puissance : la critique consciente redresse les imperfections et les fautes, remet dans le droit chemin, donne la logique et le goût.

C'est justement tout cela qui manque aux débiles, aux psychasthéniques, aux morbides, aux déments.

Avoir le don, le feu sacré, la vocation sont des expressions qui correspondent à des fonctions cérébrales pré-établies, manifestations de tendances, d'instincts, de dispositions organiques, de prédispositions psychiques qui reviennent à la *considération constante* de la nature particulière de l'inspiré. Ils contiennent, pour ainsi dire, l'aveu du *facteur affectif* et du *facteur subconscient* de l'imagination créatrice.

À ces deux facteurs, d'après Ribot, il faut encore ajouter le *facteur intellectuel*, psychique. L'invention, l'imagination créatrice exigent l'hyperattention, c'est-à-dire l'*idée fixe* ou l'*émotion fixe*, c'est-à-dire un *état affectif* de tonalité élevée et persistante. C'est la monopolisation de l'activité neuro-psychique au profit d'une image, d'un concept ou d'un sentiment. C'est la *cristallisation* de Stendhal, la fixation dans une forme et dans une position déterminée : le siège et le sentiment sont faits.

Au point de vue de l'ontogénèse, on sait que l'imagination est déjà très vive chez l'enfant comme en témoigne les jeux, la création de personnages fictifs, le rôle de la mythomanie.

Celle-ci apparaît à l'aurore de la civilisation et la mythophilie crée les religions, les légendes, etc. Les formes supérieures de l'imagination passent dans le domaine religieux, scientifique, artistique.

Ribot reconnaît sept catégories d'imagination :

1º *Plastique :* Images, mythes, formes.

2º *Diffluente :* Association flottante, vague. Rêverie, esprit romanesque, chimérique. Symbolistes. Imagination affective, musiciens, etc.

3º *Mystique:* Religieuse, métaphysique, symbolisme.

4º *Scientifique:* Hypothèse, conjecture, invention, vérification, etc.

5º *Pratique* et *Mécanique :* Création, inspiration.

6º *Commerciale :* Création audacieuse ou circonspecte ; intuition ; invention ; création des grands systèmes financiers.

7º *Utopiste:* Conception idéale ; créateurs de morale sociale (le fouriérisme, etc.) ; idéologues.

En résumé, l'imagination repose sur une base organique profonde, la satisfaction des tendances, l'extériorisation du mouvement, la satisfaction des besoins, des appétits, sur la propriété des reviviscences des traces cérébrales et de la concentration de l'influx nerveux.

L'imagination entre autres instincts repose sur le besoin d'objectiver et de reproduire, dans le milieu ambiant, de créer des fictions d'après des analogies arbitraires.

Elle dépend du nombre des images, de leur intensité, de leur durée et de leur reviviscence, de leur concentration, de leur coordination d'après la qualité du noyau individuel des réflexes.

RAISONNEMENT. --- L'idée, l'image, le concept, c'est-à-dire la connaissance, avec la mémoire, l'attention, l'association des idées et l'imagination sont nécessaires au *raisonnement*.

Raisonner, c'est comparer, juger, identifier. Participant aux fonctions qui sont ses constituantes il peut-être comme elles, dans une certaine mesure, subconscient et presque toujours mental, conscient.

« Les actes intellectuels les plus élevés, d'après Herbert Spencer, sont ceux qui constituent le raisonnement conscient, raisonnement que nous appelons conscient pour le distinguer du raisonnement inconscient ou automatique, qui forme un élément si prépondérant dans la perception ordinaire. » (Résumé de la philosophie d'Herbert Spencer par F. Howard Collins.)

Le raisonnement suppose une continuité d'images, d'idées, de concepts, se coordonnant dans une forme déterminée et reposant sur la connaissance parfaite, c'est-à-dire sur les perceptions et les représentations

très nettes des impressions externes et internes. Les
réactions externes ou internes (psychiques), les jugements qui interviennent, dépendent de la force des
images, de leur *reconnaissance*, de leur identité, de
leurs rapports. L'exercice, l'habitude, l'éducation,
l'instruction frayent des voies conductrices spéciales dont les traces peuvent se raviver aisément.
Ainsi s'établissent les principes communs, les vérités
premières (principes d'identité, principes de raison,
axiomes mathématiques, principes de causalité, principe de substance) puis les notions de temps, d'espace, de finalité.

Le raisonnement permet le choix, la sélection, la
détermination dans les réactions qui se produisent
dans le sens dominant commandé par les tendances
personnelles, le noyau individuel des réflexes.

Il dépend lui aussi du tonus affectif et de l'état
émotionnel qui, en compromettant et en diminuant
l'inhibition, peut déterminer un arrêt brusque, partiel
ou complet des fonctions intellectuelles.

Un défaut d'interprétation, une déviation dans
les principes logiques déterminent l'erreur : elle est
physiologique. Le sujet reste conscient et volontaire.

« Chaque fois, dit Bechterew, qu'on voit un
lièvre, on est frappé par la manière si particulière
dont il se déplace. Il se forme une association entre
le mot lièvre et l'action de sauter. Comme résultat
de cette expérience, lorsqu'on voit dans les champs
quelque chose qui saute : on dit : c'est un lièvre. On
voit que le jugement se réduit à un processus associatif, seulement que l'association n'est pas livrée au
hasard, mais dirigée par l'expérience personnelle de
l'individu. » (P. 271.)

Si l'idée, dans ses associations, ne subit plus le contrôle de la conscience et la régulation due au pouvoir d'inhibition, s'il y a désagrégation psychique, complète et prolongée, le raisonnement est définitivement faussé, c'est le *délire*. Il peut être fonctionnel, passager (infection, intoxication aiguë) ou organique, par lésion anatomique, et définitif.

Tout d'abord la force et l'intégrité du raisonnement dépendent de l'intensité de la fonction de *reconnaissance* qui n'est que la sensation ou le sentiment. Elle exige l'équilibre de la sensibilité, et de la vie affective, auxquelles viennent s'ajouter l'harmonie, l'équilibre des fonctions intellectuelles. Dans les opérations normales de l'esprit le polyidéisme est la règle et le monoidéisme l'exception. Nous avons déjà vu la différence entre l'idée fixe normale ou pathologique. Enfin le raisonnement obéit aux lois générales de la logique.

« On distingue, dit Rabier, es deux pèces de raisonnement, l'*induction* et la *déduction*. L'une du particulier s'élève au général (ce corps est tombé, donc les corps tombent). L'autre du général redescend à des conséquences moins générales ou même particulières (les corps tombent, donc les pierres tombent ou cette pierre tombe). De cette définition même il résulte que la déduction présuppose l'induction. A toute déduction, il faut comme point de départ des vérités générales. »

Toutes les lois générales, les vérités premières, les lois logiques, ne sont que la reviviscence des traces cérébrales de l'expérience antérieure. Elles forment un ensemble d'association inséparable.

Le noyau réflexe intime de l'activité neuro-psychique dépend de la reproduction personnelle de certaines traces cérébrales et surtout de celles dues à l'expérience antérieure. Il dépend également du pouvoir de concentration et d'inhibition. En résumé, juger c'est établir un rapport entre deux images ; *c'est lier deux idées ou images par une copule, le verbe « être »* (Lubac). Et raisonner c'est concevoir un rapport entre deux jugements pour en faire découler une conclusion.

La *reconnaissance* qui localise et oriente une impression dans le temps et l'espace est la base du jugement. Chez l'homme elle peut être d'abord subconsciente, rester localisée aux centres inférieurs, déterminer un automatisme passager et parvenir ensuite aux centres supérieurs. Le fait se confirme dans le sommeil, la distraction, etc.

Donc, toutes les opérations de l'esprit, psychiques ou psycho-mentales peuvent être ramenées aux réflexes combinés à l'automatisme subconscient, aux voies d'association conductrices, frayées par la répétition et l'exercice, à la reviviscence des traces cérébrales antérieures, aux frayages, conscients et volontaires, des voies nouvelles ou des voies anciennes, engorgées par faute d'exercice.

Tous ces réflexes neuro-psychiques peuvent être inhibés automatiquement ou par la volonté consciente. Cette double puissance d'arrêt dépend du noyau individuel et neuro-psychique, des associations et des voies de conductions préétablies (expériences, vérités premières, lois du raisonnement) et du tonus affectif.

L'expérience, l'habitude, l'axiome sont constitués par un acte réflexe qui se répète d'autant plus facilement que le frayage est plus ancien, ayant créé des voies de conduction offrant la *moindre résistance* à l'influx nerveux.

CHAPITRE VI

VIE ACTIVE

Sommaire : L'activité, phase de réaction. — Origines des impulsions. — La décharge. — Importance du tonus affectif. — Le noyau individuel. — Volonté subconsciente. — Tendance et exécution. — Sentiment et volonté. — Son éducation : ses défaillances.

Nous avons passé en revue les diverses modalités des phénomènes psychiques : la perception, c'est-à-dire la sensation et le sentiment, résultat d'impressions ou d'impulsions externes ou internes ; la sensibilité, la vie affective ; la réflexion, c'est-à-dire, l'image, l'idée, résultat de perceptions, avec la conservation et la reproduction des traces par reviviscence ; l'association des idées, l'imagination et le raisonnement. Tout ceci comprend la vie intellectuelle. Perception et réflexion sont des faits d'acquisition et d'élaboration. Nous allons maintenant considérer les phénomènes d'expansion, d'extériorisation de l'acte, les mouvements actifs, la réaction externe ou interne motrice. Déjà nous avons considéré la réaction sthénique ou asthénique d'une intensité exceptionnelle et aboutissant à l'état affectif ou à l'émotion.

Nous n'envisagerons maintenant que le phénomène
d'activité générale, résultant soit d'une tendance instinctive, d'un tonus affectif, ou d'une délibération
intellectuelle consciente et volontaire.

Reprenons le schéma du processus neuro-psychique,
L'activité en représente la troisième phase ou phase
de réaction.

« Les processus neuro-psychiques, dit Bechterew,
supposent l'action du *stimulus externe* sur la surface
de l'organisme, l'excitation correspondante des centres cérébraux, la transmission de celle-ci aux centres
associés et, comme résultat de cette transmission une
réaction centrifuge sous forme de mouvement ou de
toute autre variation organique. La première partie
de ce processus peut être appelée *réceptive*, la seconde
associative, la troisième *réactive*. »

L'activité dépend donc du rythme et de la qualité
de l'impression, ou de l'impulsion externe ou interne
qui est l'origine de tout processus neuro-psychique,
qui affecte toujours la forme de l'acte réflexe. Cette
impression ou impulsion, externe ou interne, est due
à une manifestation dynamique et à une transformation protoplasmique momentanée. L'influx nerveux
est constitué lui-même par des *décharges*, parcourant
les voies de conduction nerveuse et laissant comme
trace de son passage des variations chimio-moléculaires. Nous empruntons encore à Bechterew le développement de cette théorie.

« Pour notre part, dit-il, nous avons essayé dès
1896, d'établir une *théorie des décharges*, où le trans-
port des impulsions nerveuses d'un neurone à l'autre
était expliqué par les différences de la tension éner-
gétique à l'endroit de leur contact. Les recherches
faites dans notre laboratoire, par le procédé de Nissl,

ont révélé des *variations chimio-moléculaires* dans la cellule nerveuse, se manifestant par la diminution de la substance *chromatophile*. Les recherches physiologiques n'ont donné par contre ni variations thermiques, ni variation de structure, ni phénomènes de lassitude, qui auraient dû fatalement se produire sous l'influence de transformations métaboliques. Tout parle donc en faveur d'un processus chimio-moléculaire dans les cellules nerveuses et d'un processus physique dans l'axone, faisant naître des oscillations électro-négatives d'où résulterait une différence de tension avec les dentrites du neurone suivant et l'impulsion à un nouveau processus chimio-moléculaire. »

Chez le fœtus l'activité réactionnelle est due au stimulus des impressions internes ou cénesthésiques qui se transforment en mouvements. Quand l'enfant vient au monde, il possède donc déjà un trésor considérable d'arcs réflexes aboutissant à une *activité rudimentaire*. A celle-ci s'ajoutent insensiblement les impressions externes qui se combinent avec ce rudiment de noyau individuel de la sphère neuro-psychique constituant l'activité instinctive et le tonus neuro-psychique qui produira les *réactions positives ou négatives*.

On voit nettement, dès lors, l'origine de *l'activité neuro-psychique*. Elle dépend de l'énergie nerveuse constituée et maintenue de façon constante par la *nutrition*, c'est-à-dire par le stimulus externe et par la masse considérable des impulsions internes (osmose, capillarité, circulation, mouvements internes, processus chimio-moléculaires, circulation cérébrale, etc.). Enfin les réserves sont assurées par la propriété d'inhibition que possède tout neurone.

14

De telle sorte que la réaction n'est pas toujours égale à l'impulsion : cette réaction peut être nulle, inférieure, égale ou supérieure à l'impulsion, suivant que l'influx nerveux passe sans obstacle, ou bien qu'au stimulus actuel s'ajoute la somme des énergies de réserve.

Voici donc les composantes de l'activité réactionnelle neuro-psychique :

1º Impression externe (stimulus externe);

2º Impressions cellulaires (nutrition, circulation, humeurs);

3º Impressions cénesthésiques (activité des organes internes);

4º Qualité de ces impressions (tonus positif ou négatif);

5º Impressions internes (activité cérébrale antérieure);

6º Association des impressions (noyau individuel, instinct);

7º Reviviscence des traces cérébrales (expérience, mémoire, éducation);

8º Rythme de décharge (inhibition, réaction sthénique ou asthénique, état affectif, tonus positif ou négatif).

Nous comprenons maintenant toute la complexité du phénomène qu'on appelle l'extériorisation de l'acte. Suivons-en minutieusement les différents stades. Supposons tout d'abord la production d'un *stimulus externe*. Les modifications subies par l'organisme dans ses rapports avec le milieu ambiant constituent la perception et la sensation. Ce stimulus eut avoir deux formes, deux qualités. Ou bien il est avorable à la nutrition ou bien il lui est défavorable. Il est positif ou négatif, sthénique ou asthénique. Ce rythme se conservera dans la propagation de l'influx nerveux. Il produira une vibration excitante ou déprimante. Si rien n'entrave ou n'arrête la circulation de ce courant, il parcourra en entier l'arc réflexe et se transformera en une réaction agressive ou en une réaction de défense. La propagation dynamique s'achèvera en un mouvement réel musculaire ou en une sécrétion. C'est le type du processus neuro-psychique le plus simple, du réflexe instinctif ou automatique : nous verrons plus loin comment il peut être modifié.

La réaction externe dépendra de l'état de nutrition constituant l'équilibre humoral ou cellulaire. Une infection, une intoxication, un traumatisme modifient la nature des impulsions du milieu individuel biologique et altèreront d'autant l'activité réactionnelle.

Il en ira de même façon par rapport aux impressions ou impulsions cénesthésiques qu'il s'agisse d'occurrence normale ou morbide. Dans l'une ou l'autre alternative l'orientation ou la nature de l'extériorisation pourra varier considérablement. Le déséquilibre humoral, viscéral ou vaso-moteur, influe d'une manière toute particulière, nous l'avons déjà vu, sur la phase réactive du processus neuro-pathologique.

Nous concevons toute l'importance de la *qualité* des impressions externes qui constitue le tonus positif ou négatif de l'état affectif. Nous avons suffisamment développé cette conception dans le chapitre relatif à la vie affective.

Le tonus positif ou négatif de l'état affectif peut déterminer la production de la faculté d'inhibition, propriété du neurone, que nous connaissons et sur lequel nous allons revenir à l'instant.

Il faut encore envisager les impressions et les impulsions internes d'origine mentale, c'est-à-dire les traces cérébrales antérieures. Celles-ci interviennent puissamment en s'adjoignant aux *stimuli*, dans le but de les combattre ou de les favoriser, de les augmenter ou de les diminuer, grâce à l'accumulation du potentiel nerveux, qui est une propriété du neurone, propriété de conservation de l'influx nerveux. Il se produira donc une excitation, une reviviscence ou une dépression. Comme le dit Betcherew, *ces processus d'excitation, de reviviscence et de dépressions constituent la trame principale de l'activité neuropsychique.*

Dans ces traces cérébrales antérieures nous pouvons faire entrer tout le noyau individuel de la sphère neuro-psychique, la quantité innombrable de réflexes instinctifs, de réflexes dus à la mémoire, aux associations devenues automatiques, aux associations d'habitude, à l'instruction (acquisitions intellectuelles, vérités, vérités premières, axiomes mathématiques ou géométriques, orientations sentimentales, convictions, accoutumances et organisations professionnelles, etc.), à l'expérience, etc.

De plus, dans la sphère neuro-psychique, à un moment donné, sous le coup d'une impulsion de tonalité particulière, déterminant des associations fortuites, il s'établira un *frayage de voies nouvelles*, aboutissant à une réaction originale, inattendue, exceptionnelle, adaptée, personnelle, etc.

« Ce qui fait, dit encore Bechterew, la complexité de la vie psychique, c'est que dans l'écorce cérébrale le frayage des voies nouvelles se fait simultanément avec la consolidation des voies déjà établies et avec l'engorgement de celles où le courant nerveux n'est plus repassé depuis quelque temps. »

En pratique, on comprend la force du misonéisme, de l'habitude, de la routine, de l'exercice, de la passion, du sentiment.

Finalement une excitation très forte *bloque et inhibe* les excitations concomitantes et voisines au profit de la première (attention, concentration, mono-idéisme).

D'autres fois la concentration se fait par résistance des voies non frayées ou engorgées. Elle précède la décharge réactionnelle, la favorise ou *l'inhibe* définitivement.

Dans bien des cas l'extériorisation de l'acte nécessite une volition élémentaire, schématique, rapide, fugace qui se passe de l'impulsion interne dite consciente. La sélection, l'enchaînement, le choix se fait automatiquement, subconsciemment, dans le polygone de Grasset, sans l'intervention de O.

Nous avons tracé cette esquisse imparfaite en nous inspirant de notre modèle *la Psychologie objective* de Bechterew, dont de nombreuses citations jalonnent notre dessin de point de repères, sûrs et précis. Nos lecteurs désireux de pousser plus loin leur curiosité parachèveront leur instruction en étudiant, en son entier, et tout à loisir, le remarquable ouvrage du célèbre neurologiste russe.

Sa *réflexologie* a le mérite exceptionnel de préciser le substratum anatomo-physiologique des *opérations* de l'esprit de l'ancienne psychologie.

Déjà Ribot, dont la conception physiologique de l'émotion et de l'imagination créatrice est aussi juste et féconde que bien médicale et bien clinique, attribuait à la volonté, également, un facteur affectif considérable. Combien d'hommes font du *sentiment* dans leur manière d'agir et de penser! Cette formule empirique, d'énoncé courant et de constatation quotidienne, est en conformité avec l'analyse psychologique. La volonté, en d'autres termes, ne s'affranchit pas toujours aisément du tonus, positif ou négatif, du rythme du stimulus externe, ou du rythme des reviviscences.

Payot écrit aussi avec juste raison : « La volonté est une puissance sentimentale et toute idée pour agir sur elle doit se colorer de passion. Si l'on eût étudié de près le mécanisme de la volonté, on eût compris que les théories métaphysiques importent peu et qu'il n'est pas de sentiment qui, délibérément choisi, ne puisse, par l'emploi intelligent de nos ressources psychologiques, prendre la direction de la vie entière. » (PAYOT, *l'Éducation de la volonté.*)

Schopenhauer avait dit, dans son *Primat de la volonté dans la conscience de soi* (1) : « Vouloir c'est désirer, aspirer, fuir, espérer, craindre, aimer, haïr ; en un mot, c'est tout ce qui constitue directement notre bien ou notre mal, notre plaisir ou notre peine. »

Dans la volition, l'extériorisation de l'acte ne se trouve qu'en germe : après le choix, le jugement *des motifs* ou *des mobiles* (les stimuli ou les voies de conduction), il y a comparaison, appréciation, hiérarchisation, inhibition nulle, partielle ou totale, acte, mouvement, arrêt relatif ou complet. La sélection comporte une *décision*, décharge ou arrêt de mouvement.

---

(1) Lequel, dit Ribot, « est un long plaidoyer » en faveur de la priorité des tendances sur la connaissance.

La *concentration* et *l'inhibition* qui appartiennent
à tous les neurones, mais principalement aux zones
d'association antérieure de Flechsig, de la région préfrontale antérieure, constituent la volition proprement dite, qui prépare, favorise la réaction ou l'anni-
hile, sans laisser perdre le potentiel nerveux qu'elle
conserve et condense pour une action ultérieure.

En dernière analyse, de cette concentration et de
cette inhibition dépend la qualité immédiate du
rythme réactionnel, qui peut être sthénique ou asthénique, agressif, neutre ou défensif, positif ou négatif.
Cela éclaire encore la différence de tonalité, d'essence,
de qualité qui peut exister entre le *stimulus initial* et
la réaction finale qui présentent l'un vis-à-vis de
l'autre le rapport des fléaux d'une balance en équilibre
instable.

Mais ce rythme a pour puissance constante le
noyau individuel. Cependant entre les traces anciennes associées, entre le noyau individuel, entre les
impulsions nouvelles ne s'établit pas toujours une
connexion et un équilibre constant, déterminé, parfait. Il y a parfois contingence plutôt que nécessité,
choix ou hasard, qui explique et légitime, disons-le
en passant, le libre arbitre.

« Il en résulte, dit Bechterew, une certaine sélection qui se manifeste au dehors, comme *attitude ou
conduite de l'individu.* »

On conçoit qu'il y ait conflit entre le tonus, positif
ou négatif, des traces cérébrales ou de leurs reviviscences et le tonus, positif ou négatif, du stimulus
externe. De ce fait, la décharge réactionnelle subira
un temps d'arrêt ou une inhibition complète.

La sélection, l'ordre dans l'enchaînement des réactions, le choix des voies conductrices supposent une

orientation préétablie, ou une action fortuite, immédiate, dépendant elle-même de mille conditions, ou dans certains cas attribuables au hasard brutal.

« On peut se demander, dit Bechterew, pourquoi une nouvelle excitation éveille-t-elle tel ensemble de traces plutôt que tel autre ? Nous répondrons à cela que le courant nerveux *consolide* les voies par lesquelles il passe et facilite la répétition du même trajet. Il se crée ainsi dans l'écorce et ses fibres nerveuses, des *voies de moindre résistance*, en rapport avec le nombre des réactions passées, avec l'intensité des excitations et quelques autres facteurs concomitants. »

Tout ce qui précède a trait et se rapporte à l'extériorisation de l'acte : le dernier paragraphe s'adapte davantage à la volition consciente.

Ribot définit la volonté : « *une réaction individuelle et la volition un simple état de conscience* ». Comme l'a fait remarquer encore Ribot les *idées* ou les *images* ont plus ou moins de *propension à l'acte*. Cette dernière dépend avant tout du tonus positif ou négatif, sthénique ou asthénique de l'état affectif. Les idées *émotives* ou *passionnelles* sont celles qui se transforment le plus aisément en mouvements. Les *idées abstraites*, au contraire, se trouvent à l'autre extrémité et ne provoquent pas de réactions sensibles ou effectives.

Les premières appartiennent à la volonté subconsciente, affective, automatique, polygonale, dans laquelle l'instinct ou le noyau individuel peut toujours exercer la propriété d'arrêt ou d'inhibition. La volonté, ainsi envisagée et considérée, est forte, moyenne ou faible.

Forte elle s'exerce dans le sens de *l'activité* ou de

l'arrêt. Les grands conquérants appartiennent à la
première ; les stoïciens, les calmes, les maîtres d'eux-
mêmes au second. C'est la concentration, ou l'inhibition, qui oriente la neurone, augmentant son potentiel ou le condensant.

La prépondérance, dans l'état affectif, du tonus
négatif, diminue l'activité de la volonté, prédispose
aux manifestations d'arrêt, crée des réactions cénesthésiques émotionnelles qui prédisposent à leur tour
à l'hyperattention, au monoidéisme, à l'obsession, par
idée fixe et inhibition des excitations voisines, enfin à
la paraboulie. C'est la dépression, par défaut de régulation, c'est-à-dire, avec prédominance de l'arrêt.

La prédominance de l'état affectif, positif, ou parfois négatif (inquiétude) augmente l'activité de la
volonté et prépare aux réactions violentes, à l'excitation, à l'agitation, à l'éparpillement des décisions ou
des actes, avec concomitants physiologiques violents.
C'est l'agitation, l'excitation par défaut de régulation,
encore, mais cette fois avec insuffisance, ou suppression complète de l'arrêt.

A l'état normal, la première catégorie de phénomènes constitue les renfermés, les froids ; la seconde,
les expansifs, les « méridionaux », les agités.

L'activité se rattache intimement à la sensation et
à la propriété essentielle, biologique du protoplasma,
la tendance au mouvement. L'activité n'est qu'une
manifestation de cette tendance primordiale. Comme
nous l'avons déjà écrit la sensibilité est la faculté de
tendre.

« Dès que nous concevons, dit Rabier, *deux termes,*
deux états distincts l'un de l'autre, l'un où l'être est
déjà, et l'autre où il n'est pas, et une *tendance* de l'être
à passer du premier au second, nous disons qu'il y a

activité. L'activité ne saurait exister à moins. Une activité sans tendances est une activité sans substance, c'est un néant d'activité. »

Pour cet auteur l'acte de vouloir suppose la *conception* de l'acte, la *délibération, l'exécution.*

La première est le processus neuro-psychique engendré par le stimulus, externe ou interne ; la seconde représente la phase associative ; et, la dernière, la période réactionnelle que nous avons suffisamment analysée précédemment, avec ses stades de sélection, d'arrêt ou de renforcement.

On peut encore considérer, comme l'a fait Payot dans son remarquable ouvrage sur *l'Éducation de la volonté,* la valeur réciproque de l'idée et de l'état affectif par rapport au terme final, l'extériorisation de l'acte. C'est le conflit de trois puissances : la sensibilité, l'intelligence et la volonté. Nous n'employons ces trois *vocables* que pour la commodité schématique de notre analyse. Comme nous l'avons vu au cours de cet *essai,* il n'y a pas de *facultés,* considérées en tant qu'unités distinctes, comme tenait à l'établir l'ancienne psychologie classique, mais des phénomènes ou des catégories de phénomènes se rapportant à la vie affective, à la vie intellectuelle, à la vie active. *L'idée* détermine-t-elle *l'acte* directement ? Telle la question qu'on peut se poser dans le conflit des trois forces que nous venons d'indiquer. Payot répond négativement et montre combien l'idée est peu devant la toute-puissance de l'état affectif.

Ce que la plus grande tension intellectuelle est impuissante à réaliser, un état affectif soudain le provoque avec une force inattendue.

« On vient, dit Payot, de passer plusieurs journées dans une demi-paresse, on lit, mais le livre à faire est là, l'effort rebute, malgré les excellentes raisons qu'on se donne à soi-même : brusquement la poste apporte la nouvelle du succès d'un camarade et nous voilà piqués d'émulation et ce que les plus hautes et les plus solides considérations n'avaient pu produire, une onde émotive le fait incontinent. »

En précisant ainsi la force réactionnelle de l'émotion, Payot ne fait qu'appuyer les théories de Lange, James, Sergi, Ribot, Bechterew que nous avons exposées.

« Réduite, à elles-mêmes, dit-il encore, les idées sont sans force contre les brutalités des penchants. »

Toutefois, il faut comprendre que l'idée à son tour est capable de se ressaisir. Si elle succombe sous le *choc* brutal de *l'émotion*, elle reprend l'autorité et la maîtrise par l'inhibition, ou par de solides associations nouvelles. Et pour qu'elles soient inattaquables, puissantes, il est indispensable qu'elles aient pour bases, à leur tour, un solide fonds affectif. *C'est par le sentiment qu'on lutte contre le sentiment.* L'idée joue un peu le rôle du singe, mais c'est le chat qui toujours tire les marrons du feu. La réflexion, la méditation mentale peuvent lutter contre le tonus affectif, en suscitant des voies nouvelles d'association, engorgeant les anciennes, en les laissant tomber dans l'oubli, en ne favorisant pas leur répétition, automatique et irrésistible souvent, par l'exercice, par l'habitude, mais, au contraire, utilisant l'exercice et l'habitude au frayage nouveau.

« Une sensibilité extrême, avait déjà dit Stuart Mill, est l'instrument et la condition qui permettent d'exercer sur soi-même un puissant empire, mais pour cela elle a besoin d'être cultivée. Quand elle a reçu cette préparation, elle ne forme pas seulement les héros du premier mouvement, mais les héros de la volonté qui se possède. »

Et ainsi la critique psychologique aboutit à l'empirisme, au bon sens qui affirme *qu'il faut cultiver les bons sentiments.*

Payot montre également la rareté de la volonté forte, du *self-government* et la fréquence de la veulerie des humains.

« Nous ne pouvons ni arrêter, ni modérer directement les battements de notre cœur ; nous ne pouvons couper court à un accès de terreur, en empêchant la quasi-paralysie des intestins. Nous ne pouvons, dans des accès de sensualité, entraver l'élaboration du fluide séminal et son accumulation. Nul plus que nous n'est pénétré de cette idée que les hommes maîtres d'eux-mêmes sont rares, que la liberté est une récompense d'efforts prolongés, que peu de gens ont le courage de tenter. Il en résulte que presque tous les hommes sont esclaves de la loi du déterminisme, qu'ils sont menés par leur vanité, leurs penchants irascibles, que, par suite, en grande majorité, ils sont, comme dit Nicole, « des marionnettes », dont il faut avoir pitié. »

Cette déclaration montre notre dépendance vis-à-vis de la sensibilité protoplasmique, humorale et cénesthésique, mais, comme Payot, et avec Bechterew, nous pensons que l'homme est capable de conquérir une liberté relative par l'*éducation*, la création d'une forte trame résistante de réflexes personnels, par la constitution propre d'un noyau individuel de la sphère neuro-psychique.

« Ce qui est d'importance souveraine, ajoute Payot, dans l'œuvre de la conquête de soi, c'est la liaison en solides habitudes des idées et de la conduite, liaison telle que l'idée surgissant en l'esprit, l'acte s'ensuive avec la précision et la vigueur d'un réflexe. »

C'est là un appui apporté à la réflexologie par un psychologue pur de 1900. Les conseils donnés par Payot pour *l'éducation de la volonté* sont aussi précieux pour un psychothérapeute.

Il attache une importance particulière à la méditation, pour ainsi dire, bien conduite, créant des élans vifs ou des répulsions énergiques : il préconise les vigoureux états de conscience « cristallisant » doucement l'orientation nouvelle. De cette réflexion se dégageront les principes directeurs de la conduite, par une tendance forte à l'acte *désiré* et *voulu*. Les actes ont seuls une valeur intrinsèque : il faut s'habituer à les exécuter pour qu'ils laissent une *trace* dont la conservation et la reviviscence deviennent ainsi très aisées. Il est désirable de conserver une santé parfaite par l'hygiène et l'exercice qui est une salutaire extériorisation de l'acte. Mais il faut se garder du sport exagéré, du surmenage, de l'athlétisme. Il faut encore fortifier les manifestations favorables de la vie affective : supprimer ou diminuer la sentimentalité vague et la trop grande sensualité. Il importe de choisir judicieusement l'entourage, les camaraderies, dont les suggestions et les sophismes peuvent être très pernicieux.

En d'autres termes, il *faut cultiver son jardin*, y arracher patiemment les mauvaises herbes et favoriser les pousses fructueuses et salutaires.

La conclusion de l'ouvrage de Payot d'une haute portée est « que nous pouvons réformer notre caractère, que nous pouvons faire nous-mêmes l'éducation de notre propre volonté, qu'avec le temps et la connaissance des lois de notre nature, nous sommes sûrs d'arriver à une haute maîtrise de nous-mêmes ».

Herbert Spencer avait déjà eu une conception conforme à la *réflexologie* en disant que la *volonté n'est qu'une nouvelle face du processus général.*

Et il déclare encore : « De cette loi universelle que, toutes choses égales d'ailleurs, la cohésion des états psychiques est proportionnée à la fréquence avec laquelle ils se sont suivis l'un l'autre dans l'expérience, résulte le corollaire inévitable que toute action quelconque doit être déterminée par ces *connexions psychiques* que l'expérience a engendrées, soit dans la vie de l'individu, soit dans cette vie générale antérieure dont les résultats accumulés se sont organisés dans sa constitution. »

Les connexions, les associations psychiques ont la plus grande utilité dans le processus *neuro-psychique* pour régler les actes de l'individu suivant sa personnalité, ses penchants et ses tendances bien orientés.

Mais l'association, l'attention, l'imagination fausseront bien vite cette orientation, si elles ne sont pas à leur tour inhibées, comme il convient, si le tonus affectif, l'émotivité domine. L'association des idées, l'imagination, en particulier, peuvent exagérer l'idée émotive initiale, en augmentant son importance réelle. Là encore il faut que l'inhibition intervienne sous la forme de régulation, de hiérarchisation des idées.

Si on donne plus d'attention qu'il n'est bon à une émotion ou à un sentiment, si l'imagination déréglée augmente encore la force du choc en ajoutant de nouvelles idées émotives, le champ de la conscience est envahi par le *monoïdéisme*, par *l'émotion prévalente* et la réaction favorable est impossible.

« Notre bonheur, dit Payot, dépend de l'éducation

de la volonté, puisque le bonheur consiste à contraindre les idées et les sentiments agréables à donner tout ce qu'ils peuvent donner de joie et à interdire aux pensées et aux émotions douloureuses l'accès de la conscience, ou du moins à les empêcher de l'invertir. Le bonheur suppose donc qu'on est à un très haut degré maître de l'attention, qui n'est que la volonté à son degré le plus éminent. »

L'obsédable, le neurasthénique, celui qui se laisse envahir par *l'idée fixe parasite*, par *l'émotion fixe anxieuse* est un malade de l'attention et de la volonté, avec un état affectif très élevé, sans régulation suffisante.

L'extériorisation de l'acte peut prendre plusieurs formes, conséquences de la vie de relation : le mouvement est musculaire et se différencie des actes proprement dits : marche, station debout, dépense de force, gestes, mimique, parole, écriture, lecture, etc.

Nous ne reviendrons pas sur ces différents phénomènes neuro-psychiques que nous avons déjà étudiés dans le chapitre consacré à la vie affective ou de relation. Nous les avons alors envisagés comme manifestations extérieures conséquences de réactions externes spéciales, mettant l'individu en rapport avec le milieu extérieur.

Nous avons davantage marqué, dans ce chapitre, leur caractère et leur mécanisme, en montrant comment ils se produisent, s'affaiblissent, se fortifient ou s'annulent et comment, dans leur extériorisation, ils peuvent, grâce au potentiel de réserve, acquérir une force supérieure à celle du *stimulus*, externe ou interne, qui les a provoqués.

Nous verrons dans un chapitre spécial (*Troubles de la vie active*) les manifestations pathologiques de cette phase du processus neuro-psychique : *obsessions* (troubles de volonté, de hiérarchisation surtout et aussi troubles intellectuels, monoidéisme); *impulsions* (tendances irrésistibles à l'accomplissement d'un acte (Régis) ; *la brusquerie ; les agitations ; les manies mentales ; les dépressions ; les affaiblissements ;* les négativismes ; en quelques mots : paraboulie, aboulie, hypoboulie.

CHAPITRE VII

SYNTHÈSE MENTALE : PERSONNALITÉ, CARACTÈRE, CONSCIENCE VOLONTAIRE

SOMMAIRE : Les composantes de la personnalité. — Représentation physio-anatomique. — Opinion de Bechterew. — Les caractères : leurs classifications, d'après Paulhan et Ribot. — Tempérament, constitution, diathèse. — Conscience. — Libre arbitre. — Responsabilité morale et médicale. — Demi-fous et demi-responsables de Grasset.

En suivant le processus neuro-psychique dans son développement progressif du simple au composé, nous avons vu se succéder des phénomènes de plus en plus complexes, se surajoutant les uns aux autres, s'élevant sur un fonds commun, sur une base unique, la sensation, le sentiment, la vie affective ou de relation. Aussi bien dans l'ontogénèse que dans la phylogénèse apparaîtra le réflexe, avec ses deux éléments : sensation et mouvement. L'idée et la volition sont dans une étroite et commune dépendance vis-à-vis de l'état affectif, qui très souvent domine l'orientation des actes. Le schéma le plus commode pour faciliter l'étude du processus neuro-psychique est celui que nous avons établi, l'*arc réflexe*. Il montre

toute l'importance des impulsions internes (cellulaires, humorales, cénesthésiques) et du stimulus
externe sur la constitution de la personnalité.

Taine avait déjà dit « que le moi, la personnalité
morale est un produit dont les sensations sont les
premiers facteurs et ce produit considéré à différents
moments n'est le même, et ne s'apparaît comme le
même, que parce que les sensations constituantes
demeurent toujours les mêmes ; lorsque subitement
ces sentiments deviennent autres, il devient autre et
s'apparaît comme un autre ; il faut qu'elles rede-
viennent les mêmes pour qu'il redevienne le même et
s'apparaisse de nouveau comme le même ».

Pour beaucoup d'auteurs encore, l'homme se compose d'une personnalité mentale et d'une individualité somatique : c'est l'opposition classique du
physique et du moral. Nous l'avons acceptée, pour
la tradition et les commodités du langage dans la
vie pratique, tout en faisant comprendre la fusion
intime des impressions internes et externes dans la
formation de la phase réceptive du processus neuro-
psychique.

La personnalité résulte de cette fusion ; elle repose
sur une entité physiologique : le processus neuro-
psychique, expression essentiellement biologique.
Comme nous l'avons vu également, la personnalité
n'est pas toujours et nécessairement, volontaire et
consciente. Nous ne reviendrons pas sur ce qui a
fait le sujet des développements précédents, au cours
de cette rapide esquisse de psychologie physiologique. Nous avons accepté les théories de Pierre
Janet et de Grasset sur l'automatisme et le subconscient, dont le domaine est plus vaste que tout autre
dans l'organisme humain.

Nous avons également vu que le noyau individuel de la sphère neuro-psychique constitue la véritable personnalité psycho-physiologique.

« La continuité des impressions internes, dit Bechterew, devient la base de la différenciation individuelle des êtres vivants, différenciation qui atteint son point culminant chez l'homme, sous le nom de personnalité. Les traces des impressions internes forment ici un complexus qui détermine tous les actes de l'individu et, avant tout, l'adaptation de son mécanisme sensoriel, c'est-à-dire, le processus de la concentration nerveuse (*attention*, d'après la terminologie subjective). »

La personnalité est ainsi constituée par le tonus neuro-psychique, coefficient de la cénesthésie et de l'ensemble des arcs réflexes, suscités par le *stimulus* externe, consolidés par la répétition et l'exercice.

On comprend aisément, de cette manière, que les anneaux de la chaîne qui unit tous les êtres vivants sont solidement fixés et qu'elle s'étend du protoplasme aux actes psychiques les plus élevés de l'homme.

C'est surtout la reviviscence des traces cérébrales antérieures qui constitue le principal élément constitutif de la personnalité parce que cette reviviscence s'agrège en noyau individuel. « C'est la mémoire, dit Herzen, qui est la pierre angulaire de cet édifice personnel. »

« Chaque fois, dit Bechterew, qu'une impulsion nouvelle entraîne la reviviscence de ces traces, la réaction prend un caractère personnel et volontaire. »

En plus, un régulateur intervient à côté de ce noyau individuel, c'est la puissance d'inhibition centrale. Ainsi, si la personnalité n'acquiert pas une liberté et une spontanéité absolues, elle devient très indépendante du monde extérieur.

Elle forme le concept de l'unité de l'être vivant et pensant. Cette unité, quoique véritable et *sentie* comme telle, est cependant complexe, nous l'avons déjà vu. Il y a une personnalité consciente et une autre subconsciente qui peut se substituer à la première dans certaines désagrégations physiologiques ou pathologiques.

« La conscience du moi est un cas particulier, dit Herzen, de la connaissance en général, et doit, par conséquent être soumise à la même loi, c'est-à-dire elle doit se manifester, ou être absente, selon que les éléments centraux qui concourent à sa production sont en train d'être désintégrés ou ne le sont pas, et elle doit se modifier si le fonctionnement de ces éléments est modifié; la chose est évidente dans le cas extrêmes de maladie mentale ; elle l'est moins par rapport à l'état normal et aux états transitoires constitués par des troubles mentaux légers, passagers, périodiques ou permanents. »

Pour Ribot, la personnalité est constituée par l'action et la réaction qui dépendent des tendances, des besoins, des instincts, des désirs.

« En ce qui concerne, dit Bechterew, l'appréciation générale des phénomènes neuro-psychiques, il faut distinguer deux choses : l'appréciation des processus organiques qui constitue la base physique de la personnalité et l'appréciation des réflexes associés qui est proprement ce qu'on appelle conscience de soi. »

Il faut donc bien faire une différence très nette entre la personnalité et la conscience. « La personnalité consciente, dit Ribot, n'est jamais qu'une faible partie de la personnalité physique. »

Cette dernière est représentée par tout l'organisme,
par le cerveau, par les tendances, les sensations passées, les sentiments antérieurs et tout ce que nous
avons éprouvé et que nous éprouvons à chaque instant : sympathies, antipathies, impulsions, répulsions, défauts, qualités, apathie, énergie. Puis toute
la somme des impressions cellulaires et cénesthésiques.

« La personnalité, dit Régis, est plus que l'ensemble des états de conscience : elle comprend aussi
les états d'inconscience et de sous-conscience. Si
bien qu'en fin de compte, on en arrive à conclure
que la personnalité est l'individu lui-même, dans sa
totalité, dans sa continuité, dans son unité psycho-
organique, tandis que la conscience est simplement
la partie éclairée, à chaque instant changeante, de
cette individualité. » (P. 111.)

Il n'est pas indifférent de rapprocher de cette définition d'un psychiâtre celle d'un psychologue classique.

» Dans l'idée du moi, dit Rabier, entrent d'abord
les idées de certains pouvoirs ou facultés. Quand je
parle de moi-même, j'ai l'idée d'un être *capable* de
sentir, de penser, de vouloir et non pas seulement
capable de penser, de sentir, de vouloir, en général,
mais d'une manière plus déterminée, capable de
voir, d'entendre, de toucher, de goûter, de jouir, de
souffrir, etc. ; ou même avec plus de précision encore,
capable de voir, entendre, juger de telle façon, dans
tel cas donné ; de sentir de telle façon, dans tel cas
donné ; de vouloir de telle façon dans tel cas donné. »

Sentir, penser, vouloir, c'est former une personnalité : préciser les dominantes de ce complexus c'est
en indiquer le *caractère*. C'est ncore, si on le veut

bien, l'orientation prédominante vers une des constituantes. Cette orientation peut être forte, moyenne ou faible, constante ou changeante.

Les éléments de la personnalité, les traits spéciaux du caractère sont d'une complexité sans limites, presque, et dus aux causes les plus variées et les plus multiples.

Il est utile ici, pour les conclusions que nous allons tirer plus loin, de se demander si la constitution, la formation, l'exercice de la personnalité obéissent à des lois *nécessaires*. Y a-t-il déterminisme absolu ou contingence relative.

Il est naturel, avec Boutroux (1) de se poser la question suivante :

« il semble donc qu'il faille renoncer à toute contingence dans l'ordre des phénomènes de l'âme, si l'on admet d'une manière absolue la loi de la conservation de l'énergie psychique, la proportionnalité des sensations, idées, résolutions avec leurs antécédents psychologiques. Mais cette loi est-elle nécessaire? »

Et plus loin Boutroux dit encore :

« Si la production des déterminations volontaires est l'ordre du phénomène psychologique, où se manifeste le mieux la contingence, les autres ordres n'en sont pas complètement dépourvus. Car un sentiment ou une idée, quelle que soit la simplicité et la généralité du rapport qu'on examine, ne trouvent jamais dans leurs antécédents psychologiques leur explication complète. Ils apparaissent toujours comme étant autre chose que ces antécédents, comme renfermant des qualités nouvelles ; et, à ce titre, ils

_____

(1) Boutroux, *De la contingence des lois de la nature*, 1913.

échappent à la loi de la proportionnalité de la cause
et de l'effet. »

La loi de conservation de l'énergie psychique peut
être recevable d'une manière absolue, mais la personnalité varie avec le potentiel nerveux. Le neurone
possède le *pouvoir de réserve*, le pouvoir de condensation par rapport à l'influx nerveux. La décharge
est souvent supérieure ou inférieure au stimulus.
C'est donc la condensation et l'inhibition qui font
croire que les faits psychologiques échappent à la loi
de la proportionnalité de la cause et de l'effet.

L'énergie du potentiel nerveux subit des variations
continuelles, parce que l'organisme humain est, à
la fois, producteur et transformateur de force. Nous
avons dit quelles étaient les sources constantes de
l'influx nerveux (épithéliums, mouvements des viscères, circulation sanguine, échanges cellulaires et
humoraux, nutrition en général) et on comprend
que le rythme du stimulus et le tonus de la réaction
puissent prendre mille formes suivant les phases de
l'association, de la reviviscence, de l'inhibition.
Mais à tous ces phénomènes, dont nous pouvons
ignorer le mécanisme absolu, il ne faut pas refuser
des causes : ils sont parfois *indéterminés*, non *indé-
terminables*.

« La nature même de la réaction, dit Bechterew,
agressive ou défensive, dépend de l'action stimulante
ou inhibitrice produite par la reviviscence des traces
cérébrales, surtout de la sphère organique. *Il en est
de même pour la force qui n'est que rarement en
rapport avec celle de l'excitant.* »

Il faut franchement, en psycho-physiologie, se rattacher à la déclaration de Claude Bernard :

« Notre raison comprend scientifiquement le déterminé et l'indéterminé, mais elle ne saurait admettre l'*indéterminable*, car ce ne serait rien autre chose qu'admettre le merveilleux, l'occulte ou le surnaturel, qui doivent être absolument bannis de toute science expérimentale. De là, il résulte que, quand un fait se présente à nous, il n'acquiert de valeur scientifique que par la connaissance de son déterminisme. »

En matière de fait psychique, pas plus qu'en toute autre espèce, il ne peut être question d'*indéterminisme* absolu.

« La détermination du réflexe, dit Bechterew, par la mise en action de la sphère personnelle est trop sujette aux variations pour qu'on puisse l'assimiler au jeu d'un mécanisme, l'homme se distingue nettement de l'automate en ce que *son mécanisme neuro-psychique est variable*. Il change avec les processus physico-chimiques, de la vie qui n'ont pas lieu dans une machine. »

L'absolue liberté n'existe pas si on considère les facteurs principaux connus du schéma de l'arc réflexe. Mais d'un autre côté, il y a dans le processus neuro-psychique une part de *contingence*, de *hasard* même, qui se rapporte aux propriétés essentielles du phénomène psychique : la reviviscence des traces cérébrales, la condensation, l'inhibition, l'existence du noyau individuel créé par les tendances et l'expérience (exercice, éducation, etc.)

De ces propriétés éminemment instables et variables découlent la contingence relative des actes psychiques.

« Ainsi, dit encore Bechterew, la détermination peut aller jusque dans les détails de l'acte, mais elle peut aussi être très peu précise. Il y a des cas où la reviviscence des traces cérébrales ouvre la voie à deux réflexes différents, et il suffit que le tonus neuro-psychique de l'individu soit peu accentué pour que le choix de l'un ou de l'autre devienne un effet du hasard. Admettons, par exemple qu'il y ait deux manières de faire la même chose. L'hésitation entraînera la reviviscence de deux complexus différents et pour peu qu'on se trouve apathique ou fatigué, la réaction se produira au gré du hasard. »

Maintenant nous pouvons saisir toutes les difficultés pratiques qui assaillent le médecin, quand il doit analyser et fixer les composantes de la personnalité du malade et les traits de son caractère. Toutefois, il est important de connaître les grandes lignes de direction de chaque individu pour mieux comprendre la transformation, les variations de la personnalité et du caractère, dues aux modifications physiologiques ou aux troubles pathologiques.

Il faut que le médecin sache, comme les données empiriques le lui apprennent chaque jour, que *la stabilité est excessivement rare dans le caractère* et qu'elle est peu compatible avec l'essence même de l'activité neuro-psychique et surtout avec le tonus affectif, qui change à chaque instant, dans l'organisme humain, suivant que les impressions internes ou externes sont conformes ou opposées aux tendances, à la nutrition en général, à la sphère individuelle neuro-psychique.

Nous sommes à même de déterminer bien des causes, d'autres nous échappent et constituent le hasard. Mais cela ne veut pas dire que les lois posées par Claude Bernard soient fausses et que *l'indéterminé absolu* existe. Il y a une part de contingence due à la variabilité des phénomènes physico-chimiques, biologiques.

Nous pouvons fort bien concevoir la nécessité absolue de ces lois et admettre la variabilité des arrangements infinis d'un jeu de cartes battues, ou de l'ordre des numéros qui sortent à la roulette. Nous appelons effet du hasard ce qui se produit sans cause *apparente:* c'est un fait *indéterminé,* non *indéterminable.* Les lois nécessaires permettent des combinaisons contingentes. Un sucrier plein de morceaux de sucre tombe d'une table, accroché maladroitement par une personne qui passe : les morceaux de sucre s'éparpillent sur le sol par le fait de la loi nécessaire de la pesanteur, mais l'arrangement des morceaux sur le sol se fait au hasard, non dans un ordre déterminé; il y a essentiellement variabilité, contingence.

« Le monde est une variété infinie de faits, dit Boutroux, et entre ces faits existent des liens nécessaires et immuables. La variété et l'unité, la contingence et la nécessité, le changement et l'immutabilité sont les deux pôles des choses. »

Nous en arrivons à une théorie mixte entre l'absolue liberté et l'absolu déterminisme laissant place à la contingence relative de certains faits psychiques.

Cette contingence relative de certains faits de hasard est conciliable avec le déterminisme des grandes lois naturelles. Cette proposition est surtout vraie pour le caractère. Aussi les classifications tentées ont-elles rencontré des obstacles considérables pour *unifier* une matière essentiellement polymorphe. Il est bon d'envisager pour les commodités cliniques les essais qui ont été faits.

Paulhan a tenté une classification des caractères que nous résumons ci-dessous :

Types produits par la prédominance d'une forme particulière de l'activité mentale.	A) Formes diverses de l'association psychique.	1) Association systématique.	Équilibrés. Unifiés.
		2) Inhibition systématique.	Maîtres de soi. Réfléchis.
		3) Association par contraste.	Inquiets. Nerveux. Contrariants.
		4) Association par contiguïté	Transfert par mémoire.
		5) Activité psychique indépendante.	Impulsifs. Composés. Incohérents. Faibles. Émiettés. Distraits. Légers.
	B) Diverses qualités des tendances psychiques.	1) Ampleur.	Largeur d'idées. Mesquins.
		2) Pureté.	Purs. Tranquilles. Troublés.
		3) Force.	Passionnés. Entreprenants.
		4) Persistance.	Volontaires. Faibles.
		5) Souplesse.	Souples. Doux. Raides. Rudes.
		6) Sensibilité.	Vifs. Impressionnables. Mous. Froids.
Types fournis par la prédominance ou le défaut d'une tendance,	A) T. vitales.	V. organique.	Gloutons. Sobres. Sexuels. Froids.
		V. mentale.	T. sensorielle. T. intellectuelle. T. affective. T virtuosité psychique.
	B) T. sociales.	T. individuelles.	Amour. Amitié. Famille.
		T. collectives.	Philanthropes. Patriotes. Humanitaires.
		T. impersonnelles.	Mondains, Professionnels. Avares. Prodigues. Amour-propre. Vanité. Autoritaires. Soumis. Types divers.
		T. synthétiques.	Heureux. Jouisseurs. Pessimistes. Ascètes.
	Supra-sociales.	Ambition. Gloire. Amour du vrai, etc.	Inspirés. Ambitieux.

Ribot a également essayé de diviser les caractères. Voici ses principales distinctions. Il se base d'abord sur les deux plus habituelles modalités du caractère : le manque d'unité et de stabilité. D'où deux catégories : les *amorphes*, les *instables*.

Puis décomposant la vie psychique en ces deux manifestations fondamentales, *sentir*, *agir*, il classe les *sensitifs* et les *actifs* : les premiers sont inquiets, craintifs, timides, méditatifs, contemplatifs ; les seconds gais, entreprenants, hardis, audacieux, téméraires.

« H. Schneider, dit Ribot, dans un intéressant article de psychologie zoologique, a essayé de montrer que tous les mouvements spéciaux qui se produisent chez les animaux supérieurs ne sont que des différenciations de deux mouvements simples ou primitifs : la *contraction*, l'*expansion*. La tendance à la contraction est la source de toutes les impulsions et réactions, y compris le vol, par lesquelles l'animal agit dans le sens de sa conservation. La tendance à l'expansion se traduit par les impulsions et instincts à forme agressive : se nourrir, combattre, s'emparer d'une femelle, etc. »

C'est encore se rassembler (défensive, garde), ou se détendre (offensive, agression). Le plaisir et la douleur ont des résultats organiques identiques.

Aux deux principaux caractères *sensitifs* et *actifs*, Ribot ajoute les *apathiques*, qui agissent peu, qui sentent peu. L'auteur de *la Psychologie des sentiments* montre encore que les véritables fondements de caractère se trouvent dans les racines profondes de l'organisme : il suit le développement biologique général ; la vie végétative ; la vie animale ; la vie affective ; la vie intellectuelle. Cette dernière est celle qui,

en résumé, a le moins d'action sur sa déterminante générale. Le conscient n'est pas le principal, c'est le subconscient, le cellulaire, l'humoral. Le tempérament,
que nous définirons plus loin, joue également un
rôle important dans la constitution et l'orientation de
la personnalité.

« L'intelligence, conclut Ribot, est la *lumière*, non
la vie : la vie, c'est l'action. »

Voici un résumé de la classification, dit Ribot :

GENRES	ESPÈCES	EXEMPLES TYPIQUES PURS
I. *Sensitifs.*	Humbles.	Hamlet.
	Contemplatifs.	Maine de Biran. Alfieri.
	Émotionnels.	Mozart. Rousseau.
II. *Actifs.*	Actifs médiocres.	Mercenaires.
	— énergiques.	Condottieri : C. Borgia. J. César. Cortez. Pizarre. Napoléon.
III. *Apathiques.*	Apathiques purs.	Débiles.
	Apathiques à intelligence vive.	Calculateurs : Franklin. Louis XI. Philippe II.

Ces différents caractères-types sont variables par la
réunion de une ou deux dominantes : sensitifs-ac-
tifs ; apathiques-actifs ; apathiques-sensitifs, qui
créent des combinaisons nouvelles.

Ribot classe également les caractères morbides sur
lesquels nous reviendrons plus loin.

Le tempérament se différencie du caractère dont
il n'est que l'élément physiologique pur. C'est, dit
G. H. Roger, « l'état dynamique d'un individu par
opposition à la constitution (anatomique, état sta-

tique, cellulaire). C'est encore l'expression de l'activité nutritive ».

Le tempérament est une sorte de synthèse de la nutrition : il en est la formule personnelle, opposée au caractère qui est la formule de l'activité neuro-psychique. Il sert, on le comprend de base organique, à la sensibilité et au caractère : les impressions internes parvenant à l'écorce par la cénesthésie. Le tempérament pourrait se définir le *caractère de la cénesthésie*.

Le tempérament est normal ou morbide (diathèse).

Cette question des tempéraments a aujourd'hui perdu beaucoup de son importance ancienne. Toutefois on distingue pour le tempérament normal :

1° Le sanguin ;
2° Le lymphatique ;
3° Le bilieux ;
4° Le nerveux ;
5° Le musculaire.

Pour le tempérament morbide ou diathèse :

1° La scrofule { Lymphatisme.
{ Terrain tuberculisable.

2° L'arthritisme. { Herpétisme.   { Ralent. de la nutri-
{ Neuro-arthritisme. { tion. Bradytrophie.

Nos lecteurs trouveront de plus longs développements dans tous les traités de Pathologie générale et dans l'ouvrage si intéressant et si utile du docteur H. Roger (*Introduction à l'étude de la médecine*, dernière édition).

Ainsi nous arrivons à la synthèse psycho-physiologique, très légitime, comme le dit Ribot. Cette synthèse est *clinique ;* elle examine le concret, indispensable au médecin pour qui il n'y a pas de maladies, mais des malades. L'individualité, le caractère l'intéressent donc au plus haut point. Il savait que tout homme sent, pense et veut, mais il lui importait aussi de connaître comment chaque homme sent, pense et veut, à quel degré il sent, pense et veut davantage, à quel point chaque sujet est plus sensitif qu'intellectuel ou volontaire, et ainsi de suite. La synthèse marque la valeur relative de chaque organisme dans chaque condition ou qualité envisagée: elle marque aussi comment se réalise l'agrégat psychique volontaire et conscient.

Quand les réactions du processus neuro-psychique seront plus particulièrement commandées, soit par les associations cérébrales, soit par le tonus affectif, soit par la facilité de l'extériorisation de l'acte, le déterminisme des réflexes personnels sera plus précis. Nous aurons les trois grandes classes de caractères: spéculatif ou intellectuel; affectif ou sentimental; actif ou volontaire.

Il nous suffira, arrivé à ce point de notre étude, d'indiquer les états de conscience et de subconscience, sans plus vouloir poursuivre davantage l'essence même de la conscience, recherche qui est plutôt du domaine de la métaphysique: Nous nous contenterons de redire que la conscience n'est pas inséparable du fait psychique et qu'elle peut être envisagée comme une succession extrêmement rapide de réflexes neuro-psychiques dont les traces se maintiennent un temps donné.

« Le moi, dit Ribot, est une coordination. Il oscille entre ces deux points extrêmes où il cesse d'être: l'unité pure ; l'incoordination absolue. Le dernier mot de tout ceci, c'est que le consensus de la

conscience étant subordonné au consensus de l'organisme, le problème de l'unité du moi est, sous sa
forme intime, un problème biologique. A la biologie
d'expliquer, si elle peut, la genèse des organismes et
la solidarité de leurs parties. L'interprétation psychologique ne peut que la suivre.» (*Malad. de la personnalité*, pp. 170-172.)

La conscience se manifeste, subjectivement, par
la connaissance du moi et, comme nous l'avons vu,
ses éléments sont très complexes, puisque nous avons
vu que les sensations constitutives de la personnalité
sont elles-mêmes infiniment complexes : elles ressortissent de la sphère organique, de la sphère individuel neuro-psychique.

La psychologie physiologique contemporaine, surtout la psychologie objective, a démontré que l'on
pouvait se passer de l'introspection pour l'étude
des conditions biologiques des manifestations psychiques.

Nous avons essayé de montrer que la psychologie
physiologique embrasse tous les phénomènes de
l'activité neuro-psychique dont quelques-uns seulement, dans certaines circonstances, sont conscients.

La personnalité, le caractère, la conscience font
connaître la question du libre arbitre et de la responsabilité morale dont il est utile que nous disions
quelques mots. En les envisageant nous ne ferons
que revenir à nouveau sur la liberté ou le déterminisme de nos actes. L'une et l'autre théories ont
constitué depuis des siècles des écoles rivales qui
n'ont pas encore épuisé le thème de leurs luttes
immémoriales. Pour les uns, la volonté consciente
se manifestait comme une énergie s'affranchissant
de toutes les lois de la nature et du monde chimio-

physique; pour les autres, la volonté devait être ramenée à l'expérience scientifique et soumise aux deux principes de causalité et de conservation de l'énergie. Nous avons vu comment il fallait entendre l'opinion moyenne entre ces deux extrêmes.

Au point de vue pratique, nous ne pouvons envisager la possibilité du libre arbitre absolu, mais la *réalité du choix* peut être acceptée, mais subordonnée à la sphère organique et au noyau individuel. La conscience morale, la notion du bien est *acquise :* c'est la constitution des réflexes de la sphère personnelle et de la sphère sociale reposant sur le noyau de la sphère organique.

Ils sont le résultat de l'éducation et de l'expérience et n'ont qu'une valeur relative au milieu.

De cette façon d'envisager la conscience mentale découle le principe de responsabilité sociale qui doit être entier, si on considère que la constitution de la sphère personnelle et sociale doit être adaptée à l'ambiance morale, sous peine de désagrégation de cette dernière. Ainsi la responsabilité dépend d'un déterminisme précis qui laisse une part accidentelle aux contingences biologiques. Elle demeure intacte, socialement parlant, quoique physiologiquement soumise à des variations inattendues, à des atténuations dues aux troubles morbides qui n'atteignent pas la sphère neuro-psycho-mentale. Si cette dernière est atteinte, l'irresponsabilité est complète, puisque la sphère personnelle et sociale, seule capable d'orientation mentale, morale et sociale, est supprimée. Cette sphère a toute puissance, grâce à la reviviscence des traces des associations personnelles, d'inhiber physiologiquement les tendances et les impulsions qui ne sont pas conformes aux dominantes, à la personnalité et au caractère de chaque individu.

Puisqu'on admet le subconscient, il faut admettre le subresponsable, la responsabilité atténuée, le demi-fou, dont l'existence clinique n'est pas douteuse et répond aux différenciations physio-anatomiques du polygone de Grasset.

Le professeur de Montpellier a d'ailleurs montré que le médecin expert pouvait envisager une responsabilité *médicale* dépendant exclusivement de l'intégrité du système nerveux, intégrité consentie et adoptée par toutes les écoles, et envisagée comme indispensable au bon fonctionnement de l'esprit.

Comme nous l'avons dit, il existe une obligation sociale, un devoir social auquel nul n'a le droit de se soustraire, auquel chacun doit être adapté.

Chaque individu *peut et doit s'adapter :* il en a les moyens neuro-psychiques; il a la faculté personnelle de se créer une sphère individuelle et sociale de réflexes. La société lui en facilite (et a le devoir de le faire) les moyens. Il est donc coupable de s'y soustraire et responsable de ce fait, si son activité neuro-psychique lui permettait l'éducation des sphères sociales et personnelles.

L'individu dont l'activité neuro-psychique est normale et qui ne s'adapte pas, doit être considéré comme *responsable*, et des degrés dans cette responsabilité peuvent être acceptés.

« Un spiritualiste et un matérialiste, dit Grasset, un homme religieux et un homme irréligieux, un déterministe ou un partisan du libre arbitre peuvent concevoir différemment le *devoir moral et l'obligation morale devant la conscience*, ils ne peuvent pas envisager différemment le *devoir social et l'obligation sociale devant la loi.* »

La responsabilité, la responsabilité atténuée ou l'irresponsabilité dépendent de l'activité neuro-psychique normale, diminuée ou détruite et de l'intégrité complète ou relative, ou de la désagrégation des neurones supérieurs de l'écorce, en particulier de ceux de la sphère antérieure de Flechsig, de la région préfrontale.

Et Grasset ajoute encore : « Donc tous les médecins, quelles que soient leurs convictions philosophiques ou religieuses, doivent se retrouver sur ce double principe: 1° ils n'ont qu'à apprécier la responsabilité du sujet devant la société ; 2° ils n'ont à apprécier que l'intégrité ou la non-intégrité des centres nerveux et l'influence de cet état du système nerveux sur l'acte matériel du psychisme volitif (acte qu'aucune école philosophique ou religieuse ne peut nier). »

Le professeur Grasset a développé cette théorie dans son livre *les Demi-fous et les Demi-responsables* qui doit être lu par tous ceux que cette question intéresse.

Ce qui revient à dire que la responsabilité dépend de la constitution de la sphère personnelle et sociale qui règle les actions de l'individu conformément aux devoirs sociaux, aux obligations morales. Quand il y a incompatibilité entre l'individu et le milieu, il y a responsabilité parce que avec une intégrité physio-anatomique l'individu est mal adapté, dangereux, antisocial, et doit être mis dans l'impossibilité de nuire.

TROISIÈME PARTIE

CHAPITRE PREMIER

TROUBLES DE LA VIE AFFECTIVE

Sommaire : Troubles de la sensibilité : tonus, cénesthésie. — Perturbation sensitivo-sensorielle. — Troubles de la vue, de l'ouïe, de l'odorat, du goût. — Les hallucinations : sensorielles, cénesthésiques, motrices (orales graphiques), télépathiques, associées. — L'illusion.

Au cours de son existence coutumière, l'homme se trouve le plus souvent dans un état *neutre, médian, moyen*, entre le plaisir et la douleur; il semble que ce soit là l'équilibre, la manifestation la plus normale. Le plaisir ne peut pas être considéré comme une modification morbide, quoique l'euphorie exagérée se présente assez souvent avec les maladies mentales. Au contraire, la douleur est, à proprement parler, souverainement pathologique.

Nous devrons donc étudier, en ce chapitre, tous les troubles de la perception, interne ou externe, qui constituent des altérations neuro-psychiques de la vie

affective. C'est ce que nous allons faire. Notre esquisse sera, à cette occasion, rapide, parce que nous
passerons en revue des symptômes que tous les médecins connaissent fort bien et sont à même d'observer chaque jour, dans leur pratique clinique, hospita-
lière ou civile. Nous nous bornerons à une énumération théorique destinée à montrer la base des phénomènes de sensibilité et leur succession progressive, en
suivant l'ordre adopté pour l'étude de la physiopsychologie.

Nous devons donc considérer, avant tout, les troubles du processus neuro-psychique, sensibilité, motilité, fonctions trophiques et vaso-motrices. La plupart des auteurs réunissent ces différents symptômes
sous le nom de *troubles somatiques* pour les opposer
aux *troubles psycho-mentaux* proprement dits.

Si nous reprenons le schéma, que nous avons
adopté précédemment, que nous reprenons ici, nous
reconnaîtrons les divers éléments de la *sensibilité*.

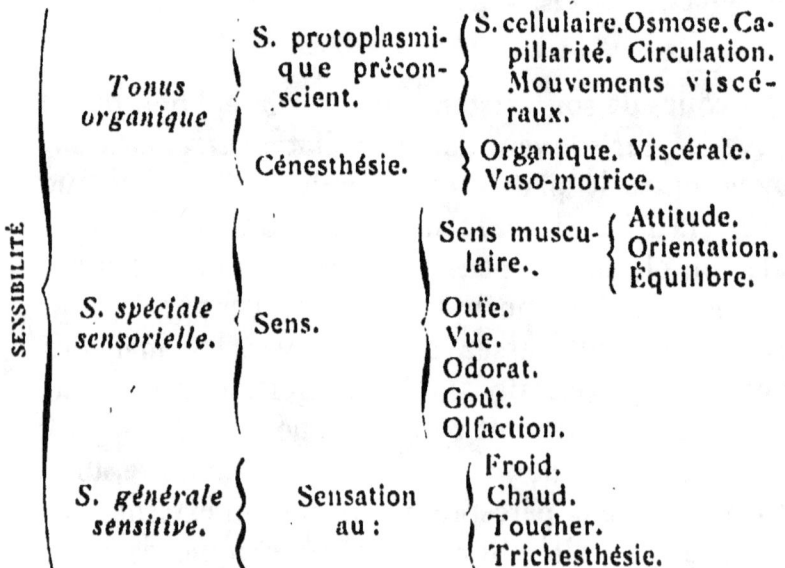

SENSIBILITÉ			
Tonus organique	S. protoplasmique préconscient.	S. cellulaire. Osmose. Capillarité. Circulation. Mouvements viscéraux.	
	Cénesthésie.	Organique. Viscérale. Vaso-motrice.	
S. spéciale sensorielle.	Sens.	Sens musculaire.	Attitude. Orientation. Équilibre.
		Ouïe. Vue. Odorat. Goût. Olfaction.	
S. générale sensitive.	Sensation au :	Froid. Chaud. Toucher. Trichesthésie.	

Tous les symptômes morbides que nous allons passer en revue sont les signes de troubles réels de nutrition d'abord (trouble organique) et ensuite de transmission de ces troubles à l'écorce. Pour nous maintenir toujours dans l'ordre constant de notre description, nous dirons que nous étudions les troubles de la phase réceptive du processus neuro-psychique dont nous avons également, déjà à plusieurs reprises, établi le schéma.

En médecine générale, on désigne sous le nom de troubles trophiques, toutes les modifications pathologiques de la nutrition et du développement protoplasmique et cellulaire, qui aboutissent à des déviations du type biologique normal.

Ils sont de deux ordres : *cellulaires* ou *vaso-moteurs*.

α) *Troubles trophiques cellulaires.* — Altérations du système cutané (vitiligo). Dermatoses diverses (alcoolisme, pellagre) ; escarres ; cicatrisations difficiles ; mal perforant (tabes) ; chute des dents, chute des ongles ; lésions des os, arthropathies, atrophies, dénutrition musculaire (psychoses démentielles, cachexie mélancolique) ; dégénérescence graisseuse, diminution de la fonction lacrymale.

β) *Troubles vaso-moteurs.* — Œdème, cyanose, asphyxies locales, circulation irrégulière (bouffées de chaleur), fourmillements, frissons, rougeurs partielles, dermographisme).

Ces divers troubles modifient déjà la zone organique qui sera profondément altérée par la perturbation pathologique des sensations cénesthésiques.

Nous avons vu quelle était leur importance au point de vue de la constitution de la personnalité et de l'agrégat psychiques, on concevra donc aisément quel retentissement l'altération morbide de la cénesthésie aura sur l'activité neuro-psychique.

Pour la cénesthésie, comme pour toute autre sensibilité, il peut y avoir de l'anesthésie, de la paresthésie, ou de l'hyperesthésie, ou encore de l'analgésie, de la paralgésie, ou de l'hyperalgésie. Pour chaque sujet, le trouble de la sensibilité peut être dû à la suppression de la transmission de la douleur, ou à la suppression de la conscience de la douleur, à leur diminution, ou à leur exaltation. Ainsi naissent nombre d'impressions fausses, point de départ d'idées délirantes, d'autoscopies, hypocondriaques, neurasthéniques, négatives (le malade croit qu'il n'a plus d'estomac ou de cœur, etc.). L'euphorie exagérée a les mêmes origines par hyperesthésie cénesthésique.

C'est encore la cénesthésie qui procure les sensations de faim, soif, etc., qui, perverties, déterminent les anorexies, les boulimies, les polydipsies, les adipsies (polypotes, apotes de Fabre, de Commentry).

Le préconscient protoplasmique, le subconscient cénesthésique en augmentant de puissance deviennent véritablement *conscients*, mais par leur tonus exagéré troublent le *sensorium* et lui font interpréter de façon erronée, la qualité de ces sensations (mouvements viscéraux, douleurs comparées à des animaux qui rongent, à des démons, à des viols, à des grossesses subites, etc.).

Les organes profonds sont aussi sensibles aux pressions et aux chocs externes qui, violents, déterminent des troubles graves. Le sens musculaire peut donner lieu, dans ses perturbations pathologiques, à des désorientations et à des déséquilibres. Quand il y a hyposthénie, hyperesthésie, ou paresthésie, il y a diminution, augmentation ou viciation des sensations qui permettent l'orientation, il y a perte du sens des positions, des attitudes ; il y a également crampes, fatigue ; ou encore paresthésie de l'orientation et de l'équibre.

Les mêmes symptômes morbides se produisent pour l'équilibre par akinésie, hyperkinésie et parakinésie : il en dérive de l'astasie-abasie, des mouvements de propulsion en avant, ou en cercle, des tics, de la paralysie agitante, des contractions ; des troubles de la marche, de la station ; ataxie, chorée, catalepsie.

Nous n'insisterons pas davantage sur les lésions névrotiques, sur les lésions des cordons postérieurs, de la partie supérieure de la moelle et du bulbe, de la région capsulo-thalamique, de l'écorce, du cervelet qui se rencontrent au cours de ces divers troubles : ils sont plus du domaine de la neurologie que de celui de la psychologie-physiologique.

La sensibilité spéciale présente également de nombreuses altérations morbides.

Pour la *vue*, c'est l'hyperesthésie optique (chromopsie, photopsie) ; l'hypoesthésie optique (amblyopie, hémiopie, diplopie) ; l'anesthésie optique (cécité, amaurose) ; la paresthésie optique (daltonisme, nyctalopie, héméralopie).

Sensitivo-moteur, l'appareil de la vue est frappé en ces deux principes dans les troubles pathologiques. Tout d'abord, nous savons que chaque hémisphère reçoit les impressions de la moitié de chaque rétine du même nom que lui, mais dans les milieux réfringents de l'œil il y a entre-croisement des rayons lumineux, de telle sorte qu'on peut dire que « chaque hémisphère cérébral voit et regarde, avec les deux yeux, de côté opposé ». Ce qui entraîne en cas de lésions du centre supérieur cortical l'*hémianopsie homonyne bilatérale*. Ce centre supérieur cortical appartient au polygone de Grasset : sa lésion produit la *cécité corticale* (agnosie primaire centre V). La lésion de la région préfrontale (centre O) déterminerait la *cécité mentale* (agnosie secondaire, asymbolie).

Les nerfs qui commandent les mouvements des yeux sont d'abord entre-croisés à la façon des guides d'un attelage à deux, puis les guides avant d'arriver en main se croisent de nouveau. De ce double entre-croisement des nerfs, il résulte que l'hémisphère gauche commande les mouvements à droite des deux yeux.

Grasset et Landouzy ont formulé la loi suivante : Dans les lésions des hémisphères, s'il y a déviation conjuguée par paralysie, le malade regarde l'hémisphère lésé ; s'il y a déviation par convulsion, il regarde ses membres convulsés.

Les réflexes pupillaires présentent également des altérations : *mydriase* (dilatation de la pupille), *myosis* (resserrement) ; l'inégalité pupillaire ; des déformations (synéchies pupillaires). Les réflexions périphériques ciliaires dépendent du ganglion ciliaire ; réflexes pupillaires non visuels musculaires dus à une lésion de la moelle ; *réflexes visuels*, dus à une lésion de la base.

Quand on accommode près, la pupille se rétrécit ; quand on accommode loin elle s'élargit : tel est le réflexe de l'accommodation. Le centre en est dans l'écorce. D'où ces dilatations émotives, dues à des réflexes neuro-psychiques ou neuro-psycho-mentaux d'origine interne.

Le signe d'Argyl-Robertson comporte la dissociation des réflexes pupillaires : abolition du réflexe lumineux, conservation du réflexe à l'accommodation (pour Babinski, syphilis par méningite basilaire).

Frenkel a signalé la réaction paradoxale de la pupille : le réflexe à l'accommodation est conservé et, à la lumière, la pupille au lieu de se resserrer ou de rester immobile se *dilate*.

Pour l'*ouïe*, on observe l'hyperacousie, l'hypoacousie, la paracousie, exaltation, diminution ou perversion de l'ouïe. Il faut de suite faire remarquer que le nerf auditif (VIII⁰ paire) est formé du nerf vestibulaire (nerf kinesthésique) et du nerf cochléaire (nerf du limaçon ou nerf de l'ouïe). L'entre-croisement des nerfs auditifs est identique à celui des nerfs optiques, d'où la loi : *chaque hémisphère reçoit des impressions auditives des deux oreilles.*

Les différents neurones de relais interposés entre l'appareil auditif et l'ouïe sont, d'après Grasset.

Voies *bulbomésencéphalique*) ;

1⁰ Noyau accessoire et tubercule latéral du ganglion ventral ;

2⁰ Olive supérieure et noyau du corps trapézoïde ;

3⁰ Noyau latéral ;

4⁰ Tubercules quadrijumeaux postérieurs.

Voies *mesencéphalo-corticales* :

1⁰ Corps genouillé interne ;

2⁰ Segment rétrolenticulaire du bras postérieur de la capsule interne ;

3⁰ I⁰ et II⁰ circonvolutions temporales (centre auditif cortical).

L'oreille possède, comme l'œil, un centre d'accommodation auditive, dont le centre est, sans doute, dans la région des quadrijumeaux.

On comprend qu'il puisse y avoir des troubles de l'orientation du son, de son acuité, de la surdité complète. Il peut y avoir des bruits subjectifs (bourdonnements, craquements, bruits musicaux, sifflements, etc.).

Comme pour la vue, il peut se rencontrer de la surdité corticale ou de la surdité mentale.

Les voies auditives ayant des embranchements sur d'autres appareils nerveux voisins, on comprend les troubles des réflexes normaux compromettant l'équilibration, les mouvements des yeux (qui se dirigent vers un bruit entendu), la répétition des mots, des sons entendus, etc., provoquée par un bruit ; le frisson le long de la colonne vertébrale à l'audition de certains motifs musicaux, de certaines symphonies.

Pour le *goût*, mêmes altérations : *hypergueusie, hypogueusie, agueusie, paragueusie.*

On peut suivre les diverses étapes de la sensation gustative centripète.

Le nerf gustatif a deux branches, antérieure et postérieure.

Branche antérieure. — Nerf lingual, corde du tympan :

1° Ganglions géniculés ;
2° Neurones du plancher du 4° ventricule commun.

Branche postérieure. — Nerf glossopharyngien :

1° Ganglions d'Andersch et d'Ehrenritter ;
2° Bulbe entre l'auditif et le pneumogastrique ;
3° Neurone du plancher du 4° ventricule commun.

A partir des neurones communs du plancher du 4° ventricule, le nerf gustatif est constitué en une seule branche : il passe dans le ruban de Reil et s'abouche à l'écorce cérébrale, probablement dans la *partie moyenne de la circonvolution de l'hippocampe*, centre cortical gustatif.

Voici d'après Marchand un tableau des troubles gustatifs :

Troubles gustatifs.	**Troubles objectifs.**	Agueusie.	{ Paragueusie. Monagueusie.
		Hypogueusie.	} Panhypogueusie. Monohypogueusie.
		Hypergueusie.	} Panhypergueusie. Monohypergueusie.
		Paragueusie.	{ Retard de la sensation. Erreur de localisation. Antigueusie. Gustation colorée.
	Troubles subjectifs.	{ Hallucination du goût. Illusion du goût. Perversion du goût.	

Pour *l'olfaction* : *hyperosmie, anosmie, hyposmie,* acuité olfactive augmentée, supprimée ou diminuée ; *parosmie,* perversions de l'olfaction, confusion des odeurs, olfactions colorées, etc.

Il y a aussi des réflexes morbides associés avec le goût, l'ouïe, la sensibilité générale.

Lésion limitée à la substance grise centro-postérieure (cornes postérieures et pourtour du canal central), dissociation complémentaire dite syringomyélique ; thermanesthésie et analgésie avec conservation de la sensibilité tactile.

Réflexes. — Les modifications des réflexes sont en plus ou en moins. On examine surtout les réflexes tendineux. Quand le neurone médullaire qui commande le réflexe rotulien est lésé, ce réflexe est aboli. Si la lésion porte sur un neurone supérieur, le réflexe rotulien est exagéré, parce qu'il ne subit plus *l'inhibition* des centres supérieurs.

Des lésions déterminées topographiquement détruisent les réflexes anaux et vésicaux (incontinence).

Nous n'insisterons pas sur les contractions, les convulsions, les paralysies qui sont davantage du domaine de la neurologie. (Voir la coupe ci-dessous de la moelle).

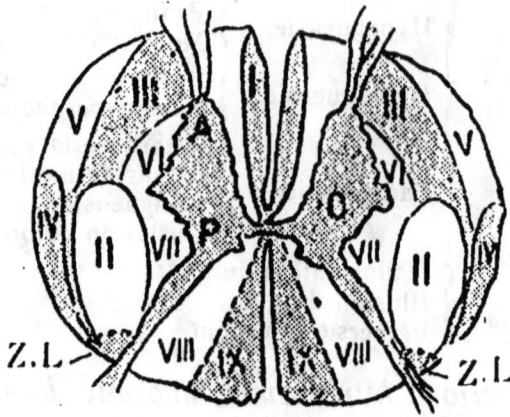

FIG. 16.

A, Corne antérieure; — P, corne postérieure ; — C, colonne de Clarke ; — I, faisceau pyramidal direct (moteur); — II, faisceau pyramidal croisé ; — III, faisceau radiculaire antérieur ; — IV, faisceau cérébelleux direct ; — V, faisceau de Gowers; — VI, partie motrice et vaso-motrice du faisceau mixte ; — VII, partie sensitive du faisceau mixte ; — VIII, faisceau de Burdach avec son tiers externe, bandelette de Charcot et Pierret; — IX, cordon de Goll ; — Z.L zone de Lisauer.

Le nerf olfactif comporte les étapes suivantes :

1° Glomérules et cellules mitrales du bulbe olfactif;

2° Extrémité de la bandelette olfactive.

3° Partie antérieure de l'hippocampe (centre olfactif cortical);

Voici le tableau des anosmies, d'après Collet :

1° Anosmie de cause mécanique par obstacle à l'apport des particules odorantes.

- a) Respiratoire proprement dite par défaut de perméabilité des fosses nasales.
- b) Par direction défectueuse de l'air inspiré.
- c) Par oblitération de la fente olfactive, la perméabilité nasale restant intacte.
- d) Gustation de Zwardemaker, due à un obstacle du côté des choanes, à des végétations adénoïdes du pharynx nasal.

2º Anosmie par lésion de la muqueuse olfactive.

3º Anosmie d'ori-
gine nerveuse.
{ a) Organique (voir le paragraphe c).
{ b) Fonctionnelle, névrotique ou par inhi-
    bition (après opération intra-nasale).

Les troubles de la sensibilité générale ressortissent
de la fonction sensitivo-motrice générale; ils comportent les anesthésies, les modifications des réflexes organiques, les contractions, les convulsions, les paralysies (hémiplégies, paraplégies).

Au point de vue de leur topographie périphérique,
les anesthésies sont *radiculaires* ou *segmentaires*, suivant que la lésion siège avant l'entrée dans la moelle
ou sur un des neurones médullaires ou corticaux.

Au point vue de l'origine, les anesthésies sont *cérébrales* ou bulbo-médullaires.

Il faut se rappeler que l'écorce localise des centres
articulo-moteurs et segmento-sensitifs. « On peut dire,
écrit Grasset, que les centres sensitifs corticaux correspondent, à la périphérie, à des segments de membre ou à des nerfs segmento-sensitifs. De par la clinique et de par la physiologie, les centres corticaux
sensitivo-moteurs ont une distribution segmentaire et
correspondent, non aux nerfs anatomiques, mais à
des nerfs articulo-moteurs et segmento-sensitifs. »

L'anesthésie peut également être *dissociée*: si la
lésion porte en largeur sur les cordons postérieurs,
anesthésie ou hyperesthésie tactile avec conservation de
la sensibilité à la douleur, ou hyperalgésie avec conservation ou exagération de la sensibilité à la température.

Tous les troubles des perceptions que nous venons
d'étudier ont pour siège une ou plusieurs régions tra-

versées par la voie centripéto-sensitive, depuis l'origine jusqu'au centre cortical (psychisme inférieur, centre polygonal). Quand ce trouble de la perception ne dépasse pas le centre cortical, il y a hyper, hypo, an, ou para-esthésie. Si en plus le centre O, psychique supérieur, est malade, il y a *hallucination, illusion.*

« Les hallucinations auditives, dit Grasset, peuvent être produites par des altérations siégeant sur des points très divers de l'appareil nerveux de l'ouïe : nerf auditif, tubercules quadrijumeaux, centre ovale, écorce. Ces lésions produisent des phénomènes d'excitation auditive, développent des sensations anormales, font naître des bruits subjectifs. Pour faire une hallucination avec ces symptômes, il faut une condition de plus, il faut que le centre O du sujet les extériorise, comme pour toutes les hallucinations, leur attribue une origine extérieure et une existence réelle en dehors de lui : il faut que O soit malade. En d'autres termes, l'altération de l'appareil nerveux de l'ouïe ne détermine que la forme auditive de l'hallucination, celle-ci étant déterminée, dans son fond, par l'altération de l'appareil nerveux du psychisme. »

Ball définit l'hallucination, *une perception* sans objet.

Et Régis dit : « Ainsi un individu qui entend des paroles alors que nul bruit n'a frappé son oreille éprouve une hallucination. » On dit aussi que l'hallucination est une idée projetée en dehors, une perception extériorisée.

On les divise, avec Séglas, en :

1° Hallucinations sensorielles ;

2° Hallucinations cénesthésiques ;

3° Hallucinations motrices ;

4° Hallucinations télépathiques ;

5° Hallucinations associées.

A. HALLUCINATIONS SENSORIELLES. — *Ouïe.* — Sons confus, d'abord, articulés ensuite. Tantôt le malade entend des bruits sans caractère, puis des bruits se rapportant à une cause déterminée, puis enfin des voix, des paroles, mots isolés ou phrases complètes.

Ces voix sont reconnues ou différenciées ; elles sont attribuées à des parents, à des amis, à des êtres imaginaires. Elles disent le plus souvent des choses désagréables, des menaces, des injures. Elles sont souvent la suite d'idées de persécution.

L'halluciné perçoit la direction des bruits entendus et n'en met nullement en doute la vérité et l'authenticité. Le délire se charge d'interpréter l'origine supposée des sensations morbides.

Les mots que l'halluciné entend peuvent être de tous genres, appartenir à une ou plusieurs des langues connues du malade, être un néologisme, un barbarisme, un mot forgé de toutes pièces.

Il y a hallucination uni- ou bilatérale.

Les maladies antérieures de l'oreille, la surdité, les bruits subjectifs prédisposent aux hallucinations de l'ouïe.

Pour quelques-uns bien équilibrés, les maladies ne produisent pas de troubles psychiques ; chez d'autres il y a préoccupation, nosophobie, mélancolie, neurasthénie ; chez d'autres enfin, les bruits subjectifs provoquent de véritables hallucinations.

Légères et conscientes d'abord, elles deviennent inconscientes, continues, elles s'imposent de plus en plus et créent un délire véritable, généralement délire de persécution. Il est intéressant de rechercher chez tous ces individus l'étiologie otique du délire.

Toujours, dans ce cas, le malade perçoit, sûrement

d'abord des bruits confus, puis des sons déterminés et enfin des voix, des paroles nettes, des phrases entières de menaces, d'injures, etc.

Vue. — Même division que pour les hallucinations de l'ouïe : simples, différenciées, symboliques.

Les premières consistent en impressions fugitives, vagues, imprécises ; les secondes présentent des caractères plus nets et des contours plus tranchés, des individualités reconnues ; les dernières sont des représentations verbales, livres, manuscrits, journaux, lettres, etc.

Elles présentent la gamme la plus variée au point de vue émotionnel : apparitions extatiques, voluptueuses, pénibles, tragiques, etc.

« Dans certains cas, dit Régis, les images visuelles hallucinatoires peuvent être influencées par l'interposition soit d'un *écran* qui les suppriment, soit d'un *prisme* qui les renverse, soit d'un *miroir* qui les reflète, soit par *l'occlusion* des paupières, leur *réouverture* ou la *pression* d'un des deux globes oculaires qui les fait disparaître, réapparaître ou les dédouble. »

Dans certains cas les hallucinations sont combinées, visuelles et auditives.

Une extatique descend de chemin de fer. A son arrivée dans le village elle aperçoit Jeanne d'Arc qui s'avance vers elle. Elle la voit nettement, elle le dit à toutes les personnes qui l'entourent. Les assistants très émus pressent *l'inspirée* d'interroger la *sainte*. « Que dit-elle ? » dit la foule. Et l'hallucinée rapporte les paroles de Jeanne d'Arc :

« Que la famille X... fasse une neuvaine. Au bout de ce temps, leur petit, un idiot de douze ans, sera un enfant intelligent comme les autres. Dans trois ans,

nous aurons la guerre avec l'Allemagne : la France
sera victorieuse. »

Goût et odorat. — Beaucoup moins fréquentes et
précises que les précédentes, les hallucinations de ce
genre consistent, généralement, en odeurs ou en
saveurs désagréables, repoussantes, fétides. Le malade
les rapporte à une sensation objective ou subjective
qu'il interprète : c'est tantôt l'odeur du cuivre, du
soufre, d'œufs brûlés, de pourri, qui dénote la présence de poison dans les aliments, du démon qui
rôde dans les alentours, etc. Tantôt c'est une impression torturante de la bouche avec saveur métal-
lique ou relent d'ail, de pourriture, attribués au poison
ingéré, à la décomposition des corps. Ces fausses sensations se confondent souvent avec des hallucinations
cénesthésiques et sont dues réellement à un mauvais
état viscéral, à de l'auto-intoxication.

Les malades modifient leur conduite et leur genre
de vie en leur donnant ce fonds de sensations trom-
peuses. Ils n'acceptent plus aucune nourriture de
crainte d'être empoisonnés ; ils repoussent tout voisinage, qui leur semble importun et insupportable
pour eux-mêmes comme pour les autres parce qu'ils
sentent mauvais, parce qu'ils sont en pourriture,
qu'on se moque d'eux, qu'on veut les supprimer.

Toucher. — Les hallucinations du toucher sont
plus rares que les précédentes : elles consistent en
fausses impressions de contact direct, de corps à corps,
ou d'objets imaginaires faussement perçus par le
tégument externe. Puis encore, c'est la différenciation
de la sensibilité générale : des impressions fausses de
froid, de chaleur, de frottement, de choc, de piqûre,
etc., toujours *interprétées* par l'halluciné et rapportées
à des contacts, des parasites, à l'électricité, etc.

B. Hallucinations cénesthésiques. — Nous avons montré précédemment toute l'importance des impressions cénesthésiques dans la constitution fondamentale de la vie affective et aussi dans la formation de la personnalité et du caractère. On comprendra donc aisément les perturbations profondes que les hallucinations cénesthésiques peuvent produire dans la constitution de l'intégrité psychique.

Les unes semblent avoir pour siège les grands viscères : estomac, intestin, cœur, poumon et produisent chez les malades les sensations les plus diverses de douleurs, chocs, broiement, arrachement, changements de forme, de place, obstruction, déchirement, suppression d'un viscère, métabolisme, transformation du corps en pierre, verre, beurre, etc. On les observe surtout dans les délires hypocondriaque métabolique, de négation et dans les transformations de la personnalité (dédoublement).

Dans la sphère génitale, les hallucinations cénesthésiques sont très fréquentes : tantôt elles se produisent par l'intermédiaire de la perception sensorielle (ouïe, odorat, vue, etc.), ou bien elles sont le résultat de sensations génitales directes, voluptueuses, rappelant les actes sexuels divers, le coït et se manifestant principalement au cours du délire onirique.

Sous le nom d'*hallucinations autoscopiques*, on désigne les troubles cénesthésiques au cours desquels le malade se voit lui-même, perçoit l'intérieur de son corps, en distingue les formes anatomiques ou bien saisit tous ces détails comme s'ils lui étaient fournis par une surface réfléchissante.

« Au polygone, désagrégé dans le sommet, dit Grasset, se révèlent parfois, avec une particulière force, certaines sensations cénesthésiques qui donnent au rêve l'apparence divinatoire ou prémonitoire. La chose est plus nette dans l'hypnose (Sollier). Comet et Sollier ont décrit chez certaines hystériques la possibilité de sentir et de se représenter certains de leurs organes (*autoscopie externe*). Dans d'autres cas, le sujet se représente son corps entier et l'objective : il le voit devant lui (*autoscopie externe*). C'est l'hallucination décrite par Alfred de Musset dans la *Nuit de Décembre* et qu'il éprouvait lui-même, comme l'a décrit George Sand dans *Elle et Lui.* »

D'après Sollier, il y aurait quatre formes d'autoscopie externe :

1° *Autoscopie externe spéculaire*, image vue semblable au sujet ;

2° *Autoscopie externe dissemblable*, la silhouette entrevue est différente du sujet dans sa forme externe, mais semblable à lui moralement ;

3° *Autoscopie externe cénesthésique*, l'image est sentie, non vue ;

4° *Autoscopie externe négative*, le sujet ne se voit pas devant un miroir.

3° HALLUCINATIONS MOTRICES. — Elles représentent une perception de mouvements imaginaires du corps, partiels ou généraux, dit Régis.

Pour Séglas, il faudrait les diviser en :

1° Hallucinations *motrices élémentaires* (mouvement indéterminé) ;

2° Hallucinations *motrices différenciées* (saut, marche) ;

3° Hallucinations *motrices verbales* (orales ou graphiques).

A leur tour, ces dernières se diviseraient en :

1° Hallucination *verbale kinesthésique* (sensation des mots prononcés sans articulation) ;

2° Hallucination *verbale motrice vraie* (mouvement d'articulation perceptible par le seul sujet, ou par lui et l'observateur);

3° Hallucination *verbale impulsive* (mots nettement articulés).

Ces diverses hallucinations donnent lieu aux impressions les plus diverses : le patient croit entendre des voix à l'extérieur, il s'imagine qu'un étranger parle par sa bouche, ou bien il localise sa parole dans un organe quelconque, externe ou interne, du corps.

Les hallucinations graphiques peuvent être aussi :

1° Hallucination kinesthésique graphique simple;

2° Hallucination motrice graphique proprement dite;

3° Hallucination graphique impulsive.

4° HALLUCINATIONS TÉLÉPATHIQUES. — Nous ne ferons que mentionner ce genre de troubles signalés pour la première fois, en France, dans l'ouvrage de MM. Gurney, Myers et Podmore (*Phantasms of the Living*), traduit de l'anglais par M. L. Marillier (Alcan, éditeur, 1891). Ce livre fut présenté au public par le professeur Ch. Richet qui lui consacra une préface. « Voici un livre, disait-il, qui ne rentre pas dans les cadres classiques. Tout y est nouveau, le but et la méthode. C'est donc une tentative extrêmement hardie qui mérite la profonde attention du public. »

Ch. Richet définissait ainsi la télépathie :

« A., étant dans l'Inde, voit le 12 janvier, à 8 heures du soir, l'ombre, le fantôme de son frère B., qui est en Angleterre et qu'il a tout lieu de savoir bien portant, et ne courant aucun danger. Or, B. est précisément mort d'accident le 12 janvier, quelques heures auparavant, ce que A. ne peut savoir. Donc l'halluci-

nation de A. est véridique, en rapport avec la mort
de B. qui est réelle. »

Myers, dans son livre *la Personnalité humaine* (1),
sa survivance, ses manifestations supra-normales,
cite plusieurs exemples de télépathie.

« Un soir, entre 11 heures et minuit, alors qu'elle
était tout à fait éveillée, Mme Lucy Dadson s'entendit
appeler trois fois par son nom et vit aussitôt la figure
de sa mère, morte depuis seize ans, portant deux enfants sur les bras qu'elle lui tendit en disant : « Prenez
soin d'eux, car ils viennent de perdre leur mère. » Le
surlendemain, Mme Dadson apprend que sa belle-
sœur était morte des suite de couches, trois semaines
après avoir donné naissance à un enfant qui était son
deuxième. Il est à remarquer que les deux enfants
que Mme Dadson avait vus sur les bras de sa mère,
lui parurent en effet avoir l'âge des deux enfants de sa
belle-sœur, et qu'elle ne savait rien ni de l'accouche-
ment de celle-ci ni de la naissance du dernier enfant. »

Puis un second exemple non moins caractéristique :

« Il s'agit de deux jeunes filles, deux sœurs, qui,
après avoir veillé leur mère qui venait de mourir, se
sont retirées dans leur chambre, pour se reposer des
émotions qu'elles venaient d'éprouver. Il était
10 heures environ du soir. Tout d'un coup, elles
entendent la voix de leur frère qui se trouvait à ce
moment-là dans un endroit distant de 700 kilomètres
du lieu de leur résidence, chanter un duo avec une
voix de soprano, avec l'accompagnement d'un har-
monium. Elles ont pu distinguer nettement non seulement la musique, mais même les paroles du chant.

(1) Alcan, 1905.

Elles apprirent plus tard que ce soir-là, leur frère avait en effet prêté son concours à un concert de société et qu'il avait réellement chanté, avec un soprano, le morceau dont ses sœurs avaient entendu la musique et les paroles. Elles apprirent encore que le télégramme qu'elles avaient envoyé à leur frère pour lui annoncer la mort de leur mère, était arrivé avant le commencement du concert et ne lui avait été remis exprès qu'après qu'il eut fini son morceau. »

5° HALLUCINATIONS ASSOCIÉES. — D'espèces différentes ou semblables, combinées, des divers sens. La réunion la plus fréquente est celle des hallucinations auditives avec les hallucinations motrices. Il y a aussi des *hallucinations associées, coexistantes, antagonistes transposées, extra-campines* (le malade sent courir sur sa peau des rats qu'il croit être dans le mur).

.

L'*illusion* diffère de l'hallucination : « Ce n'est plus comme cette dernière, dit Régis, une perception sans objet, c'est une perception avec objet, mais une perception erronée; c'est la fausse perception d'une sensation réelle. »

Lasègue séparait, par la comparaison, l'une de l'autre : « L'illusion est à l'hallucination ce que la médisance est à la calomnie. L'illusion s'appuie sur la réalité, mais elle la brode; l'hallucination invente de toutes pièces, elle ne dit pas un mot de vrai. »

L'illusion, comme l'hallucination, peut être *sensorielle, cénesthésique* ou *motrice*.

On est d'accord pour lui reconnaître une signification pronostique moins fâcheuse que celle de l'hallucination. Elle se rencontre dans les psychoses d'une curabilité plus fréquente. On observe surtout les *illu-sions de la vue.*

Il est nécessaire de distinguer nettement l'illusion de l'interprétation délirante.

Dans la première, la sensation parvient normale-ment au centre de perception, mais n'est pas *reconnue.* Un individu entend une locomotive siffler et croit que la cloche de l'église tinte. Dans la seconde, la sensation parvient normalement au centre de perception où elle est *reconnue*; puis une association d'idées erronée, fausse, fait tirer des interprétations délirantes du fait physique précis et précisé. Un individu entend une locomotive siffler et immédiatement déduit que le train amène des gendarmes venus pour l'arrêter, parce qu'il est coupable d'un vol imaginaire.

Disons toutefois qu'il est souvent très difficile de noter la transition ou les différences entre l'halluci-nation ou l'illusion cénesthésique, entre cette der-nière et l'interprétation délirante.

CHAPITRE III

TROUBLES DE LA VIE AFFECTIVE (*Suite*).

SOMMAIRE : Troubles du langage. — Aphasies, agraphies et
schéma du polygone. — Localisation. — État émotif morbide.
— Son importance dans les psychonévroses. — Tonus positif
ou négatif. — Émotions, causes et réactions. — Anxiété. —
Obsessions émotives (phobies). — Obsession idéative.

Nous avons considéré jusqu'à présent les troubles
de la sensibilité, c'est-à-dire de la fonction générale
sensitivo-motrice.

Nous allons passer maintenant en revue les modifications pathologiques du langage, de la mimique et
du tonus affectif. Les troubles morbides du tonus
affectif comprennent ceux des émotions, des sentiments, l'anxiété, l'obsession, les phobies.

Nous avons déjà vu que le langage, partie de la vie
de relation, est une fonction sensorio-motrice : elle
comprend :

1° Voies centripètes des impressions de l'ouïe
(parole entendue) ou de la vue (écriture, gestes) ;

2° Centres psychiques (zone d'association), de
reconnaissance (audition) ;

3° Centre psychique d'élaboration (réponse) ;

4° Centres d'activité ou d'extériorisation (paroles, gestes, écriture) ;

5° Voies centrifuges (ou réaction externe). phonation (langue, larynx), mimique (membres supérieurs et tout le corps).

Nous avons également étudié les voies des divers réflexes corticaux qui constituent le langage automatique.

Pour mieux comprendre les troubles complexes du langage, disons que les différents centres de neurones qui président à cette fonction peuvent être réunis en trois groupes :

1er Groupe. — Centres supérieurs psycho-mentaux (centres de réception et d'élaboration) ;

2° Groupe. — Centres automatiques (polygonaux). (écriture dictée, lecture à haute voix. etc.) ;

3e Groupe. — Centres moteurs d'extériorisation : articulation. phonation. écriture, gesticulation.

Dans le premier groupe doivent être rangés les malades qui ne peuvent ou ne veulent pas parler. parce que le réflexe neuro-psycho-mental est troublé. ou parce que l'inhibition volontaire ou subconsciente. empêche la pensée de se former.

Dans le second groupe. les malades qui pensent normalement et correctement. mais ne peuvent pas passer de l'idée au mot. ou du mot entendu ou vu à l'idée : ce sont les aphasies motrices. ou les aphasies sensorielles.

Dans le dernier groupe se trouvent les dysarthriques. ceux qui ne peuvent pas *articuler* ce qu'ils conçoivent.

Ce schéma repose strictement sur les données de la clinique et paraît aujourd'hui rigoureusement démontré. sans préjudices des variations de localisa-

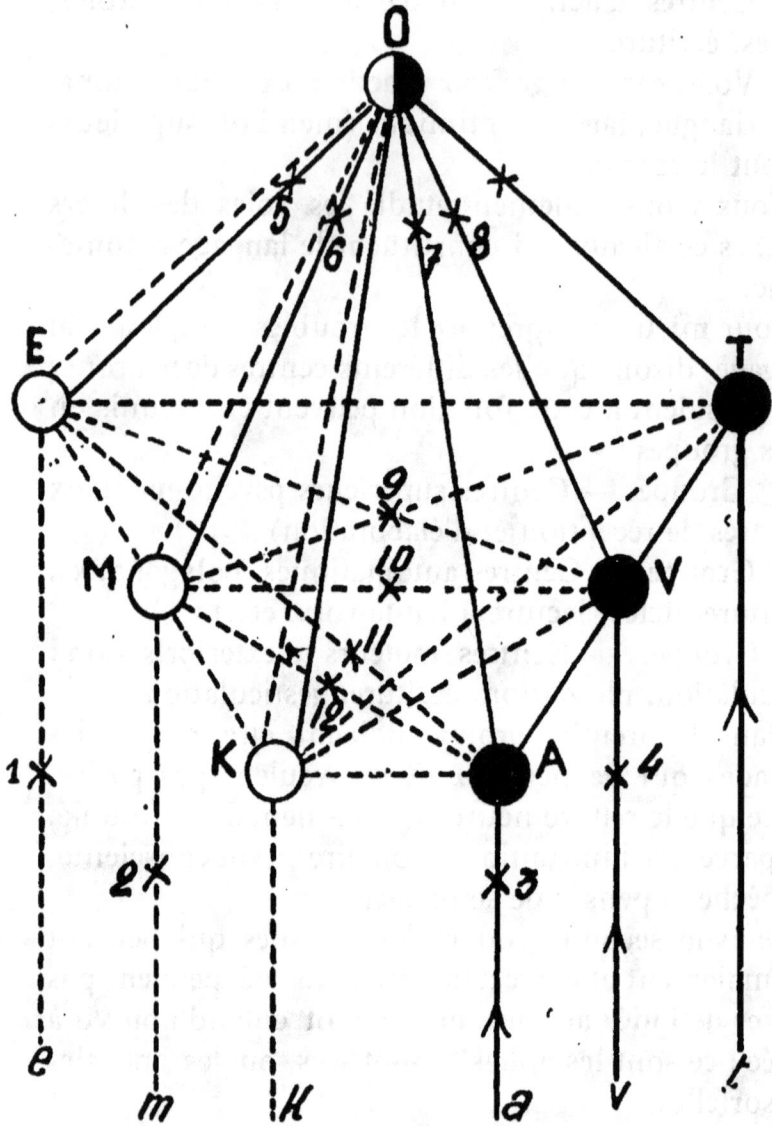

Fig. 17. — Schéma du polygone emprunté
au professeur Grasset.

tion cérébrale, admises ou contestées par les auteurs.

Grasset divise les aphasies en se servant de son polygone en quatre classes :

1° Aphasies polygonales (A. V. E. M.);

2° Aphasies sous-polygonales (1-2-3-4);

3° Aphasies sus-polygonales (5-6-7-8);

4° Aphasies transpolygonales (9-10-11-12).

Quand on examine un aphasique, on doit donner une réponse aux huit questions que nous avons déjà posées dans le chapitre v, 1re Partie.

Le schéma polygonal, établi par Grasset, facilite les descriptions.

Aphasies polygonales (les plus importantes).

Aphasie motrice. — Centre M. Pied de la 3e C. frontale gauche (circonvolution de Broca).

Agraphie. — Centre E. Pied de la 2e C. frontale gauche.

Cécité verbale. — Centre V. Lobule pariétal supérieurs. Pli courbe gauche (Déjerine, page 270).

Surdité verbale. — Centre A. 1re et 2e temporales gauche. (Voir la figure, d'après Déjerine.)

APHASIES SOUS-POLYGONALES. — Dues aux lésions des conducteurs sous-jacents. Le malade conserve la mémoire des images motrices mais ne possède plus de voies d'extériorisation sauf par MKka (Voir polygone).

APHASIES SUS-POLYGONALES (5-6-7-8).

Suppression des fonctions idéomotrices. Aphasie idéo-motrice. Suppression du langage volontaire OM. Suppression de l'écriture volontaire OEe.

APHASIES TRANSPOLYGONALES (9-10-11-12). — Lésions existant sur les voies d'association transpolygonales.

Aphasies visuelles. — Impossibilité de la lecture à haute voix (interruption sur vVM-m), impossibilité de la copie d'un texte lu (vVEe est interrompu).

Aphasies associatives. — Impossibilité de la répétition des mots entendus (interruption de aA Mm) ou de l'écriture à la dictée (aAEe est interrompu).

On désigne sous le nom de paraphasie, d'après Kussmaull, « un trouble de la parole dans lequel les idées ne répondent plus à leurs images vocales, si bien qu'au lieu de mots conformes au sens surgissent des mots d'un sens contraire complètement étranger ou incompréhensible ».

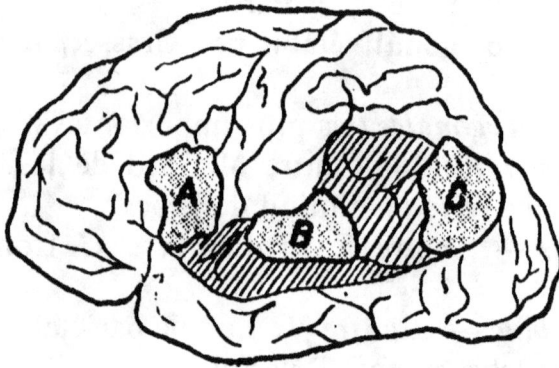

FIG. 18.
Centres du langage (d'après Déjerine).
A. — Circonvolution de Broca (images motrices d'articulation).
B. —   —   Wernicke (images auditives des mots).
C. — Centres des images visuelles des mots.

« C'est, dit Grasset, l'ataxie du langage, comme l'aphasie en est la paralysie. »

Les troubles peuvent être complexes et porter sur le centre supérieur de l'idéation (O) ou provenir des lésions des voies de conduite interneurotique.

Dysarthries. — Elles peuvent dépendre d'une lésion siégeant dans un des centres de la région péri-rolandique (voir la fig. 19) ou dans la région bulbaire (noyaux des nerfs de la langue, des lèvres et du larynx).

De haut en bas, il peut y avoir lésion des centres

corticaux, des voies intracapsulaires, des centres céré
belleux, de la protubérance ou du bulbe.

Telle est résumée, d'après Grasset, et en suivant
son schéma du polygone, la théorie classique des
troubles du langage.

Séglas en avait donné également une classification.

I. — TROUBLES DU LANGAGE PARLÉ.

1° *Dyslogies* (troubles intellectuels par *excès d'élo-
cution*, volubilité, etc. ; *incohérence* ; *néologismes,
modification de la diction expressive* ; *monologue* ;
modification du style et de la syntaxe ; *syndrome de
Ganser* (répondre à côté).

2° *Dysphasies*. — Les aphasies que nous avons
déjà étudiées.

3° *Dyslalies* (embarras de la parole). — Les dysarthries que nous avons vues également.

II. — TROUBLES DU LANGAGE ÉCRIT.

1° *Dyslogies graphiques* (organique ou psycho-
pathique.

2° *Dysgraphies* (graphomanie, graphorrhée, mu-
tisme graphique.

3° *Troubles de l'écriture proprement dite* (écriture dans les paralysies, paralysies générales, etc.

L'ensemble de la doctrine classique a été récemment attaqué par Pierre Marie, qui, révoquant en
doute la réalité de la localisation de Broca, admet,
néanmoins, le territoire de Wernicke. Cependant
beaucoup de classiques ont fourni des statistiques qui
démontrent que dans 5o à 6o p. 100 des cas d'apha-
sie-motrice, il y avait des lésions de la circonvolution

de Broca. Déjerine s'est prononcé encore récemment
en faveur de cette localisation classique.

Pierre Marie s'est attaché à montrer l'importance
dominante de la fonction psychique dans l'aphasie :
aphasie psycho-sensorielle, aphasie psycho-motrice.
Il a insisté également sur la solidarité étroite qui
existe entre les différents centres du langage.

« Tout récemment, dit Bechterew, Pierre Marie a

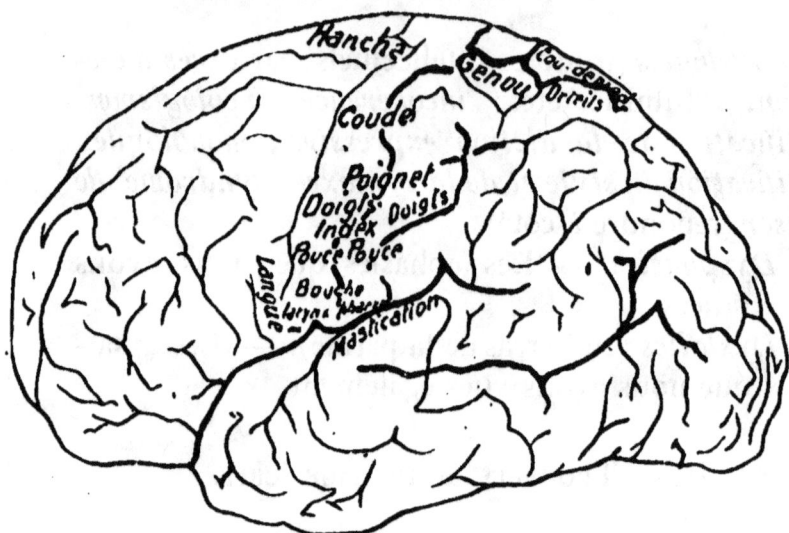

FIG. 19. — Localisations sensitivo-motrices sur l'écorce
(d'après Déjerine).

émis un doute sur l'exactitude de cette dernière localisation (circonvolution de Broca), mais les cas qui
confirment l'existence du centre moteur dans la circonvolution de Broca sont si nombreux qu'il n'y a
pas lieu, jusqu'à présent, de chercher ailleurs. »

Bechterew, rappelons-le, admet les centres corticaux suivants de la fonction du langage :

1° Un centre verbal, partie postérieure de la 1re circonvolution temporale, hémisphère gauche, en con-

nexion avec le centre auditif (lésion : surdité verbale) ;

2° Un centre moteur, 3ᵉ circonvolution frontale gauche (circonvolution de Broca en connexions avec le centre guttural, partie inférieure de la circonvolution antéro-centrale (lésion : aphasie motrice) ;

3° Centre visuel du langage, région occipitale en connexion avec le centre visuel (cécité verbale) ;

4° Un centre de l'émotion, partie postérieure ou pédoncule de la 2ᵉ circonvolution frontale, en complément du centre brachial, milieu de la circonvolution antéro-centrale (lésion : agraphie).

∴

Les troubles de l'affectivité proprement dite sont extrêmement fréquents au cours des psychoses. Ils peuvent intéresser l'état sthénique ou asthénique, en exagérant l'un ou l'autre (joie morbide, excitation, dépression, mélancolie) ou le tonus affectif (sentiments divers : égoïsme, orgueil, méchanceté, fourberie, mensonge, amoralité, révolte, haine, vengeance, générosité, prodigalité, découragement, impuissance, humilité, contrition).

· Quand les troubles portent sur le tonus affectif, ils présentent un *état émotif morbide* (joie, extase, colère, tristesse, crainte, terreur, anxiété).

· L'importance de cet état émotif morbide est de tout premier ordre dans l'étiologie et la pathogénie des psychonévroses.

Quand une émotion pénible frappe un individu bien équilibré, normal, la *tristesse* est momentanée. L'inhibition se produit, la raison intervient pour harmoniser les divers éléments de la vie affective. L'impression pénible, triste, douloureuse n'envahit

pas exclusivement le *champ* de la conscience, la
scène psychique. L'image émotive ne s'installe pas
importune, impérieuse, tyrannique. Au contraire,
chez le faible, le prédisposé, chez le sujet dont l'inhibition ne fonctionne pas convenablement, la raison,
le jugement, la volonté se laissent dominer et troubler par l'état affectif. La peine est exagérée, grossie ;
la réaction ne se fait pas. L'individu ne se ressaisit
pas. L'inquiétude, la préoccupation sont nées. La volonté flanche.

« Une même excitation, disent Déjerine et Gauck-
ler(1), ne produit pas toujours la même impression,
et la réaction varie comme l'impression elle-même.
Cela tient tout d'abord à un facteur mental, intellectuel
Dans l'impression il y a une part de jugement. Et de
ce fait même l'impression est faussée, chez le neurasthénique. Chez lui nous l'avons vu, il y a perte plus
ou moins marquée de la faculté de proportion. De
telle sorte qu'une impression pourra être altérée par
excès ou par défaut (p. 279). »

Les deux auteurs ont, dans leur récent très remarquable ouvrage, donné à l'émotion et à l'émotivité
un rôle prépondérant dans la genèse des psychonévroses.

« D'une façon générale, disent-ils, *l'émotion est une
réaction de la personnalité*. Elle est dite *sthénique*
quand l'excitation émotive agit dans le sens du développement de la personnalité. Elle est dite *déprimante*
quand cette excitation au contraire exerce sur la personnalité une action d'arrêt ou de réduction. »

Nous avons étudié le mécanisme normal du tonus

(1) DÉJERINE et GAUCKLER, *les Manifestations fonctionnelles
des psychonévroses*, 1911, Paris.

affectif et de l'émotion, dans le chapitre qui leur est consacré et nous avons vu comment les réactions externes ou internes répondent à des impressions, externes ou internes (psycho-mentales, souvenirs émotifs) et se produisent avec une intensité telle que l'intelligence, ou la volonté sont incapables de les maîtriser.

L'impression externe peut être très violente, c'est *l'émotion-choc* de Déjerine et Gauckler. L'impression interne, l'émotion intérieure dépend des émotions antérieures et se trouve être fonction du noyau neuro-psychique individuel.

L'élévation exagérée du tonus affectif produit l'émotion et cette émotion se manifeste par un état de concentration persistante qui constitue l'hyper-attention morbide, le monoidéisme, la préoccupation. « Dans la genèse des psychonévroses, disent encore Déjerine et Gauckler, *l'émotion facteur de préoccupations joue un rôle capital.* »

Nous avons vu quelles étaient les origines organiques profondes de l'émotion. Suivant que l'impulsion externe ou interne présente un rythme favorable ou défavorable à l'organisme, favorable ou défavorable à la satisfaction des tendances, des appétits, des besoins, il se produit un tonus sthénique ou asthénique qui crée l'état affectif.

« On peut dire, écrivent aussi Déjerine et Gauckler, que l'émotion est à peu près tout le domaine de la vie. Rappelons-nous que parmi les émotions, il en est qui s'adaptent à nos tendances intimes et qu'il en est d'autres qui les heurtent plus ou moins brutalement. Ce sont ces dernières qui, facteurs de préoccupation et de suggestibilité, dominent la pathogénie des psychonévroses (p. 324). »

La répétition ou le renouvellement, la reproduction d'émotions pénibles, violentes, usent ou détruisent la force, la faculté, la capacité réactionnelle : l'équilibre neuro-psycho-mental est détruit. Encore faut-il presque toujours un terrain préparé, une orientation spéciale du processus neuro-psychique, un noyau individuel à réflexes personnels, justement créé par le tonus affectif qui a des causes externes ou internes (impulsion asthénique,) interne ou externe (mentale, cénesthésique, infection auto-intoxication).

Pour tous ceux qui, comme nous, adoptent les théories de Bechterew sur l'origine des états affectifs, l'émotion qui en dérive, qui n'est qu'une intensité particulière de l'état affectif, *l'émotion*, disons-nous, est *absolument organique*.

En faire un phénomène *moral* en l'opposant au *physique* est physiologiquement une erreur, puisque l'émotion n'est qu'une modalité de rythme du processus neuro-psychique. Cette opposition, une fois bien établi le schéma de l'arc réflexe du processus neuro-psychique (essentiellement physiologique par conséquent), ne peut être maintenue, nous le répétons encore et à dessein, que pour la commodité du langage.

Nous avons vu d'autre part que l'état affectif peut présenter quatre formes :

α) *agréable* (plaisir, joie) ;

β) *pénible* (tristesse, chagrin, douleur) ;

γ) *d'émoi*, de peur, sans motif, sans raisons (phobie)

δ) *excitable*, irritabilité (psycho-névroses).

Le tonus est conservé grâce à l'association des traces cérébrales : et un état affectif spécial peut-être créé par la conservation et la reviviscence de ces mêmes traces cérébrales.

Nous répéterons donc ce que nous avons déjà dit :

« L'idée émotive peut prendre avec l'association des images, ou des concepts, une intensité particulière si l'inhibition n'intervient pas à temps et dans la mesure d'une régulation harmonique. On sait que chez les individus dont l'imagination intervient outre mesure dans l'association des idées émotives, sans que le pouvoir d'arrêt, de hiérarchisation, d'*inhibition* intervienne, il s'établit une sorte d'*hyperesthésie affective* émotionnelle avec tendance à la concentration réflexe qui peut produire l'hyperattention, le monoidéisme, l'idée obsédante et les phobies. »

Aux impressions asthéniques externes ou internes répondent, après la phase associative, des réactions faibles ou fortes, externes ou internes (cénesthésiques) qui constituent l'émotion déprimante. Dans la phase associative du processus neuro-psychique peuvent, nous l'avons vu, se produire des modifications en plus ou en moins dans le rythme de l'impression primitive. Justement dans cette phase associative interviennent alors la reviviscence des traces cérébrales antérieures (mémoire affective), l'imagination créatrice (essentiellement affective), la concentration, le monoidéisme (préoccupation). Les dispositions prises, les orientations subies dans les voies de conduction, dépendent du frayage et surtout du noyau individuel de l'activité psychique, du noyau individuel des réflexes personnels. Ce noyau individuel, exagèrement affectif, constitue l'émotivité. Cette émotivité ne peut être combattue que par l'inhibition, par la volonté constante, déterminant par impulsion interne nouvelle, un rythme nouveau, une réaction plus conforme aux tendances de l'organisme.

Les émotifs sont donc des individus à *affectivité forte*, préoccupés, obsédés, parabouliques par défaut d'inhibition, la volonté consciente se manifestant par arrêt ou extériorisation de mouvements, par réaction supprimée ou facilitée (voyez le rôle des états affectifs dans la Volonté, Chap. vi, IIe Part.).

L'émotif est encore, d'après Déjerine et Gauckler, un sujet dépourvu de *systématisation raisonnée* (p. 227) :

« Il possède toujours l'instrument (la volonté), mais il ne sait pas s'en servir, parce que par définition, eu égard aux troubles intellectuels et moraux qu'il présente, son activité — expression pratique de l'usage de la volonté — devient inégale et diffuse. On dit d'un homme sain « qu'il a de la volonté », quand on le voit employer une énergie plus ou moins considérable à l'atteinte d'un but déterminé et quand il concentre toute son activité dans la voie qu'il s'est fixée. « Il n'y a pas de volonté, là où il n'y a pas de systématisation raisonnée. C'est de cette systématisation raisonnée que le neurasthénique est incapable parce qu'il a perdu le sens de la proportion des choses (p. 277). »

La psychonévrose, à bien des point de vue, est une *maladie de la volonté*. Non par *diminution* mais par troubles : c'est de la *paraboulie*. Le parabolique est un agité qui ne sait pas se déterminer raisonnablement, qui n'a pas de volition adéquate, adaptée. Pour reprendre notre type fondamental du schéma de l'arc réflexe du processus neuro-psychique, nous ajouterons que la *systématisation raisonnée* dont parlent Déjerine et Gauckler correspond à la sphère des réflexes personnels.

« La continuité des impressions internes, dit Bechterew, devient la base de la différenciation individuelle des êtres vivants, différenciation qui atteint son point culminant chez l'homme sous le nom de *personna-*

lité. Les traces des impressions internes forment ici un complexus qui détermine tous les actes de l'individu, et, avant tout l'adaptation de son mécanisme sensoriel, c'est-à-dire le processus de la concentration nerveuse (*attention*, dans la terminologie subjective). »

On ne saurait donc trop insister sur la valeur des *impressions internes* (cénesthésiques), sur la constitution de la *personnalité* et sur l'armature solide de cette personnalité fondée sur la constitution de la *sphère du noyau individuel.* D'autre part nous savons que ces mêmes impressions internes cénesthésiques, dès la vie fœtale, constituent le tonus neuro-psychique. Il est facile d'en déduire que c'est d'elles aussi que dépend *l'état affectif,* fort, faible ou moyen, et consécutivement l'état émotif.

Notons, en plus, que les réserves d'influx nerveux des neurones sont dues au *processus d'inhibition* qui condense le potentiel nerveux. Le défaut d'inhibition prive les neurones d'une énergie précieuse indispensable à la *systématisation raisonnée*, indispensable au maintien de *l'armature* de la sphère du noyau individuel.

Le trouble, chez l'émotif, se place dans la phase d'association de l'arc réflexe : il y a coordination défectueuse, ataxie psychique.

Par suite, par manque d'inhibition, la décharge réflexe est exagérée dans son déclanchement nécessaire, impérieux, irrésistible. La production de ce déclanchement réflexe constitue les réactions externes ou internes du processus neuro-psychique et forme, pour certains auteurs, les concomitants physiologiques de l'émotion : troubles de l'appareil digestif, anorexie, dyspepsie, obsessions et phobies gastriques, pseudo-gastrites ; de l'appareil urinaire : rein mobile,

modification de la sécrétion urinaire, troubles de la
miction; de l'appareil génital : frigidité, etc. ; de l'appareil cardiaque : cardialgies, troubles vaso-moteurs;
sur l'appareil cutané : érythrophobie, rougeur, hyperhy-
droses, etc. ; sur l'appareil neuro-musculaire : fatigue,
fatigabilité, épuisement, troubles de la stabulation
et de l'orientation; troubles de la sensibilité : anesthésies, hyperesthésies ; troubles psychiques : céphalée,
insomnie ; troubles des réflexes, du langage, phobies, etc.

Pour terminer et achever la description de l'émotion morbide et de l'émotivité reprenons un exemple.

Des impressions internes psychiques (souvenir,
association, idée, images nouvelles personnelles,
reviviscence des traces cérébrales) ou des impressions internes cénesthésiques, suivant qu'elles seront
conformes ou opposées aux *tendances* (physiologiques,
psychiques, mentales), aux besoins, désirs de l'individu, produiront un tonus sthénique ou asthénique,
avec état affectif spécial (émotion). Suivant la complexité et la force de la phase associative et du pouvoir d'inhibition, les réactions internes ou externes
se produiront : ce sont là les concomitants physiologiques de l'émotion. Quant à l'émotion, elle dépend
du rythme de l'impression, de l'impulsion externe
créant *organiquement* le tonus neuro-psychique, positif ou négatif, l'état affectif agréable ou pénible;
dont l'intensité constitue justement l'émotion.

L'émotion est donc bien constituée par un *état organique spécial* (rythme + ou — [conforme ou opposé aux tendances]; état sthénique ou asthénique,
tonus neuro-psychique + ou —, état affectif + ou —
(émotion + ou -).

PHASE D'ASSOCIATION

PHASE DE RÉCEPTION

PHASE DE RÉACTION
ou concomitants physiologiques
de l'émotion

Impressions ou impulsions
internes ou externes :
psychiques
ou cénesthésiques à rythme
+ ou —

Émotion positive ou négative
+ ou —

Reviviscence des traces cérébrales
—
Sphère du noyau individuel
—
Concentration
Inhibition
Tonus + ou —
État affectif + ou —

Réaction
interne-cénesthésique
ou
externe.

kinésique
sécrétoire

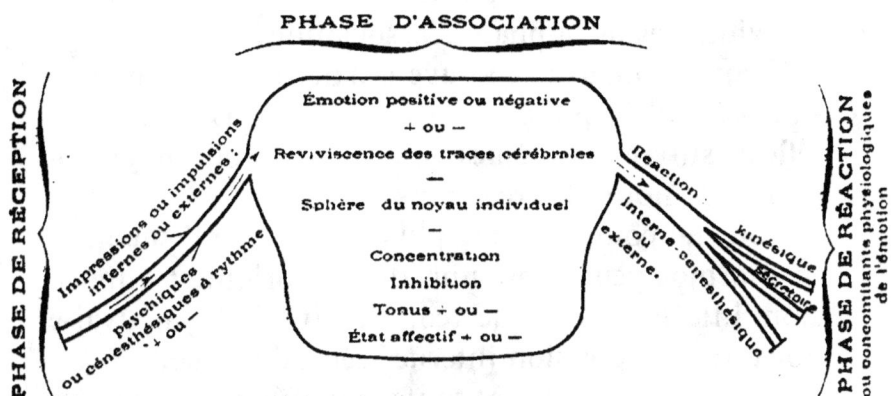

Fig. 20. — Schéma du processus neuro-psychique :
(arc réflexe) émotion, ses causes et ses réactions.

Quand une personne reçoit une mauvaise nouvelle, celle-ci n'a de valeur que par rapport *à la sphère du noyau individuel*, que par rapport à l'émotivité de l'individu. La mauvaise nouvelle crée *l'impression interne psychique* qui suivra la voie de l'arc réflexe, que nous venons de décrire à l'instant : l'émotion, fait organique (ischémie cérébrale, trouble de nutrition cérébrale, troubles vaso-moteurs) s'établira et les *réactions* concomitants physiologiques de l'émotion internes ou externes, kinésiques, sécrétoires ou cénesthésiques, se produiront ou ne se produiront pas suivant les déterminantes habituelles et individuelles de la phase d'association.

Ce que la mauvaise nouvelle a déterminé, l'impression cénesthésique peut le créer également et l'arc réfléxe suivre les mêmes voies, pour produire l'émotion et de nouvelles réactions.

Nous ne pouvons donc plus douter que l'état émotif morbide peut avoir une double origine : impression interne psychique (consécutive à la mauvaise nouvelle), impression interne, cénesthésique.

Ainsi se comprennent toutes les afflictions morales et toutes les dépressions somatiques (ces dernières consécutives aux troubles cénesthésiques, fonctionnels ou anatomiques, circulatoires, humoraux ou de nutrition).

Chez un prédisposé, chez un individu à affectivité forte (émotivité) la répétition des impressions internes psychiques dues à la mauvaise nouvelle, ou à la reviviscence (souvenir d'une peine déjà subie), si elles sont déprimantes, créent un tonus neuro-psychique positif ou négatif qui peut *influencer* la sphère du noyau individuel. Si, dans la phase associative, l'impression interne psychique déprimante est *grossie* par un jugement défectueux, amplifiée par des associations pénibles, *dénaturées*, au point de vue de leur qualité, par une imagination mal réglée, mal systématisée, provoquant, à titre de réaction, par faute d'inhibition, des troubles fonctionnels concomitants durables, cela constitue une psychonévrose d'origine essentiellement émotive, créant l'état de préoccupation obsédable.

Ainsi la cause est, dans ce cas, essentiellement neuro-psychique (morale pour Déjerine et Gauckler) et crée la psychonévrose, par répétition et diminution de la résistance individuelle (défaut d'inhibition, de hiérarchisation, paraboulie) : l'émotivité est constituée. Sa trame est essentiellement organique, due aux origines organiques de l'émotion. Cette *émotivité constituée* est à proprement parler une hyperesthésie neuro-psychique à déclanchement impérieux de décharges réflexes.

L'étiologie de la psychonévrose émotive se confond avec la répétition fréquente des impressions psychiques internes déprimantes (mauvaise nouvelle, souvenir d'un peine ancienne) créant toujours l'émotivité surtout chez les prédisposés. Cette idiosyncrasie, naturellement, comme l'émotion elle-même, ne peut être qu'organique. On a trop souvent confondu, disons-le en passant, les deux mots *impression* et *émotion*.

L'impression, c'est la mauvaise nouvelle, le souvenir de l'affliction antérieure ;

L'émotion, c'est l'intensité de l'état affectif produit par le mécanisme que nous avons déjà suffisamment étudié.

La mauvaise nouvelle violente, c'est *l'impression-choc*.

Si cette impression-choc, impression psychique

interne, déclanche l'arc réflexe avec une tonalité et un rythme spéciaux, l'impression interne cénesthésique peut agir de la même façon.

Ainsi se comprend la psychonévrose émotive d'origine viscérale ou infectieuse. L'infection ou l'auto-intoxication modifie l'état organique, prédispose au tonus neuro-psychique négatif et permet aux impressions internes, psycho-mentales ou cénesthésiques, déprimantes de se produire. La cénesthésie, nous l'avons répété mainte fois est la base physiologique de toute notre vie affective. L'intoxication exagérée peut agir dans le même sens.

L'étiologie véritable des psychonévroses est donc tantôt psycho-mentale (impression interne produite par l'impression-choc, mauvaise nouvelle, ou souvenir, reviviscence des traces cérébrales à tonus positif ou négatif, mémoire affective), tantôt cénesthésique (tonus organique, protoplasmique, humoral, infectieux, intoxication endo- ou exogène, trouble de nutrition, tonus neuro-psychique, etc.). Elle crée l'état émotif *trouble subjectif*, organique (de la phase d'association de l'arc réflexe) qui produit les réactions internes ou externes (concomitants physiologiques de l'état émotif).

C'est la théorie étiologique des psychonévroses qui découle de l'exposé psycho-physiologique de la genèse de l'émotion que nous avons longuement exposée. Elle concilie les deux thèses extrêmes ou exclusives de l'origine morale ou organique (somatique pure) des psychonévroses.

Pour faire une psychonévrose il faut absolument la *création d'un état émotif avec facteur de préoccupation obsédable*. Nous avons vu sa double origine organique ou psycho-mentale.

Le mérite de MM. Déjerine et Gauckler est d'avoir bien déterminé l'importance primordiale de cette émotivité dans les psychonévroses et d'avoir séparé nettement les psychonévroses, et notamment la neurasthénie, des psychasthénies et des asthénies vulgaires, par infections, dénutrition, infection dans laquelle n'entre pas *l'émotion facteur de préoccupation, l'émotivité obsédable.*

Ils ont insisté *en montrant ce qui n'est pas de la neurasthénie* (p. 348).

N'est pas neurasthénique le fatigué, l'asthénique physique ou intellectuel, par suite de surmenage (soldat ou sportsman *claqué*).

Mais fatigue, épuisement, surmenage peuvent engendrer la neurasthénie s'il s'y ajoute un élément de préoccupation anxieuse, d'émotion (crainte d'être refusé à un examen, à un concours, de manquer un match ou un championnat).

Les « organiques » ne peuvent pas devenir des neurasthéniques sans état émotionnel.

L'hypocondriaque non plus n'est pas un neurasthénique. « Il est effectif, disent Déjerine et Gauckler, que sous l'influence des émotions, des épreuves de la vie, les états hypocondriaques puissent s'exagérer. Mais ils s'exagèrent d'ensemble. Quant à la préoccupation hypocondriaque elle-même, localisée, elle constitue originellement une conception purement intellectuelle à propos de laquelle, mais *secondairement*, le malade peut bien faire de l'émotion, mais qui n'est pas d'origine émotive. Chez le neurasthénique c'est l'inverse qui se passe. La localisation est toujours de cause émotive et si des interprétations intellectuelles peuvent suivre, ce sont *elles* et non pas les phénomènes émotifs qui sont secondaires (p. 350). »

Enfin les deux mêmes auteurs ont marqué la différence entre l'obsession proprement dite d'origine
intellectuelle, et la préoccupation (obsession émotive,
phobie), phénomène d'origine émotive : la seconde
existe seule chez le neurasthénique qui n'est jamais
un obsédé intellectuel, mental, plutôt un obsédable,
capable de phobies diverses, capable de perdre la
maîtrise de soi par préoccupation morbide, hyperattention, paraboulie, monoidéisme (persistance de l'idée
émotive dans la conscience, anxiété).

Nous avons vu que l'émotivité prédispose à la préoccupation, au monoidéisme, à l'anxiété, à l'obsession. Nous savons déjà ce que sont la préoccupation
(concentration) et le monoidéisme ou hyperattention.
Voyons maintenant ce qu'on doit entendre par
anxiété, angoisse, obsession.

L'anxiété est un état émotif accompagné d'inquiétude extrême (phénomène psychique), accompagné
d'angoisse, complexus physique (phénomènes concomitants de l'émotion). Le docteur Lalanne a consacré, à ce sujet, un ouvrage important auquel je ren-
voie mes lecteurs. (Bordeaux, 1903.)

L'anxiété fait partie du syndrome important connu
sous le nom d'*obsession.*

« L'obsession, dit Régis, est un syndrome caractérisé par l'apparition involontaire et anxieuse dans
la conscience de sentiments ou de pensées parasites
qui tendent à s'imposer au moi, évoluent à côté de
lui malgré ses efforts pour les repousser et créent
ainsi une variété de dissociation psychique dont le
dernier terme est le dédoublement conscient de la
personnalité. »

« L'obsession, disent Déjerine et Gauckler, est-elle
autre chose que l'apparition involontaire et irrésis-

tible dans le domaine de la conscience des phénomènes de l'automatisme psychologique. Tout individu qui n'est pas « maître de soi » est un phobique,
un obsédé virtuel » (p. 272).

Il faut faire remarquer que cette invasion soudaine
de la conscience par les phénomènes d'automatisme
psychique est toujours de nature affective. En effet
les mêmes auteurs disent plus loin :

« On sait que les psychiâtres ont longuement dis-
cuté sur l'origine intellectuelle ou sur l'origine émotive des obsessions. Il nous paraît tout à fait légitime
de distinguer l'obsession : phénomène intellectuel,
de la préoccupation : phénomène d'origine émotive »
(p. 357).

La plupart des auteurs pensent que l'obsession est
foncièrement d'origine *émotive* ; cependant on en reconnaît généralement deux genres distincts :

1° L'obsession émotive :

2° L'obsession intellectuelle.

I. — L'OBSESSION ÉMOTIVE comprend toutes les manifestations d'anxiété, de crainte, de peur, désignées
communément sous le nom de *phobies* : c'est l'*obses-
sion-crainte* (Régis).

Les phobies, à leur tour se divisent en :

α) Phobies diffuses ou panophobies ;

β) Phobies systématisées ou monophobies.

Il faut tout d'abord considérer qu'il y a une peur
physiologique et une peur morbide, la phobie.

« Etablir, dit Ribot, une séparation entre les
formes normales et morbides de la peur est une
tâche qui, de prime abord, peut paraître assez difficile. Cependant nous avons un critérium qui peut
nous guider. Est pathologique toute forme de la peur
qui au lieu d'être utile devient nuisible, qui cesse

d'être un moyen de protection pour devenir une cause de destruction. Précédemment (Ire partie, chap. IV) nous avons indiqué les marques qui permettent de distinguer le sain du maladif ; je les rappelle encore une fois. L'émotion morbide présente un ou plusieurs des caractères suivants : elle est en disproportion (apparente) avec sa cause ; elle est chronique ; ses concomitants physiques ont une intensité extraordinaire. » (RIBOT, *Psych. des sentiments*, p. 220.)

α) La phobie diffuse ou panophobie est un état vague de peur, sans raison et sans motif, de tout et de rien.

Elle serait souvent le premier stade de la phobie systématisée ou *monophobie*.

Ces dernières peuvent être constitutionnelles ou accidentelles. Régis les divise en cinq groupes :

1° Crainte des objets inanimés, des actes (métallophobies, bélénophobies (crainte des épingles), rupophobie (crainte de la saleté), mysophobies (crainte des poussières), toxicophobie (crainte des poisons), aichmophobie (crainte des objets pointus), hématophobie (crainte du sang). Phobie professionnelle : trac des artistes, trac des coiffeurs, etc. ;

2° Crainte des êtres vivants, zoophobie (crainte des animaux), cynophobie (crainte des chiens), galéphobie (crainte des chats) ochlophobie (crainte des foules), anthropophobie, gynécophobie ;

3° Crainte des espaces, agoraphobie, claustrophobie ;

4° Crainte des phénomènes météorologiques ;

5° Crainte des maladies (nosophobies de tous genres).

Le docteur Gélineau, sous le nom de pseudophobies, a classé des phénomènes morbides qui se rattachent plutôt au dégoût qu'à la peur : dégoût des contacts, horreur du sang, d'animaux non nuisibles, aversions plus ou moins bizarres ou justifiées.

II. — L'Obsession intellectuelle, idéative. Au trouble émotif simple, aboutissant à la phobie, s'ajoute en plus un trouble intellectuel, conscient, involontaire, parasite, automatique, discordant, irrésistible. « Ce n'est souvent, dit Régis, qu'une phobie ayant perdu son caractère de simple trouble émotif pour prendre, par le fait même de son évolution, celui de trouble à la fois émotif et intellectuel. »

Nous avons vu, au cours de l'étude de l'activité psychique générale, que l'hyperattention aboutit au monoidéisme.

« Dans l'état d'obsession, monoidéisme absolu, dit Ribot (*Imagination créatrice*), l'idée fixe défie toute concurrence et règne en despote. Beaucoup d'inventeurs ont subi douloureusement cette tyrannie et lutté vainement pour la briser. L'idée fixe, obsédante, ne se laisse pas déloger, sinon en passant, et avec beaucoup de peine ; encore n'est ce qu'en apparence ; car elle persiste dans la vie inconsciente (1) où elle a jeté de profondes racines. »

Le monoidéisme constitue l'*idée fixe* : celle-ci est de deux espèces :

x) *Idée fixe physiologique* (patriotisme, religiosité, plan de vie, travail, inventions, etc.) ; elle est consciente, acceptée, non douloureuse.

β) *Idée fixe pathologique :*

1º Idée fixe inconsciente (délire), invraisemblable ;

2º Idée fixe consciente, émotive, incohérente, parasite, involontaire (obsession idéative), vraisemblable mais exagérée.

(1) Subconsciente, automatique, polygonale.

Nous reviendrons plus loin sur les deux premières ;
la dernière seule nous occupe pour l'instant.

L'obsession idéative comprend plusieurs groupes :

1º Obsession du doute (syndromes : folie du doute,
du toucher), doute anxieux ;

2º Obsession du scrupule (syndrome : maladie du
scrupule) ;

3º Obsession du mot, du chiffre, du langage ;

4º Obsession des sentiments et affection (jalousie,
amour, etc.).

5º Obsession nosophobique (obsession gastrique, de
la miction, etc.).

Classification plus faite pour la facilité de l'étude
que pour la réalité symptomatique, certaines obsessions participant à deux ou plusieurs groupes.

Nous verrons plus loin que l'obsession est aussi un
trouble de la volonté et de la personnalité.

CHAPITRE III

TROUBLES DE LA VIE INTELLECTUELLE

SOMMAIRE : Idées morbides conscientes ou inconscientes. — Leur classification, d'après Séglas et Régis. — Les délires : leur classification. — Perturbations de la mémoire. — Troubles de l'attention : monoidéisme pathologique. — L'association déréglée. — Troubles de l'imagination.

L'idée (l'image, le concept) est physiologique quand elle est conforme aux tendances générales, à l'expérience, à la personnalité, à la nutrition, au milieu, aux perceptions normales de l'individu. Quand elle constitue l'agrégat psychique. Son trouble passager, sa désintégration partielle constitue l'erreur qui est un *faux rapport* entre deux idées physiologiques. Une perturbation plus profonde constitue l'*idée morbide* fausse en elle-même, incohérente, absurde, incoordonnée, consciente ou inconsciente.

D'après ce que nous avons vu précédemment le fait psychique est le résultat de l'activité neuro-psychique, cette dernière, suivant son siège anatomique, est subconsciente ou consciente. La manifestation subconsciente peut toujours devenir *consciente* dans le cas d'exagération ou de trouble : c'est ce qui se produit pour certaines idées morbides dues aux lésions ou aux troubles des neurones inférieurs, qui sont perçues comme telles par les zones anatomique de la région préfrontale, siège du conscient, du mental.

Le trouble pathologique peut porter sur l'un ou l'autre de ces deux importantes catégories. L'idée morbide ne sera *inconsciente* que si la perturbation porte sur l'élément psychique supérieur, sur le mental.

D'où deux ordres d'idées morbides :

1° Idées morbides conscientes ;

2° Idées morbides inconscientes.

Nous devons faire remarquer avec Régis que la différence entre l'erreur et l'idée morbide est très difficile à préciser. Cependant on peut dire que l'erreur fait partie du noyau individuel des réflexes, qu'elle est un trouble *fonctionnel, physiologique* du processus neuro-psychique, sans modification de l'agrégat psychique, tandis que l'idée morbide est un trouble pathologique, de désagrégation de cette même sphère du noyau individuel, modifiant l'état affectif, la mémoire, l'association, la concentration, l'inhibition et aboutissant à des réactions inaccoutumées, opposées aux *tendances* de l'individu, nuisibles à son développement et à sa nutrition. (Voir chap. IV, IIᵉ Part. *Vie intellectuelle*. Attention.)

« La vérité est, dit Régis, qu'il n'y a pas à proprement parler entre les deux de différences essentielles, et que l'idée délirante se sépare surtout de l'erreur par ses causes et ses conséquences, qui lui donnent un caractère pathologique que n'a jamais l'autre. »

Je préfère, pour ma part, l'expression d'idée morbide à celle d'idée délirante. Le délire est constitué par un ensemble homogène d'idées morbides.

L'idée morbide est légère, fugace, isolée. Le délire

au contraire se systématise davantage : c'est déjà un trouble de l'association.

L'idée morbide peut être, nous l'avons déjà vu, le résultat du monoidéisme absolu et aboutir à l'obsession, être l'*idée fixe*.

Si elle est consciente, parasite douloureuse, c'est l'obsession ; si elle est incohérente, inconsciente, c'est la *cristallisation* morbide des déments, imbéciles, idiots, psychasthéniques (par défaut d'association normale).

« On a dit, écrit Ribot : l'idée fixe physiologique (normale) est voulue, parfois cherchée, en tout cas acceptée, elle ne rompt pas l'unité du moi. Elle ne s'impose pas fatalement à la conscience ; l'individu en connaît la valeur, sait où elle le conduit et adopte sa conduite à ses exigences. Exemple : Christophe Colomb.

« L'idée fixe pathologique est parasite, automatique, discordante, irrésistible. L'obsession n'est qu'un état particulier de la désagrégation psychique, une sorte de dédoublement de la conscience. L'obsédé est un possédé dont le moi est confisqué au profit de l'idée fixe et qui subit avec douleur sa situation. » (*Imag. créatrice*, p. 73.)

Et Ribot conclut en disant que le véritable critérium différentiel entre l'idée fixe physiologique et l'idée fixe pathologique est le point de vue objectif.

« Il faut juger l'idée fixe non en elle-même, mais par ses effets... Elle vaut ce que valent ses fruits. »

L'idée est morbide parce qu'elle est contraire à la réalité ou à l'ordre naturel des choses, contradictoire aux principes essentiels de la raison, elle est fausse objectivement, de façon intrinsèque ; elle est encore morbide, parce qu'elle n'a rien d'incompatible avec ce que nous venons de dire, mais parce qu'elle n'est plus en rapport avec la qualité et la manière d'être de l'individu, elle est fausse subjectivement, de façon extrinsèque.

Les principaux caractères de l'idée morbide sont :

α) Sa tendance à envahir la personnalité quand elle est consciente (idée fixe obsédante, parasite).

β) Son incohérence, son absurdité, son incoordination quand elle est inconsciente.

γ) La disproportion entre les causes et les effets (concomitants physiologiques exagérés).

Nous répéterons à propos de l'idée morbide ce que Ribot dit de l'émotion morbide.

« Elle présente un ou plusieurs des caractères suivants : elle est en disproportion (apparente) avec sa cause; elle est chronique; ses concomitants physiques ont une intensité extraordinaire. »

Le trouble neuro-psychique s'accuse dans des réactions anormales, par rapport au milieu, par rapport à l'individu. Étant donné que l'agrégat psychique dépend de faits dérivés de l'activité neuro-psychique, étant donné que l'idée en est le schéma, il existerait autant d'idées morbides qu'il y a de genres de sensations et de sentiments. Nous avons déjà passé en revue les premières : troubles de perception, hallucinations, illusions, émotions morbides, obsessions, phobies, etc.

Les secondes présentent dans l'ordre pathologique, des troubles de l'idée de moi (égoïsme, timidité morbide) idée de grandeur ou d'humilité, idée de négation, idée de persécution, de défense, troubles des idées sociales et morales, etc.

Séglas donne la classification suivante des idées morbides :

1" Idées d'humilité, de culpabilité (auto-accusation) de ruine.

2° Idée de persécution.

3° Idée de défense (se rattachant aux précédentes).

4° Idée de grandeur.

5° Idée hypocondriaque.

6° Idée de négation.

7° Idée d'énormité.

8° Idée religieuse.

9° Idée érotique.

Régis les réunit en six groupes :

1° Idée de satisfaction, de grandeur, de richesse, d'invention.

2° Idée d'humilité, de désespoir, d'incapacité, de ruine, d'indignité, d'auto-accusation.

3° Idées hypocondriaques, de négation, de transformation corporelle, d'énormité.

4° Idée de persécution, de jalousie, de défense.

5° Idées religieuses ou mystiques.

6° Idées érotiques.

L'ensemble des idées morbides constitue le délire.

« Avec moins de précision peut-être, dit Grasset, mais une suffisante approximation, on peut appeler délires les maladies du raisonnement et du jugement. Je donne ainsi dans le délire un grand rôle à ce que les aliénistes appellent *l'interprétation délirante*. C'est le vrai moyen de distinguer en pathologie psychique les maladies de l'idée et les maladies du raisonnement et du jugement. »

Pour sacrifier à l'usage nous ferons une étude d'abord synthétique et générale des délires et nous analyserons ensuite la part de chaque fonction intellectuelle (mémoire, attention, raisonnement) dans le trouble idéatif.

Les délires peuvent être classés d'après leur état constitutif :

Absurdes ou vraisemblables ;

Incohérents ou cohérents ;

Généralisés ou diffus, circonscrits ou systématisés.

Régis admet plusieurs classes d'après l'origine :

Délires cénesthésiques (hypocondriaques, animaux dans le corps, négation d'organe) ;

Délires de subconscient, par état second, par rêve (idées fixes, inconscientes des hystériques de Pierre Janet, délire onirique d'intoxication de Régis) ;

Délires de contagion, d'un sujet à un autre.

Enfin, ils sont aigus ou chroniques, primitifs ou secondaires. En conformité avec la nature et le caractère de l'individu : ou bien diamétralement opposés, délires par contraste.

En résumé, c'est la *systématisation* des idées morbides qui fait le délire.

Enfin, les délires peuvent se grouper d'après la nature des *idées morbides* qui les constituent.

1° *Délire de satisfaction, de grandeur, de richesse, d'invention.*

Ils dépendent d'un tonus positif exagéré se manifestant dans la sphère du noyau individuel et s'extériorisant par des réactions de force, de puissance, de vanité, de bien-être, de supériorité (mégalomanie, délire ambitieux) ; hypertrophie du moi (vanité).

2° *Délire d'humilité, de désespoir, d'incapacité, de ruine, d'indignité, d'auto-accusation.*

Dépression, prédominance du tonus négatif. Délire triste, pessimisme. Mélancolie. Lypémanie.

3° *Délire hypocondriaque, de négation, de transformation corporelle, d'énormité.*

Délire cénesthésique, s'accompagnant souvent de

délire d'interprétation. Obstruction, déplacement
d'organe (délire palingnostique, métabolique). Troubles organiques.

4º *Délire de persécution, de jalousie, idée de dé-
fiance.*

Les malades se croient tracassés, calomniés, pour-
suivis, frustrés, etc., allant jusqu'aux interprétations
les plus extrêmes. Les uns sont passifs ou actifs,
acceptant la persécution ou cherchant à se défendre.

Deux types principaux de délires systématisés
d'après Régis :

α) *Délire de persécution typique et classique,* syndrome de la folie systématique progressive, avec ses
hallucinations et son évolution caractéristique ;

β) Délire de persécution raisonnant ou des dégénérés,
sans hallucination, sans évolution progressive, limité
à un thème circonscrit (délire processif).

5º *Délire religieux ou mystique.* — A un fondement de tonus positif ou négatif, de délire hypocondriaque (possession, démonomanie), de délire de persécution.

Systématisé, il prend également deux formes :

α) Délire religieux de persécution (possession).

β) Délire religieux d'orgueil (théomanie).

Ces derniers constituent les formes systématisées
hallucinatoires qui se distinguent des groupes analogues, raisonnants, sans hallucination, fréquents
chez les dégénérés (ceux qui tuent un roi ou un
chef d'État au nom de Dieu ou d'un principe : régicides, magnicides d'après Régis).

6º *Délire érotique.* — Dépravés, invertis, exhi-
bitionnistes, persécutés ou hypocondriaques religieux, etc.

En passant en revue chaque fonction intellectuelle

pour étudier les troubles qu'elle peut présenter, nous préciserons encore davantage la part de chacun dans le délire.

La mémoire, c'est-à-dire la reviviscence des traces cérébrales est indispensable à l'intégrité de l'activité neuro-psychique.

On observe de l'*hypermnésie*, de la *dysmnésie*, de l'*amnésie* ou de la *paramnésie*.

Au cours de l'étude que nous avons consacrée à la mémoire normale, nous avons vu que ses composantes (mémoire motrice, affective, intellectuelle, mentale) sont agrégées à l'état physiologique, mais disparaissent à l'état pathologique de régression dans l'ordre inverse de leur formation.

La *dysmnésie* est justement l'affaiblissement de la mémoire *mentale*, dysmnésie d'*évocation* et de *fixation*; les souvenirs sont lents à se produire, les actes ou les acquisitions récentes sont impuissantes à se créer des voies de frayage et de reproduction.

L'*amnésie* totale est extrêmement rare : elle est observée dans certaines psychoses à l'état passager.

Elle peut porter sur un temps particulier de l'existence : elle se manifeste de façon périodique ou intermittente. Souvent elle est progressive et se conforme à *la loi de régression*, que nous avons établie, d'après Ribot. Les amnésies partielles sont bien plus fréquentes : elles se circonscrivent aux nombres, aux noms, aux figures, aux signes. Quand elle est symptomatique d'une désagrégation progressive, elle nous fait oublier successivement les noms propres, les noms communs, les verbes, les adjectifs, les interjections, la mimique émotive, les gestes.

L'*hypermnésie* se rencontre à titre d'exaltation, d'anomalie, de phénomène morbide, dans certaines

intoxications ou psychoses d'excitation intellectuelle ;
elle est partielle ou généralisée.

« La *paramnésie*, dit Régis, est la perversion de la
mémoire. »

Fausses localisations dans le temps : fausses, rémi-
niscences, illusion du déjà vu.

« Il est impossible, dit Ribot, de rapporter à aucun
des types morbides qui précèdent une illusion d'une
nature bizarre, peu fréquente ou du moins rarement
observée, puisqu'on n'en cite que trois ou quatre cas et
qui n'a reçu jusqu'ici aucune dénomination particulière. Wigan l'a appelée assez improprement une
double conscience, Sander une illusion de la mémoire.
D'autres lui ont donné le nom de fausse mémoire,
qui me paraît préférable. Elle consiste à croire qu'un
état, nouveau en réalité, a été antérieurement éprouvé,
en sorte que, lorsqu'il se produit pour la première
fois, il paraît être une répétition. » (RIBOT, *Maladies
de la mémoire*, p. 149.)

D'après Grasset, c'est la conscience de souvenirs
polygonaux, restés subconscients, et parvenant au
centre O, dans des conditions déterminées, ou fortuites, de reviviscence. C'est la transformation de la
mémoire subconsciente en mémoire consciente.

Régis et son élève Thibault (thèse de Bordeaux,
1899) ont adopté la même explication.

Ce que nous avons dit de la mémoire (chapitres IV
et V : *Vie intellectuelle*) nous dispensera d'insister
davantage.

Les troubles de l'*attention* existent dans la plupart
des syndromes psychiques morbides : ils prennent
deux formes :

L'*hyperattention* ou l'*hypoattention*.

L'*hyperattention* conduit au monoidéisme, soit à

l'idée fixe physiologique, soit si elle a une tendance parasite à envahir le champ de la conscience, à l'idée fixe pathologique, consciente ou inconsciente. (Voir chap. IV: *Vie intellectuelle*.) L'hyperattention est radicalement opposée à l'association des idées qui constitue l'activité neuro-psychique normale. Elle détermine une concentration morbide, avec inhibition exagérée pour toutes les impressions qui n'ont pas de liens ou de rapports étroits avec elles. Elle a une action psychique dépressive, de réduction, stérile, négative.

« Dans le même groupe, dit Grasset, il faut placer ce que l'on pourrait appeler la *cristallisation* (au sens de Stendhal) de l'attention qui, chez certains mono-idéiques, obsédés... se fixe exclusivement autour de l'objet de leur délire. »

Nous citerons un passage important de Ribot (*Imagination créatrice*, p. 72), qui confirme cette proposition :

« L'état normal de notre esprit, c'est la pluralité des états de conscience (le polyidéisme). Par voie d'association il y a un rayonnement en tous sens. Dans cet ensemble de représentations coexistantes, aucune n'occupe longtemps la première place; elle est chassée par d'autres, déplacées à leur tour par d'autres, qui sortent de la pénombre. Au contraire, dans l'état d'attention (monoidéisme relatif), une représentation unique tient longtemps le premier rôle et tend à le reprendre. Enfin, dans l'état d'obsession (monoidéisme absolu), l'idée fixe défie toute concurrence et règne en maîtresse absolue. »

Inversement, l'hypoattention, par défaut d'inhibition pour des associations qui n'ont pas trait au sujet, à l'idée présente, crée la distraction, incompatible avec le travail cérébral effectif et productif.

C'est l'aprosexie, légèreté, distraction, faiblesse d'attention, impossibilité d'attention pour n'importe quoi. On l'observe dans la fuite des idées, l'incohérence, la confusion, l'ivresse, l'imbécillité, etc. Elle se complique de troubles de l'association des idées et du jugement.

Il y a très souvent conflit, comme le dit Régis, entre le subconscient, l'automatique et le conscient ou volontaire.

Dans certains cas, le subconscient et l'automatique cherchent à pénétrer dans le champ de la conscience et à s'imposer à l'attention. Si la volonté fléchit, l'attention se déséquilibre, il y a monoidéisme et hyperattention. Dans une première étape, la volonté se défend suffisamment, la conscience reconnaît le danger (c'est l'obsession idéative consciente); dans une seconde étape, la volonté succombe, le subconscient et l'automatique triomphent, le délire systématisé existe, accepté par la conscience de plus en plus chancelante. Enfin, la conscience et la volonté complètement détruites laissent le champ libre à l'automatisme pur (délire onirique, démence).

Une des formes normales de l'activité neuro-psychique est constituée par l'association des idées. La perturbation pathologique de l'association des idées peut varier dans sa forme en plus ou en moins.

En moins, c'est l'hyperattention, le monoidéisme que nous avons déjà étudié. En plus, c'est l'association déréglée, avec diminution ou suppression de la conscience.

« Dans tous ces faits, dit Grasset, on reconnaît nécessairement, avec Claparède, une « incubation intellectuelle », des « rêveries subconscientes », de « l'imagination subliminale (Flournoy) », tous pro-

cessus qui « prouvent surabondamment la possibilité
d'enchaînements en dehors de la conscience, c'est-à-
dire de l'existence de l'association et de l'imagination
polygonales à l'état physiologique ».

A l'état pathologique, dans le délire d'intoxication,
dans le délire onirique, l'association des idées n'est
plus soumise à aucun frein, ni à aucune régulation : elle est désordonnée.

Les associations, dans ce cas, se font par conso-
nances de mots, similitudes de lettres.

Quand le trouble persiste, il constitue un état morbide grave. Il s'observe, au contraire, à l'état passager, physiologique dans le sommeil, le rêve, l'état de
médium, à l'état passager, mais pathologique, chez le
somnambule, l'hystérique, dans l'hypnose, l'intoxication.

Dans sa forme durable, continue, il constitue le
délire onirique, fréquent dans la confusion mentale,
bien étudié par Régis et qui fit le sujet de sa communication à l'Académie de médecine en 1901.

« C'est dans toute l'acception du mot un délire de
rêve, un *délire onirique*. Il naît et évolue, en effet,
dans le sommeil ; il est constitué par des associations
fortuites d'idées, par des reviviscences hallucinatoires
d'images et de souvenirs antérieurs, par des scènes de
la vie familiale ou professionnelle, par des visions le
plus souvent pénibles, par des combinaisons d'événements étranges, impossibles, éminemment mobiles
et changeants ou doués, au contraire, d'une certaine
fixité, qui s'imposent plus ou moins complètement
à la conviction. »

C'est bien là un trouble par hyperactivité et l'association des idées échappant au contrôle de la conscience.

Il y a désagrégation psychique, émancipation du polygone par rapport à O, régression complète vers l'activité polygonale exclusive. C'est le délire polygonal par *association déréglée des idées*.

Cette association déréglée s'observe chez les malades atteints de *manie* chez lesquels *l'enchaînement* des idées se fait sans suite, avec une confusion extrême (fuite des idées).

C'est tantôt un mot qui réveille toute une scène ; des phrases entières bâties sur des assonances ; des visages entrevus en rappellent d'autres oubliés depuis longtemps et servent à créer un roman d'existence nouvelle. Ce sont les conceptions les plus hétéroclites à propos d'un objet, d'un mouvement, d'un spectacle entrevu. Les représentations les plus étranges font que leur personnalité se transforme vingt fois en quelques instants : ils sont tantôt en Europe, tantôt en Asie. C'est l'instabilité la plus absolue des idées. On dirait que leurs idées ont été jetées dans un sac à la façon de noix qui, bien remuées, seraient ensuite retirées une à une.

Il n'y a dans ce cas nulle *systématisation délirante*.

« La douleur morale, dit Ribot, suppose la réflexion ou plus explicitement : d'abord la faculté de raisonner (déduction ou induction) ensuite l'imagination constitutive. On peut en citer des exemples en foule, pris au hasard : la nouvelle d'une mort, d'une maladie, de la ruine, d'une ambition frustrée, etc. Le point de départ est un fait tout simple, tout sec, mais la douleur s'attache à tous les résultats *aperçus* qui en découlent. Ainsi la ruine, c'est tout un cortège de privations, de misères, de travaux à recommencer, de fatigues et d'épuisement. C'est dans cette traduction de détail, variant suivant les individus et les cas que consiste la douleur morale. Il est clair, et l'observation le prouve, que l'homme doué d'une imagination ardente et constructive, ressentira une douleur intense; tandis qu'un autre à imagination froide et pauvre reste insouciant, ne voyant guère dans son malheur que le présent, l'actuel, c'est-à-dire peu de chose: la somme des douleurs évoquées est proportionnelle à la somme des représentations évoquées. » (RIBOT, *Sentiments*, pp. 44-45.)

« Les obsessions banales du psychasthénique, disent Déjerine et Gauckler, résultent d'associations d'idées hâtives que ne réunit nul élément logique, mais qui persistent dans la conscience du malade. Voici par exemple une psychasthénique qui associe psychiquement une idée d'alimentation ou une idée de toilette à une notion de mort pour elle ou pour un des siens et qui fait de cette association une obsession ou une phobie (p. 358). » C'est bien là un trouble intellectuel pur, par perversion de l'association des idées, sans élément émotif primitif ; il s'agit de l'obsession idéative, qui peut secondairement provoquer un état affectif (phobie).

« Au lieu de se faire, dit Grasset (*Psychisme inf.*, p. 286), par ressemblance ou par contiguïté dans le temps ou dans l'espace, l'association polygonale se fait sans règle, paradoxale, étrange, inintelligible. Ainsi chez un catatonique de Sommer : clair-bleu, foncé-vert, blanc-brun, noir-bonjour, Wilhelm, rouge-brun, etc. Chez une idiote, le même auteur a vu l'association se faire par synonymie (ressemblance extrême: solide-dur, chaud-brûlant; ou par contraste (ressemblance renversée) clair-foncé, dur-mou. C'est une sorte de négativisme par association des idées. »

L'association morbide des idées est le fondement

de la *logorrhée* qu'on rencontre si souvent chez les aliénés.

L'imagination présente également de nombreux troubles morbides.

Chez certains déments, faibles, psychasthéniques, elle diminue, jusqu'au point de disparaître complètement.

Chez d'autres malades, déséquilibrés, flâneurs, rêveurs, originaux, fantasques, dégénérés, hystériques, elle est exagérée, mais déréglée, sans unité, coexistant avec un jugement faux.

« Les désharmoniques, dit Régis, dans l'ordre intellectuel, possèdent quelquefois à un très haut degré les facultés d'imagination, d'invention et d'expression, c'est-à-dire les dons de la parole, des arts, de la poésie. Ce qui leur manque d'une façon plus ou moins complète, c'est le jugement, la certitude d'esprit, et surtout la continuité, la logique, l'unité de direction dans les productions intellectuelles et les actes de la vie. » (*Précis de Psychiatrie*, p. 442.)

C'est encore la fantaisie, plus ou moins incohérente, les châteaux en Espagne des songe-creux et des rêveurs ; les constructions délirantes de l'aliéné, les conceptions des enfants qui se muent infiniment au gré du hasard et des circonstances.

Ribot en a fait l'imagination créatrice diffluente qui peut prendre la forme de rêverie, d'esprit romanesque, mystique (porté aux mythes).

Le caractère principal de l'imagination, c'est la création, l'invention : ces deux éléments se retrouvent dans la mythomanie, l'impulsion irrésistible au mensonge, à laquelle il faut faire une place à part et qui se rencontre souvent chez les hystériques et les dégénérés, comme l'a montré Dupré.

Comme l'indique Ribot la tendance à l'invention, à la création de fables, de légendes se retrouve chez les primitifs, comme chez les enfants.

Dans sa forme inférieure, chez l'homme, *l'instinct de création* produit les légendes, puis les mythes, puis en s'élevant les religions, les poèmes, etc.

Les enfants dans leurs jeux, leur amour pour les contes, manifestent également cette tendance qui chez les arriérés ou retardés, hystériques ou dégénérés, se montre dans leur impulsion au mensonge.

Au récent Congrès de médecine légale (24-27 mai 1913), Dupré, Abadie et Gelma ont fait une communication au sujet de plusieurs observations de faux policiers mythomanes.

Ces auteurs caractérisent nettement la tendance pathologique de certains débiles, déséquilibrés, au mensonge, à la fabulation et à la simulation. C'est la vanité morbide qui les incite très souvent à étonner, éblouir, par esprit de gloriole, l'entourage en se parant de qualités, de titres faux, à se vanter d'exploits imaginaires.

« Plusieurs de ces vaniteux, à la fois imaginatifs et menteurs, crédules et trompeurs, présentent un mélange déconcertant de sincérité et de simulation, de naïveté et de duplicité, qui résulte d'une pauvreté évidente du sens critique de la réalité. En vertu de leur débilité mentale, ces sujets non seulement affirment par la parole et par les écrits des prétentions imaginaires et injustifiées, mais encore ils conforment leurs actes à la fabulation et leur conduite au rôle chimérique qu'ils prétendent remplir. Le débile mythomane crée alors de toutes pièces, à l'appui de ses prétentions, des documents et des pièces destinés à servir de preuves objectives à ses fausses affirmations. Alors, et très rapidement, par un processus habituel d'auto-suggestion, il arrive à croire lui-même sincèrement à l'authenticité de ces faux et à la légitimité de ces prétendues preuves. » (*Le Bulletin Médical*, 11 juin 1913, p. 549, docteur Granjux.)

Ce dernier paragraphe caractérise parfaitement le personnage du *Tartarin de Tarascon*, d'Alphonse Daudet.

La duplicité, l'habileté à inventer, la facilité à tromper, le désir irrésistible de vanité et de fabulation sont fréquents chez les hystériques mythomanes.

La fourberie, le mensonge spontané, la duplicité sont aussi le fait des dégénérés supérieurs : désharmoniques, originaux, excentriques, etc.

« Ils ont cette particularité, dit Paulhan, d'être des menteurs avec de belles apparences de franchise, racontant sans la moindre hésitation des faits absolument faux, selon l'idée qui les anime ou le sentiment qui les pousse, mais sans calcul profond, pour le plaisir, par une vanité sans portée, assez ennuyés — pas pour longtemps — si quelqu'un les prend au sérieux. » (*Les Caractères*, p. 58.)

Chez d'autres malades le principe d'unité de l'imagination est exagéré : il y a hyperattention, systématisation à outrance, monoidéisme, obsession. C'est l'idée fixe des grands inventeurs, des mystiques, comme des obsédés émotifs.

« A un degré plus élevé, dit Grasset, c'est la vie imaginaire complètement systématisée et permanente qui exclut l'autre (Ribot). Si cette vie imaginaire prédominante est transitoire et alterne avec la vie normale, elle peut laisser des souvenirs tels que, guéri, le sujet regrettera ses périodes morbides comme Gérard de Nerval et Charles Lamb. » (*Psych. inf.*, p. 291.)

Ces différents troubles prendront le caractère dominant de l'imagination chez chaque individu suivant
qu'elle évolue avec la vie pratique, religieuse, mystique, la poésie, les beaux-arts, les sciences, l'industrie, le commerce, l'art militaire ou la mécanique, la
sociologie, la philosophie, etc.

CHAPITRE IV

TROUBLES DE LA VIE INTELLECTUELLE (*Suite*).

SOMMAIRE : Troubles du jugement et du raisonnement : affaiblissement (folie hésitante, délire du doute) ; perversion (folie raisonnante). — Délire d'interprétation. — La confusion mentale : son caractère onirique. — Désorganisation avec prédominance de l'automatisme.

Le jugement et le raisonnement nous apparaissent comme une sorte de synthèse des opérations intellectuelles : mémoire, attention, et surtout association des idées. « On voit, dit Bechterew, que le jugement se réduit à un processus associatif, seulement que l'association n'est pas livrée au hasard, mais dirigée par l'expérience personnelle de l'individu (p. 271). »

Ils exigent, l'un et l'autre l'intégrité de ces fonctions essentielles.

Que les reviviscences des traces cérébrales ne soient plus aussi nettes et aussi promptes, que la concentration soit modifiée, troublée, manque de précision et de force, que la phase associative ne représente plus la norme individuelle, aussitôt le jugement et le raisonnement seront faux, mal adaptés, ou supprimés complètement.

« Les aliénistes, dit Grasset, limitent le mot *délire*
à un ensemble plus ou moins complexe d'idées morbides concernant le *moi* ou ses rapports avec le
monde extérieur. Avec moins de précision peut-être,
mais une suffisante approximation, on peut appeler
délire les maladies du raisonnement et du jugement. »

Nous avons dit nous-mêmes (*Vie intellectuelle*,
chap. iv et v): Un défaut d'interprétation, une déviation
dans les principes logiques déterminent l'erreur : elle
est physiologique. Le sujet reste conscient et volontaire. Si l'idée, dans son association, ne subit plus le
contrôle de la conscience et la législation due au pouvoir d'inhibition, s'il y a désagrégation psychique,
complète et prolongée, le raisonnement est définitivement faussé, c'est le délire. Il peut être fonctionnel, passager (infection, intoxications aiguës) ou
organique, par lésion anatomique, et définitif.

En plus de l'intégrité des fonctions intellectuelles
dont ils sont pour ainsi dire le couronnement, et
comme l'œuvre maîtresse, le jugement et le raisonnement, doivent garder à leur disposition les acquisitions normales et harmoniques de la vie affective.
La sensation et le sentiment s'adaptant à la sphère
individuelle des réflexes et suivant des voies conformes aux tendances du sujet et produisant des réactions déterminées sont indispensables au jugement.
La sensibilité produit la *reconnaissance*, phénomène
psychique dont nous avons montré toute l'importance pour la certitude dans la manière de penser.

Dans cet état pathologique de la fonction intellectuelle supérieure, il y a des degrés et des modes infinis qui vont de l'erreur jusqu'à la démence et à l'aliénation mentale complète.

C'est d'abord l'affaiblissement insensible, puis la

perversion plus apparente, plus précise et enfin la disparition, ou l'incohérence, la confusion, l'incoordination absolue.

I. AFFAIBLISSEMENT (Troubles *hypo*). — Il est déjà manifeste dans les symptômes que présentent les dégénérés supérieurs, les psychasthéniques ou les malades atteints de psychonévrose.

C'est la déséquilibration qui apparaît surtout dans le jugement, dans le sens droit et logique, par défaut d'harmonie et de pondération. L'activité psychique sera encore brillante dans ses manifestations diverses, mais elle sera mal réglée, différente, inconséquente.

Régis dit des déséquilibrés, des désharmoniques : « Ce qui leur manque d'une façon plus ou moins complète, c'est le jugement, la rectitude d'esprit et surtout la continuité, la logique, l'unité de direction dans les productions intellectuelles et les actes de la vie. Il en résulte qu'en dépit de leurs qualités souvent supérieures ces individus sont incapables de se conduire d'une façon raisonnable, de poursuivre régulièrement l'exercice d'une profession qui semble bien au-dessous de leurs capacités, de surveiller leurs intérêts et ceux de leur famille, de faire prospérer leurs affaires, de diriger l'éducation de leurs enfants : si bien que leur existence, sans cesse recommencée, n'est pour ainsi dire qu'une longue contradiction entre l'apparente richesse des moyens et la pauvreté des résultats. Ce sont des utopistes, des théoriciens, des rêveurs qui s'éprennent des plus belles choses et ne font rien. »

Les excentriques et les originaux obéissent le plus souvent à des impulsions qui les entraînent irrémédiablement à une mobilité de concepts qui fausse le jugement, et ne leur laisse que peu de ressources logiques.

Les psychasthéniques manquent de moyens intellectuels, en général, et de jugement en particulier : il y a adynamisme psychique, tendance à la désintégration de la personnalité : les fonctions intellectuelles supérieures sont consécutivement et naturellement compromises.

Dans les psychonévroses qui sont surtout des affections où le facteur préoccupation émotive joue un grand rôle, la maîtrise de soi diminue insensiblement et avec elle la rectitude du jugement, sa vivacité, sa spontanéité. L'affaiblissement n'est pas quantitatif, mais plutôt dépend d'un *arrangement* défectueux, d'un manque d'association, d'attention.

Ce qui leur manque c'est la forme de l'association systématique qui fait les équilibrés, les unifiés ; c'est la prédominance de l'inhibition systématique qui fait les maîtres d'eux-mêmes, les réfléchis, les fermes dans leurs intentions et dans leurs actes.

Mais ces pertes sont *accidentelles* chez le neurasthénique, tandis qu'elles sont *constitutionnelles* chez le psychasthénique, qui n'a jamais eu la maîtrise de soi.

« Il est des sujets, disent Déjerine et Gauckler, qui, au contraire, souffrent d'évocations, de souvenirs trop nombreux et diffus qui se présentent à leur conscience psychologique. L'idéation est touchée parce que dans la multitude des phénomènes de conscience le malade ne *sait plus choisir*. Il est devenu, en quelque sorte, un automate psychologique : il vit, disent-ils, « comme dans un rêve » et se trouve à des degrés divers, privé de *tout contrôle cérébral, de tout jugement.* »

Le neurasthénique a encore conscience de cet état ;

il est aussi capable, dans des circonstances déterminées de se reprendre : il n'est pas voué irrémédiablement à l'automatisme, au psychisme inférieur.

Chez le paralytique général, au début, l'attention,
la réflexion, le jugement diminuent progressivement
sans qu'il soit possible de prévoir que la désintégration s'arrêtera.

Le neurasthénique *raisonne mal.* « Ce n'est point
qu'il déraisonne mais il raisonne trop, tout le temps
et sur toutes choses, et est incapable de suivre une
idée, s'il n'y est pas aidé » (DÉJERINE et GAUCKLER,
p. 278).

C'est une expression morbide du caractère *ergoteur,
raisonneur, contrariant* qui contient déjà, le dernier
surtout, une parcelle, si on peut dire, de ce *négativisme* qui fait le fond de nombre d'idées morbides
systématisées dans un délire spécial, *celui des néga-
tions.*

« Les scrupuleux, dit Paulhan, les hésitants, les
personnes rongées de remords ou toujours prêtes à
des examens de conscience exagérés et à conclusions
variables, les contrariants aussi et les individus mal
équilibrés, qui passent constamment d'un désir au
désir opposé, rentrent dans ce type. La combinaison
de l'association systématique et de l'inhibition prend
ici la forme du contraste, selon un mécanisme que
j'ai étudié ailleurs sous sa forme abstraite et générale.
Il est des gens chez qui une idée ne peut naître, chez
qui un désir ne peut surgir, sans qu'une idée opposée, sans qu'un désir contraire ne vienne s'opposer à leur développement. Ce n'est même plus de la
réflexion et de l'examen, c'est une lutte continuelle
avec prépondérance alternative de deux tendances ou
de deux groupes de tendances. »

Le choix devient impossible parce que le jugement n'est pas assez puissant, assez dominant pour écarter les idées importunes et indésirables, comme disent les Anglais, et les chasser définitivement. Tout au contraire, le raisonnement accepte la présence des intrus, il examine à perte de vue, des motifs qui ne devraient aucunement être pris en considération ; des visiteurs, des solliciteurs, des quémandeurs sans importance, ni portée, vulgaires et sans intérêt, qui font perdre un temps précieux et dont la présence n'est qu'embarras stérile et décevant.

Dans la *folie hésitante*, ou *folie du doute* de quelques auteurs, l'indécision, la difficulté de passer à l'acte extériorisé est précédé d'une délibération, d'une réflexion, d'un examen des motifs qui appartiennent bien au raisonnement et au jugement. La délibération est faussée dans son essence qui est le choix des impulsions. Si le sujet atteint de folie du doute, par faute de volition ferme est un paraboulique, du moins un aboulique partiel, il est aussi un boiteux du jugement.

« Ceux qui ont ce tempérament, dit Maudsley, sont tourmentés outre mesure dès qu'ils ont quelque décision à prendre, quelque insignifiante qu'elle soit ; ils ne peuvent prendre une décision, par la crainte de faire mal, et ils se fatiguent et fatiguent les autres en examinant toujours le pour et le contre. Bien que la décision n'ait pas la moindre importance, elle leur cause une tribulation mentale extrème et ils restent pendant des heures à faire des délibérations d'un caractère réellement puéril ; et, quand la décision est prise, ils craignent qu'elle ne soit mauvaise et s'ingénient à se torturer eux-mêmes pour découvrir des objections contre elles, et ils trouvent la meilleure raison en faveur de la décision contraire. » (MAUDSLEY. *Path. de l'esprit*, p. 332.)

Régis classe le syndrome « *folie du doute* : » dans les *obsessions idéatives* : il y a dans cet ensemble de symptômes psychiques morbides plutôt un raisonnement morbide qu'une idée fixe.

D'ailleurs, l'obsession en imposant à l'activité psycho-mentale soit une « *obsession émotive* » (préoccupation anxieuse) dominante, soit une « *obsession idéative* » (idée fixe pathologique) prévalente, diminue sa liberté et sa puissance d'action en rendant très difficile l'association normale des idées qui constitue son mode de fonctionnement le plus habituel et le plus normal. Vulgairement, chacun sait que l'homme raisonne toujours très mal, quand il est sous le coup d'une forte émotion, quand il fait du sentiment. quand il a un parti pris, quand son siège est fait. c'est-à-dire chaque fois qu'il fait de l'hyperattention et du monoidéisme. L'obsession lui fait perdre la « maîtrise de soi » qui est indispensable à la saine manifestation de l'esprit. Les états affectifs ont une très grande puissance sur nous : celle-ci ne peut diminuer qu'avec le temps ou la réflexion. L'intelligence, souvent victime et esclave des penchants, des passions, des états affectifs, reprendra sa suprématie avec de la persévérance énergique, avec une continuité méthodique dans l'effort, par la méditation et la réflexion qui sont des manières du raisonnement. utiles et productives.

« Encore une fois, dit Payot, la tâche consiste pour nous à rechercher avec patience tous les motifs capables d'éveiller en nous des élans d'amour ou de haine, de cimenter entre des idées et des idées, entre des sentiments et d'autres sentiments, entre des idées

et des sentiments, des alliances, des combinaisons,
ou de rompre les associations que nous jugeons
funestes ; elle consiste à utiliser toutes les lois de
l'attention et de la mémoire pour effacer ou pour
graver en la conscience ce que nous jugeons utile d'en
effacer ou d'y graver. Il faut que nous fassions « dis-
tiller en notre âme » les idées et les sentiments favorables et que ce qui est idée abstraite nous le trans-
formions en affection sensible, vivante. La réflexion
méditavive a atteint sa fin lorsqu'elle a provoqué
dans l'âme de puissants mouvements affectueux ou
de vigoureuses répulsions. » (PAYOT, *Éduc.*, *de la
vol.*, p. 93.)

En d'autres termes, c'est la lutte entre le *cœur* et
la *raison* : entre les impressions si puissantes de la
vie affective et les résistances, souvent énergiques,
chez les forts, les équilibrés, les maîtres d'eux-mêmes,
de l'intelligence.

« Pour nous, et nous ne saurions trop le répéter,
on est neurasthénique à partir du moment où en
nous, et pour un temps durable, *l'émotion l'emporte
sur la raison.* » (DÉJERINE et GAUCKLER, p. 369.)

II. PERVERSION (Troubles *para*). — La conscience et
la lucidité ne manquent ni aux dégénérés supérieurs, ni aux neurasthéniques. Elles ne manquent
pas non plus aux malades atteints de *délires raisonnants.*

Chez les dégénérés persécutés-persécuteurs, atteints
de délire systématisé raisonnant, il n'y a pas incohérence, invraisemblance dans les manifestations psychiques pathologiques, mais arrangement logique, or-
donné, sur une base fausse ou erronée. Des associations nouvelles, inattendues, infondées, inacceptables,
se greffent sur un point de départ faux. Mais l'en-

semble reste *logique* dans ses déductions, ce sont les aliénés *raisonnants.*

La perversion du jugement dépend d'un point de vue faux d'où le sujet tire toutes les conséquences les plus extrêmes et les plus funestes pour lui ou pour les autres. Tel le cas des *persécutés-persécuteurs :* « ainsi appelés, dit Régis, en raison de leur tendance absolument caractéristique à poursuivre le triomphe de leur cause par les moyens les plus violents. Le public, facilement trompé par l'apparence, les prend souvent pour des victimes aigries par les injustices et il n'est pas rare même que leurs conceptions délirantes se communiquent à une ou plusieurs personnes de leur entourage (folie à deux). » (Régis, p. 464.)

Si partant d'un point de départ *vrai, réel, fondé,* un individu cherche et trouve des explications, des déductions fausses, erronées, injustifiées, il y a *délire d'interprétation.*

A la définition donnée plus haut du délire, d'après Grasset, l'auteur ajoute lui-même : « Je donne ainsi dans le délire un grand rôle à ce que les aliénistes appellent *l'interprétation délirante.* C'est le vrai moyen de distinguer, en pathologie psychique, les maladies de l'idée et les maladies du raisonnement et du jugement. »

Dans ce dernier cadre rentrent bien le délire systématisé raisonnant des dégénérés supérieurs persécutés-persécuteurs et le *délire systématisé d'interprétation.*

« Le délire d'interprétation, disent Sérieux et Capgras, est une psychose systématisée chronique à base d'interprétation délirante, se développant progressivement chez les prédisposés sans intervention notable de troubles sensoriels et dont la longue évolution n'aboutit pas à la démence. »

De tels malades montrent une intégrité absolue des facultés intellectuelles, mais leur mode de raisonnement est vicié, de façon évidente. Il pèche non par la base mais par la façon de tirer des conséquences, des commentaires, des explications *d'interpréter*. Pour le reste, pour la mémoire, pour l'association des idées, pour la dialectique, les moyens sont normaux, parfois même brillants et exceptionnels au point d'en imposer à ceux qui sont peu avisés ou mal avertis.

Les opérations de l'esprit se font avec une vivacité et une spontanéité souvent remarquables : sur ce mauvais terrain le sujet lutte, se débat, évolue avec une prestigieuse aisance, avec une ardeur jamais lassée. Il sait prendre les meilleurs formes de raisonnements, choisir les meilleurs arguments, profiter du moindre avantage. Tout cela pourrait tromper, tant il y a un faux air de vérité, qui semble ressortir de la forte et constante conviction avec laquelle se fait le développement.

« L'idée délirante, dit Régis, doit être également distinguée de *l'interprétation délirante*. Tandis que la première est erronée jusque dans son fondement, la seconde a un point de départ exact; mais le malade tire faussement de cette donnée vraie des déductions et des conséquences illogiques. L'interprétation délirante est donc en quelque sorte à l'idée délirante ce que l'illusion est à l'hallucination. Elle est très fréquente dans les psychoses, car c'est elle, en somme, qui d'un fait réel amène le sujet à une conviction pathologique. »

Dans sa production elle est naturellement conforme aux tendances dominantes organiques, mentales (affectives ou intellectuelles), égoïstes, altruistes, sociales, religieuses ou philosophiques de chaque individu. Elle dépendra, en un mot, de la sphère du noyau individuel de l'activité psychique, dont nous avons souvent parlé.

. Dans le délire d'interprétation les formes varieront suivant que les individus observés présentent le caractère morbide des ambitieux, érotiques, processifs, jaloux, mystiques, réformateurs ou rêveurs politiques, magnicides ou régicides. Dans ce cas, la moindre impression, le motif le plus futile, le concept, l'image, l'idée d'une parfaite insignifiance sont prétexte à développements pathologiques, à commentaires anormaux, prenant de suite le ton, le rythme, l'orientation habituels. A propos de tout, à propos de rien, les idées nouvelles qui surgissent se *stéréotypent* ou se *cristallisent*, suivant la forme géométrique constante, c'est-à-dire dans le sens d'une interprétation morbide, définitivement nuisible au sujet et à son entourage (persécuté-persécuteur).

Il s'agit bien là d'une *perversion* du jugement et du raisonnement par association défectueuse, mal systématisée, d'une portée organique et sociale impropre et mal adaptée qui laisse intacte l'intégrité psychique et n'est pas incompatible avec une évolution, même brillante, des autres principales fonctions intellectuelles (mémoire, imagination, créatrice, etc.).

III. Confusion. — Quand apparaissent la torpeur intellectuelle, la suspension de toutes les opérations de l'esprit, la stupidité, la narcose psychique toxique, l'obtusion, la désorientation, le jugement et le raisonnement sombrent définitivement dans la confusion, l'incohérence, l'incoordination absolue des idées. Les psychiâtres ont créé le syndrome essentiel de la *confusion mentale typique*, qui répond à cet état de désagrégation psychique. Bientôt tout contrôle supérieur disparaît : la sphère des réflexes individuels diminue de plus en plus. Au contraire, l'automatisme subconscient, polygonal, absorbe toute l'activité psychique, libéré de la suprématie du centre O. C'est l'état second, onirique de Régis, dans lequel toutes les conceptions idéatives semblent se rapprocher de celles du rêve. Le délire est celui du sommeil agité de cauchemars.

Cicéron avait déjà dit que « les rêveurs font des choses plus étranges que les fous ».

« Un rêve mis en action, dit Maudsley, doit paraître entièrement semblable à la folie, de même que la folie a quelquefois les apparences d'un rêve que l'on fait éveillé. Dans les songes, comme dans la folie, les idées s'associent de la manière la plus étrange et la plus grotesque; les combinaisons et les successions d'idées ne suivent point une loi définie, autant que nous sachions, mais elles paraissent tout à fait accidentelles et transitoires; et précisément nous considérons la perte de tout pouvoir sur la succession des idées comme le principal phénomène des rêves. » (MAUDSLEY, p. 11.)

Maudsley pense que le rêve n'exclut pas totalement de notre conscience le sentiment de notre identité; c'est le subconscient de l'état second; quand le délire onirique existe.

« Je crois, dit cet auteur, que l'organisme conserve son identité, quoique nos fonctions conscientes soient des plus distraites; bien que nous soyons endormis, les différentes impressions de notre sensibilité organique qui ne sont pas modifiées directement par les conditions externes sont transmises des viscères au cerveau ; et c'est cette unité physiologique des fonctions organiques qui est quelquefois plus profonde que la conscience et constitue notre personnalité fondamentale, qui se sent avec plus ou moins de force, dans tout état de conscience, dans le rêve ou à l'état de veille. » (MAUDSLEZ, p. 13.)

Le délire de la confusion mentale, syndrome typique, est un trouble toxique dans lequel s'observe surtout le caractère *onirique* (ονρ, ονειρατος, rêve).

« Il naît et évolue, en effet, dit Régis, dans le sommeil ; il est constitué par des associations fortuites d'idées, par des reviviscences hallucinatoires d'images et de souvenirs antérieurs, par des scenes de la vie familiale ou professionnelle, par des visions le plus souvent pénibles, par des combinaisons d'événements mobiles et changeants ou doués, au contraire, d'une certaine fixité qui s'imposent plus ou moins complètement à la conviction. »

Il ressemble à une évocation cinématographique de films incohérents : c'est un délire descriptif, *imagé*, illustré de façon bizarre et étrange, dans lequel le jugement et le raisonnement n'ont plus rien à faire, n'ont plus aucune part. C'est l'obtusion, la destruction ou la désorientation des centres supérieurs, consécutivement l'amnésie et la démence absolues.

Comme nous le faisions déjà comprendre plus haut, la *confusion* est un syndrome complexe, dû surtout à des troubles profonds de la mémoire, de l'attention et de l'association des idées s'accompagnant d'obnubilation mentale avec prédominance consécutive de l'automatisme psychique, qui persiste seul dans cette faillite de l'esprit.

Le langage parlé ou écrit subit les conséquences de ces violentes perturbations pathologiques.

« Il faut noter encore, dit Régis, *une incohérence très grande de langage* (logorrhée) qui révèle la confusion et le désordre des idées et se traduit par un flux de mots sans suite, par les phrases les plus décousues, surtout par des propos obscènes qu'on rencontre jusque dans la bouche des jeunes filles dont l'éducation a été irréprochable. Quant aux *écrits*, ils sont absolument analogues au langage, c'est-à-dire incohérents, sans suite, chargés de dessins et d'arabesques, de citations et de mots baroques et tracés dans tous les sens. » (RÉGIS, p. 234.)

Cette obtusion, avec désorientation, torpeur, amnésie de fixation se rencontre à des degrés divers dans les différentes formes de la confusion mentale simple, ou aiguë, ou chronique, dans la démence précoce. La fuite des idées, l'incohérence, la surexcitation des facultés mentales, avec loquacité extrême (logorrhée) se montre dans la manie aiguë, chronique ou cyclique.

Nous verrons plus loin que, dans la confusion mentale, des troubles profonds de la conscience et de la personnalité s'ajoutent aux perturbations, purement intellectuelles du jugement et du raisonnement. C'est, en résumé, la désagrégation psychique complète.

CHAPITRE V

TROUBLES DE LA VIE ACTIVE

SOMMAIRE : Qualité du rythme de réaction. — Dépression. — La mélancolie et la tristesse. — Expansion et excitation. — Troubles de la mimique. — États pathologique de l'extériorisation de l'acte. — Les troubles de la volonté. — Perte de la maîtrise de soi. — Actes délirants et impulsifs. — Apraxies

Comme nous l'avons vu dans le chapitre réservé à l'étude de la vie active normale, la réaction du processus neuro-psychique est la transformation de la sensation en un mouvement ou une sécrétion. Cette réaction, nous le savons également, se fait dans un rythme particulier qui aboutit au tonus neuro-psychique positif ou négatif, qui se manifeste objectivement par la dépression ou l'excitation, suivant que l'état affectif s'est établi agréable ou pénible.

On peut donc préciser déjà une première classe de troubles de l'activité.

QUALITÉ DU RYTHME		ÉTAT PHYSIOLOGIQUE	ÉTAT PATHOLOGIQUE
Tonus neuro-psychique.	Positif.	Excitation.	Hyperpositif. Surexcitation violente.
	Négatif.	Dépression.	Hypernégatif. Dépression douloureuse, anxieuse.

Quand ces manifestations réactionnelles restent physiologiques elles répondent aux expressions extérieures consécutives aux émotions en général. Si, au contraire, elles s'exagèrent au point d'apporter une perturbation profonde dans l'organisme, elles deviennent morbides.

En l'espèce, tout dépend encore dans la phase réactionnelle du noyau individuel, des réflexes personnels.

« Cependant, dit Régis, même à l'état normal, la plupart des individus ont une manière prédominante de sentir et de réagir. Les uns sont surtout des tristes ou des inquiets et leur réaction émotive se fait essentiellement sous forme d'une *mimique douloureuse*, passive ou active; les autres sont surtout des vifs, des emportés et leur réaction émotive se fait essentiellement sous forme d'une *mimique* agitée, gaie ou violente. C'est ce qu'on traduit en disant qu'il y a les *excités* ou les *déprimés*. »

L'une ou l'autre de ces attitudes réactionnelles est, je le répète, physiologique, quand elle ne dépasse pas une certaine durée, quand elle n'atteint pas une intensité trop grande. Pour ces phénomènes spéciaux encore, comme pour tous les faits psychiques, la délimitation entre le physiologique et le pathologique est très délicate et très spécieuse.

Faisons encore remarquer que, même à l'état normal, dans le processus neuro-psychique, il n'y a pas
équivalence absolue, dans l'arc réflexe, entre l'impression et la réaction, à cause même du renforcement
ou de l'inhibition que l'influx nerveux peut subir
dans la phase associative. Renforcement ou inhibition qui sont fonction de la propriété essentielle du
neurone, le *pouvoir de réserve* ou *de condensation*.
Tantôt l'influx nerveux est arrêté, inhibé, mis en réserve, d'autrefois son potentiel est accru d'une quantité plus ou moins grande du dynamisme latent, condensé, ou de réserve.

Suivant les circonstances.:

| Impression à rythme positif ou négatif. | Tonus négatif. | Réaction né-négative (douloureuse). | Passive, dépressive, ou active, excitative. |
| | — positif. | Réaction positive (agitée). | Expansive, état cénesthésique gai. Violent état d'irritation. |

On observe, en effet, dans la mélancolie, suivant
les malades ou les circonstances des réactions d'excitation ou des réactions de dépression, suivant que
la décharge est vive par suite d'un renforcement du
potentiel nerveux, ou arrêtée par l'inhibition. Dans
la manie, on note ou de l'expansion, avec surexcitation gaie, ou de la violence et de l'irritation extrêmes.

D'une façon schématique, dans les psychoses, le
tonus hypernégatif constitue la *dépression*; le tonus
hyperpositif l'*excitation*.

A) DÉPRESSION. — Suivant la formule générale de
l'inéquivalence de l'impression et de la réaction que
nous avons déjà exposée, le tonus hypernégatif peut

se traduire par une réaction douloureuse *passive* ou *active*.

Dans le premier cas, c'est dans la réaction douloureuse de même nom, au point de vue affectif, que l'impression, une décharge de même nom (— ou passive) ou de nom inverse (+ ou active).

La réaction douloureuse passive constitue la *dépression véritable* qu'on rencontre communément dans la *mélancolie*.

Déjà à l'état normal, les réactions de la douleur ou de la peine peuvent ne pas être identiques chez des sujets différents, ou chez le même sujet, suivant les circonstances et l'intensité de la douleur. Les uns sont mornes, abattus, fauchés, sidérés, sans un geste, sans une parole ; ce sont les grandes douleurs muettes. Les autres s'agitent, crient, vocifèrent, s'arrachent les cheveux, se déchirent la figure de leurs ongles. Ces manifestations réactionnelles varient avec le tempérament, le caractère, l'éducation, la mentalité, la race de chaque individu.

A ce dernier point de vue, la coutume, les habitudes de chaque peuple modifient singulièrement la tonalité réactionnelle. Quand un deuil frappe une famille musulmane ou juive, en Tunisie, on entend des vociférations terribles, des cris inhumains : les femmes laissent tomber leurs cheveux sur les épaules, les arrachent violemment par poignée, puis leurs ongles, furieusement, tracent des sillons sanglants sur le visage, le cou, les seins, la poitrine. C'est tout une mimique d'agitation extrême.

« La tristesse, dit Ribot, est accompagnée des mêmes modifications dans l'organisme que la douleur physique. Il est inutile d'en répéter la description : trouble de la circulation, constriction des vaso-moteurs, syncope ; abaissement de la respiration ou changements perpétuels dans son rythme ; retentisse-ment brusque ou prolongé sur la nutrition, inappé-tence, indigestion, arrêt ou diminution des sécrétions, vomissements. Remarquons que les cas de canitie rapide, rappelés plus haut, se rencontrent surtout dans les violentes secousses morales (Marie-Antoi-nette Ludovic Sforza, etc.). Les muscles volontaires de la voix, du visage, du corps tout entier subissent les mêmes influences, ont le même mode d'expres-sion ; *pour la douleur morale, comme pour la dou-leur physique il y a les formes muettes et les formes agitées.* » (Ribot, *Sentiments*, p. 46.)

Nous avons appris à connaître ces diverses réac-tions sous le nom de *phénomènes concomitants de l'émotion.*

Elles sont, pourrait-on dire, violemment exagérées à l'état morbide.

Le tonus hypernégatif, pathologique prendra un des trois aspects suivants.

α) *Douleur, mélancolie dépressive.* — Pâleur, vi-sage abattu, expression morne, traits tirés, yeux bais-sés, sans expression, ni vivacité, tête inclinée sur la poitrine, prostration, expression de souffrance et de découragement, et tous les concomitants que nous avons signalés. C'est la symptomatologie de la *mé-lancolie subaiguë dépressive,* de la *mélancolie aiguë,* de la *mélancolie avec stupeur.*

β) *Douleur, mélancolie agitée.* — Même expression de tristesse, avec, remplaçant l'abattement, le mu-tisme, une agitation inquiète, désordonnée, avec cris, vociférations, sanglots bruyants. Elle s'observe dans la *mélancolie anxieuse* et *gémissante.*

γ) *Douleur avec torpeur.* — C'est la stupeur, la dépression à laquelle il faut ajouter la suppression de la vie intellectuelle, la *confusion mentale*.

B) EXCITATION. — Elle varie suivant que le tonus psychique détermine un état affectif avec réaction gaie ou agitée.

α) *Réaction gaie*. — Le visage se colore d'un vif incarnat, l'animation y est peinte : elle se reflète dans le regard qui brille, comme sur tous les traits, qui ont une expression riante, enjouée. Les mouvements s'accentuent, le corps ne reste plus en place un instant, on crie, on saute, on parle avec volubilité. Les gestes sont larges, amples, fréquents. La circulation du sang est accélérée et augmentée aussi l'activité cénesthésique générale.

β) *Réaction violente*. — A l'activité joyeuse, physique et mentale, succède une agitation extrême qui se traduit sur le visage par un air de méchanceté, de colère, de fureur ; le regard est chargé de menaces sous les sourcils contractés ; la bouche est serrée, aux plis rabattus ; l'injure va en sortir, avec un ton bref, brusque, agressif, en phrases hachées, serrées, ou même incohérentes. Les gestes sont incoordonnés, autoritaires, irrésistibles : c'est l'impulsion inconsciente. On brise tout autour de soi, ou on se jette sur l'adversaire, ou sur un témoin inoffensif. Parfois on porte sa furie contre soi-même.

C'est le syndrome le plus habituel de la manie subaiguë (excitation ou exaltation maniaque) ou de la manie aiguë.

Aux *troubles de l'activité générale* que nous venons d'énumérer et de passer en revue, il faut ajouter les troubles de la *mimique*. Ils ont une connexité très grande avec l'état de dépression et d'excitation.

Dans le premier cas, la mimique se réduit à l'inaction et à l'immobilité presque complètes : le visage est figé, concentré, sans expression d'aucune sorte.

Il faut distinguer d'ailleurs l'*expression mimique*, du visage et l'*action mimique*, attitudes, mouvements du corps, gestes en général qui accompagnent et illustrent l'action.

Pour l'un et pour l'autre il peut y avoir *hypermimie* ou *hypomimie*, ou *amimie*, ou *hemimimie*, *paramimie*.

A. *Expression mimique*. — Pierret l'a caractérisée de la façon suivante chez les aliénés où elle peut être :

« Lente au lieu d'être rapide, discordante au lieu de concordante, excessive ou insuffisante au lieu d'adéquate ; dissociée au lieu d'homogène ; enfin, fugitive ou trop prolongée au lieu de suffisamment persistante. » (PIERRET.)

Il peut y avoir dissociation paradoxale, pour ainsi dire, entre l'expression mimique et l'état mental, psychique, morbide des sujets.

D'une façon générale, comme nous l'indiquions à l'instant, on observe souvent des cas *d'hypermimie expressive* (nuance, mélancolie anxieuse), *d'hypomimie expressive* (dépression, mélancolie), *d'amimie expressive* (imbécillité, psychasthénie, stupeur).

Dans les *paramimies* il y a plutôt un trouble *d'adaptation* que de *fonctionnement*.

A ce sujet Dromard, cité par Grasset, reconnaît deux groupes :

1° Troubles d'adaptation portant sur les centres corticaux d'association idéoaffective, ou par incongruence ; c'est la paramimie proprement dite : expression franchement paradoxale, contradictoire ou simplement discordante ou injustifiée ; expression triste avec émotion gaie ou réciproquement ; 2° troubles de fonctionnement portant sur le centre thalamique de la psycho-réflectivité : α) défaut d'inhibition de l'écorce (mimiques spasmodiques, rires et pleurs intempestifs) ; β) par défaut de dynamogénisme du thalamus (couche optique) : mimiques dissociées.. (GRASSET, p. 243.)

Action mimique. — Elle comporte les mêmes troubles (hypo-, para-, hyper- ou a-).

Ils sont conformes à l'état du malade et répondent à son tonus émotionnel, positif ou négatif, de dépression ou d'excitation. Parfois le malade en arrive à l'immobilité, à l'attitude figée que nous avons déjà signalée et que quelques auteurs dénomment stéréotypies (stéréotypies akinétiques ou des attitudes, ou stéréotypie parakinétique, des mouvements ou des actes).

Dans la gesticulation, les mouvements, les attitudes, les manières d'être extérieures certains aliénés traduisent fidèlement leur état psychique. « Les aliénés, on peut le dire, écrit Régis, sont, pour la plupart, des mimes remarquables, d'autant plus remarquables que tout chez eux est spontané, naturel, sans apprêt ; les mimes professionnels auraient certainement beaucoup à apprendre à leur contact. » (RÉGIS, p. 124.)

Ce même état de dépression ou d'excitation se retrouve dans l'extériorisation de l'acte qui peut être consciente ou volontaire, subconsciente ou automatique, inconsciente, impulsive (impulsions morbides), ou troublée dans son mécanisme physiologique (apraxie).

L'activité consciente, libre, c'est la volonté proprement dite, libre, que nous avons étudiée. Elle subit,

TROUBLES DE LA VIE ACTIVE

chacun le sait, les variations innombrables de l'état affectif, de l'état émotif. C'est toujours et bien souvent la lutte entre l'émotion et la volonté, conséquence de la lutte entre *le cœur et la raison*. Tantôt l'homme est maître de lui-même et il peut exécuter sans hésitation, ni faiblesse, après délibération, ou spontanément, les actes résolus. Payot a bien montré que la vie affective, avec ses exigences et son mandat impératif si continu, est le pire ennemi de l'intelligence et de la volonté. Elle condamne souvent

A) État physiologique de l'extériorisation de l'acte.	Activité consciente volontaire.	Dépression. Excitation.	Mais régulation et inhibition possibles.	Contrôle supérieur.
	Activité automatique subconsciente.	Mimique. Gestes. Distraction. Mouvements coordonnés.	Conforme aux tendances et à la nutrition du sujet.	Contrôle supérieur.
B) État pathologique de l'extériorisation de l'acte.	Activité automatique subconsciente sans régulation supérieure.	Obsession émotive. — idéative. Dépression. Excitation.	Contraires aux tendances et à la nutrition générales.	Paraboulie.
	Activité subconsciente ou consciente irrésistible.	Impulsion { consciente subconsciente }	Instincts naturels exagérés, irrésistibles, contraires et non adaptés au noyau individuel ou social.	Hypoboulie.
	Activité supprimée.	Aboulie Akinésie Apraxie { inconscientes }	Troubles fonctionnels. Lésions anatomiques.	Aboulie.

l'homme à l'aboulie complète, partielle, ou à la paraboulie.

Il faut distinguer dans les perturbations morbides
de la volonté plusieurs degrés :

Paraboulie, hypoboulie, aboulie.

Les deux premières indiquent une perversion ou
une diminution de la volonté ; la troisième, plus rare,
est l'abolition de la volonté.

Le tableau ci-contre schématise la description :

A. ÉTAT PHYSIOLOGIQUE. — Nous avons déjà étudié les
modifications qui peuvent se produire dans l'extériorisation de l'acte, dans la réflexion et la délibération
à l'état normal. Elles sont passagères et sans gravité ;
leur durée et leur intensité sont légères. Elles constituent plutôt des caractères (capricieux, hésitants, in-
décis, irrésolus, inattentifs, légers) que des symptômes morbides, comme nous le disions plus haut,
même à l'état physiologique.

La volonté peut être troublée par l'état émotionnel ou
affectif, produisant de la dépression ou de l'excitation.

Dans tous ces cas, nous le répétons, le trouble est
toujours de peu de durée : c'est une paraboulie fonctionnelle, une maîtrise de soi momentanément insuffisante, mais qui reprendra ses droits dans un bref
délai. L'activité automatique subconsciente peut remplacer, dans une certaine mesure, l'activité supérieure
accidentellement supprimée ; mais la situation reste
physiologique. Les conséquences de cette substitution
demeurent normales, conformes dans les grandes
lignes aux tendances et à la nutrition générale de
l'individu. Cependant si l'automatisme acquiert une
prééminence trop grande et trop durable ; si l'activité
supérieure est déchue de son autorité l'état pathologique est créé.

B. ÉTAT PATHOLOGIQUE. — Il est constitué par *l'hypoboulie*, la *paraboulie*, *l'aboulie*.

Hypoboulie. — La première se rencontre dans tous les états d'asthénie de fatigue, de surmenage, de psychasthénie, d'anémies infectieuses. C'est la quantité et la qualité de la réaction qui sont diminuées. C'est l'état de dépression constitué : avec tendance plus ou moins forte à l'inertie, à l'immobilité, ou à la lenteur de l'activité dynamique générale.

La *Paraboulie* se rencontre surtout dans les psychonévroses et en particulier dans la neurasthénie, et chez les dégénérés supérieurs, chez les petits mentaux. Elle est constituée par une mauvaise direction, une défectueuse orientation de la volonté, une *maîtrise de soi* insuffisante. Elle est pathologique par sa durée, son intensité et aussi par l'importance constante de ses concomitants physiologiques. Elle est pour ainsi dire parallèle et connexe avec l'obsession émotive anxieuse, ou l'obsession idéative (idée fixe).

« Dans l'obsession, dit Grasset, il y a certainement une *idée* fixe, qui est pour Westphal le symptôme principal, et une émotion base du délire émotif de Morel. Mais il faut, en outre, que ces deux éléments agissent sur la volition, sur la délibération et le jugement des motifs qui précèdent la décision. Ce qui caractérise vraiment l'obsédé, c'est le trouble de la *fonction de hiérarchisation des motifs*. L'obsession n'est constituée que quand l'idée fixe a pris sur la volonté du sujet un empire injuste et immérité, incoercible, irrésistible, disproportionné, insensé. L'obsession est bien vraiment un trouble de la volonté. Les obsédés peuvent d'ailleurs (Pitres) avoir en même temps une « volonté très ferme » pour certaines choses; c'est pour cela que j'en fais des *para-*

bouliques et non des abouliques. » (GRASSET, *Intr. phys. à l'étude de la phil.*, p. 125.).

Nous avons vu, en plusieurs endroits déjà, qu'il fallait distinguer l'obsession émotive anxieuse de l'émotion idéative. Mais dans l'un et l'autre cas, le jugement et la volonté participent aux troubles psychiques. Les obsédés émotifs sont en effet des *parabouliques*, comme nous l'avons marqué précédemment et comme le disent fort bien Déjerine et Gauckler.

Il s'agit toujours, dans l'espèce, d'un tonus affectif exagéré qui domine la sphère du noyau individuel, détruisant la systématisation utile, efficace, empêchant le libre choix des mobiles et des motifs, aboutissant à un émiettement, à un éparpillement incompatibles avec la *maîtrise de soi*. De plus, la régulation, le pouvoir d'arrêt, la faculté d'inhibition sont entravés et compromis. Ils n'interviennent plus pour modérer l'exagération des images et des impressions internes due à la faculté d'évocation, c'est-à-dire produite par l'imagination constructive. Dans ces conditions, l'émoi affectif augmente graduellement et rapidement, sans que la volonté soit capable de *freiner* ou de *bloquer*. Il y a un commencement de désagrégation psychique ; l'activité mentale peut rester identique au point de vue de son potentiel dynamique, mais elle est désemparée. Le contrôle supérieur manque définitivement.

Le centre O ne fonctionnant plus, c'est la seule manifestation automatique polygonale qui domine la scène. L'*hypoboulie* et la *paraboulie* ont alors une gravité et une importance plus grandes.

Au point de vue de l'extériorisation des actes, cette situation, d'après Pierre Janet et Grasset, se précise en trois modes :

1° Conservation des actes anciens (devenus polygonaux);

2° Perte des actes nouveaux (O);

3° Conservation des actes subconscients et perte de
la perception personnelle des actes.

Aboulie. — C'est la disparition complète de toute
volonté correspondant à toute extériorisation de l'acte.
Non seulement la fonction supérieure libre et consciente est anéantie, mais supprimé aussi l'automatisme polygonal. Le sujet (chloroformisé, comateux,
stupide) est réduit aux réflexes inférieurs organiques
inconscients.

C'est l'*inactivité totale* par apsychie, agnosie,
aboulie. D'après Régis, la pre ière est « le défaut de
conception de l'acte ou de compréhension et de souvenir de son ordre d'exécution par obtusion, obnubilation, distraction, amnésie de fixation »; le second
est « le défaut de connaissance et d'identification des
objets (agnosie de Freud, asymbolie de Wernicke,
asymbolie sensorielle de Meynert), comprenant
l'agnosie visuelle (cécité psychique), l'agnosie tactile
(stéréagnosie, agnosie de palpation) »; la troisième
est « la perte du vouloir, de la volonté d'action. »
(Régis, *op. ci.t* p. 130.)

Actes délirants et impulsifs. — Si l'extériorisation
de l'acte peut être troublée dans sa tonalité et sa qualité (hypoboulie, paraboulie), elle peut l'être également dans sa qualité. A une idée morbide correspond
presque toujours un acte morbide. C'est la réaction
faisant suite à une association pathologique déterminée. Ils correspondront nécessairement aux impulsions morbides : idée, sentiment, hallucination,
paraboulie, aboulie : c'est l'acte, l'hallucination,
l'impulsion morbides. Toutes ces extériorisations

morbides dépendent d'un processus neuro-psychique *nouveau*, *différent* des voies de conduction habituelles, *opposé* à une sphère du noyau individuel et conditionnant des réactions inaccoutumées, inadaptées, suivant les circonstances absurdes ou logiques, subconscientes ou inconscientes, réfléchies ou spontanées, voulues ou irrésistibles, nocives ou inoffensives pour le sujet ou son entourage.

Ou bien encore, elles sont un retour aux réflexes organiques, instinctifs, inférieurs, que l'éducation a modifié pour créer le noyau individuel, les réflexes personnels ; ou une désagrégation de la personnalité et de ses sentiments moraux, familiaux ou sociaux.

Les actes délirants répondent ainsi aux divers instincts, tendances, besoins, désirs, appétits, idées, affections, sentiments de l'homme civilisé : ils en sont la négation ou l'exagération. On désignerait ainsi avec Morselli et Régis :

Tics, gestes, paroles morbides, délirants ;
Actes ridicules ou bouffons ;
— stupides et extravagants ;
— grossiers, répugnants ;
— ambulatoires ;
— d'appropriation et de vol ;
— érotiques ;
— de destruction ;
— d'incendie ;
— de violence contre soi-même ;
— de violence contre les autres ;
— d'intoxication personnelle.

Ils répondent aux besoins, aux appétits, aux tendances, aux instincts de l'homme, bien classés, par Spencer et Ribot. Ce dernier en reconnaît trois groupes.

1er *Groupe.* — *Physiologique :* la nutrition (recevoir, transformer, restituer), la faim, la soif, sentiment de conservation, de reproduction.

2e *Groupe.* — *Psycho-physiologique :* la vie de relation.

3e *Groupe.* — *Psychologique :* besoin, affectivité, émotion, intellectualité, etc. Besoins moraux (famille, société, etc.).

Les actes délirants le plus fréquemment relevés sont justement imputables à la suppression de ces instincts :

Instinct de conservation supprimé. — Suicide.

Instinct de nutrition supprimé. — Refus de nourriture, tendance à manger des excréments (scatophagie).

Instincts sociaux supprimés. — Vol, incendie, homicide, obscénité.

Instincts individuels supprimés. — Impolitesse, exhibition, violence, etc., colère.

L'acte morbide est précédé d'une tendance à l'extériorisation, à l'impulsion. L'impulsion peut être physiologique ou morbide. La première n'est qu'une propension à la réaction normale, consécutive à une haute tension de l'influx nerveux, succédant à une concentration intense, préparant une décharge réflexe violente, conforme aux tendances du sujet, conforme à la sphère du noyau individuel, soumise au pouvoir d'inhibition ou d'arrêt, à la faculté de détermination, en un mot, à la volonté consciente et libre.

L'impulsion morbide représente une tension et une concentration encore plus violentes, rapprochant de plus en plus le processus neuro-psychique de l'arc réflexe simple, organique, sans phase d'association, de régulation, d'inhibition, sans sphère de noyau individuel.

Dans le premier cas, c'est une propriété personnelle du sujet consistant en une grande affinité avec l'extériorisation de l'acte succédant à une impression interne ou externe, d'un rythme élevé, positif : c'est une force physiologique bienfaisante, utile, avantageuse.

Dans le second, c'est une déchéance, une dérogation, une régression du sujet, le rapprochant de l'automatisme ou de l'organique, indiquant une grande faiblesse ou une suppression absolue du pouvoir d'arrêt et d'inhibition : c'est une excitation pathologique malfaisante, nuisible, dangereuse (SPENCER, p. 345.)

L'impulsion à l'acte n'est pas l'acte lui-même. Dans l'impulsion même morbide, impérieuse, succédant à une idée, à un sentiment, à une hallucination, il peut encore se manifester un pouvoir d'arrêt suffisant pour inhiber l'acte nocif, délirant.

L'impulsion morbide succède à une impression externe ou interne (psycho-mentale ou cénesthésique), trouvant des voies de conduction frayées, ou se frayant fortuitement et aisément à cause de l'intensité de l'influx nerveux, d'un potentiel dynamique très élevé. Si la sphère individuelle est encore assez forte, si l'inhibition persiste, si la concentration peut encore être réalisée, la condensation de l'influx nerveux se fera et l'extériorisation de l'acte ne se produira pas. Dans le cas contraire, la décharge réactionnelle se réalisera sans contrainte et avec une très grande force, consciente, subconsciente, ou inconsciente totalement, mais naturellement toujours involontaire, et se rapprochant de plus en plus de l'arc réflexe simple organique, comme nous le disions plus haut, jusqu'à se confondre complètement avec lui.

C'est alors l'extériorisation d'un acte impulsif morbide. D'après son origine et sa constitution, l'impulsion
morbide peut, comme nous l'avons vu, être psycho-
mentale et rester telle, c'est-à-dire, purement intellectuelle ou émotive, suivant que l'activité neuro-psychique est ou non accompagnée d'un tonus affectif.
L'impression interne psycho-mentale restera localisée
à la sphère d'association où elle sera retenue ou
inhibée, ou bien elle passera à l'extériorisation de
l'acte. L'impression ainsi retardée, ou interrompue,
modifiera l'impulsion morbide dans le même sens.
Succédant à une impression cénesthésique ou sensorio-
sensitive, l'impulsion peut ne pas être arrêtée, retardée
ou interrompue, et la réaction motrice se produira en
décharge violente avec tous les caractères du réflexe
simple, organique : irrésistible, inconsciente, involontaire.

Nous ne ferons que mentionner ici les impulsions
dont la description appartient surtout aux traités de
Psychiâtrie : impulsion au tic (impulsion psychique
ou psycho-motrice); impulsion au suicide, impulsion
à l'homicide; impulsion au vol (kleptomanie); impulsion à l'incendie (pyromanie); impulsion à boire
(dipsomanie); impulsion à la fugue (dromomanie);
impulsions sexuelles (nymphomanies, inversion,
perversion, inhibition, fétichisme, sadisme, maso-
chisme); impulsion au mensonge (mythomanie);
impulsion à l'usage de poisons (toxicomanie).

Troubles du mécanisme des actes. — Dans l'*akinésie*, on range tous les troubles moteurs dus à des
lésions anatomiques, tels que paralysies, parésies,
ataxies, tremblements, etc.

Dans l'*apraxie proprement dite* (α, privatif, πραττειν,
faire) qui est véritablement la perte du pouvoir

d'extérioriser l'acte, on range « la perte des images-
souvenirs des mouvements nécessaires à leur production, ou comme on dit, la formule kinétique » (Régis,
p. 129).

C'est encore « une incapacité plus ou moins complète à exécuter des mouvements adaptés à un but et
cela malgré la conservation de la force musculaire et
l'intégrité de l'activité sensorio-perceptive. » (Deny.)

On en reconnaît généralement deux formes :

1° *Apraxie motrice* ou *idéo-motrice* (type Liep-
mann), mouvements inadaptés, incohérents, amorphes, manque d'unité et de coordination des centres
kinétique et mnésique : lésions en foyer : *apraxie
segmentaire* (nerfs *articulo-sensitifs*, voir Chap. ii,
IIᵉ Part..)

2° *Apraxie idéo-motrice* ou *idéatoire* (type Pick),
souvenirs moteurs kinesthésiques conservés, troubles
dans la suite des actes partiels.

Il semble que l'apraxie soit un trouble de la coordination volontaire des mouvements ou des actes,
car les malades atteints de ce syndrome conservent
souvent l'intégrité de l'automatisme acquis.

« Il faut, dit Grasset, distinguer l'aboulie de volition (les sujets ne *veulent* pas) et l'aboulie d'exécution (les sujets ne *peuvent* pas). Dans cette dernière,
dit Guislain, les malades savent vouloir intérieurement, mentalement, selon les exigences de la raison.
Ils peuvent éprouver le désir de faire; mais ils sont
impuissants à faire convenablement... le *je veux* ne
se transforme pas en volonté impulsive, en détermination active. Dans certains cas d'aboulie polygonale, d'extériorisation, dit encore Grasset, les actes
ne peuvent être accomplis que quand ils sont constamment provoqués et entretenus par une exci-

tation sensorielle actuelle, la vue par exemple. Ces sujets feront des mouvements tant qu'ils verront leur membre et en seront incapables quand ils ne le verront plus (syndrome de Lasègue). » (GRASSET, p. 124.)

CHAPITRE VI

TROUBLES DU CARACTÈRE, DE LA CONSCIENCE ET DE LA PERSONNALITÉ

Sommaire : Anomalies du caractère. — Les contradictoires successifs. — Les contradictoires coexistants. — Les caractères polymorphes. — Perturbations des tendances. — Troubles dans le noyau individuel des réflexes. — Maladies de la personnalité, d'après Ribot. — Individualités du centre O et du polygone. — Désagrégation. — Folie morale.

Sans revenir sur la définition du caractère rappelons qu'on peut le spécifier en disant que c'est une orientation particulière d'une ou de plusieurs tendances de l'individu, ou, si on veut, une orientation de la personnalité, sentir, penser, agir.

Maudsley fait une déclaration à laquelle la psychologie physiologique doit souscrire complètement :

« Affirmer que tous les hommes naissent égaux, comme on le fait quelquefois inconsidérément, c'est énoncer en peu de mots une opinion aussi fausse que possible. Il y a une aussi grande variété d'esprits qu'il y a des variétés de figures et de voix ; et de même que deux figures et deux voix ne se ressemblent jamais exactement, jamais deux esprits ne sont la contre-partie l'un de l'autre. Chaque personne a une certaine *individualité*, certains traits, certaine *disposition caractéristique* qui nous permettent de la distinguer d'une autre personne qui peut lui ressembler beaucoup et je prétends que chaque caractère spécial qui se manifeste extérieurement est représenté intérieurement dans les centres nerveux, que c'est le signe externe et visible d'une constitution intérieure et invisible des centres nerveux (p. 19). »

C'est justement les perturbations de ces *dispositions caractéristiques* qui constituent les troubles du caractère. Bechterew confirme expérimentalement l'intuition de Maudsley : le caractère dépend de la forme constitutive de la sphère du noyau individuel. (Voir chapitre viii, IIᵉ part.)

Ribot a défini de la façon suivante la différence entre le caractère normal et morbide :

« 1º Un caractère vrai est réductible à une marque, à une tendance prépondérante qui en fait l'unité et la stabilité pendant la vie entière. Cette conception est un peu idéale ; plus le caractère est tranché ; plus il s'en rapproche.

« 2º Dans la pratique, un caractère net permet toujours (sauf des cas rares qui s'expliquent) de prédire et de savoir. Nous savons d'avance ce que fera, dans telles circonstances, un actif, un sensitif, un flegmatique, un contemplatif. Les neutres qui sont à proprement parler des sans-caractère agiront d'après les événements ; aussi le calcul de prévision a son point d'appui en eux, non hors d'eux. » (RIBOT, p. 409.)

Comme le fait très bien remarquer l'auteur de la *Psychologie des sentiments*, il n'y a pas d'éléments différentiels tranchés, absolus entre le caractère normal et le caractère morbide. De plus, le caractère le plus net

peut fortuitement, passagèrement, être très modifié
par les circonstances. Ce sont là des « déviations légères
et momentanées » qui ne sont pas, à proprement
parler, pathologiques. Encore, en cette question,
faut-il *deux symptômes dominants : la durée et l'intensité de la perturbation.*

Allant de la *stabilité* à la *dissolution* Ribot, divise
les caractères en trois catégories, basées sur le plus
ou moins de variabilité et de contradiction dans la
tendance dominante :

I. Les caractères contradictoires successifs.

II. Les caractères contradictoires simultanés.

III. Les caractères instables ou polymorphes (dernier degré de la désagrégation).

Nous allons suivre, en le schématisant, le développement présenté par Ribot.

I. — CARACTÈRES CONTRADICTOIRES SUCCESSIFS.

α) Anomalie des caractères : *Forme simple*. —
Changement d'accentuation d'une seule et même tendance chez le même individu.

Forme pathologique. — Certaine durée et intensité
dans le changement, substitution *durable* d'une tendance à la conscience (conversion). Étiologie : infection, cénesthésie, traumatisme, émotion-choc. Conception nouvelle (3 stades : 1º conception d'un idéal
contraire ; 2º idée fixe, obsession ; 3º extériorisation).

Forme alternante. — Variations du caractère. Caractère léger d'abord, anormal passage du caractère A au
caractère B, puis intermittence systématisée dans le
temps A—B—A—B, etc. (pathologique). Altération de
la personnalité : sens physiologique, sens affectif, intellectuel. État premier et état second (automatisme,

tonus affectif positif ou négatif alternant, délire onirique, etc.) (Voir Bourru et Binet, *Mal de la personnalité*; Ribot, voir plus loin.), Étiologie : nutrition cénesthésie, tonus positif ou négatif, excitation ou dépression. (Dans le sens pathologique, chronique, folie à double forme, circulaire, excitation, dépression manie — mélancolie, manie — mélancolie, etc. (Ma—Mé— Ma—Mé, etc.)

II. – CARACTÈRES CONTRADICTOIRES COEXISTANTS.

1° *Forme anormale.* — Contradiction entre le penser et le sentir ; entre principes et tendances. Opposition entre homme privé et public (caractère plutôt anormal ou morbide).

2° *Forme pathologique.* — Deux tendance incoordonnées (contradiction perpétuelle et complète). Exemple : sincérité religieuse et libertinage, croyant-libertin. Fierté hautaine et plate courtisanerie. Calme absolu dans la vie ordinaire, excitation violente dans la composition littéraire ou artistique.

Étiologie : succession et coexistence d'états affectifs qui n'ont qu'une contradiction apparente, mais représente la finalité de l'individu au point de vue *sentiment.*

Cette forme de caractère n'est vraiment pathologique que lorsqu'elle aboutit à la destruction lente de l'individu (plaisir morbide) ou au suicide.

III. — CARACTÈRES POLYMORPHES.

Instable, incohérent, vrai manque de stabilité, ou unité. Pathologique surtout par manque de caractère vrai.

Précocité, indiscipline familiale et scolaire, fugue, inaptitude à tout travail suivi, variabilité extrême; types : aventurier, bohème. Maudsley l'appelle la *diathèse spasmodique*.

Nous ne craindrons pas de faire à la *Pathologie de l'esprit* de Maudsley l'emprunt d'une page entière, très belle et très médicale, et d'une pénétration d'esprit remarquable (MAUDSLEY, p. 199) :

« Le nom de diathèse spasmodique ou de névrose spasmodique exprime bien un des caractères essentiels du manque d'équilibre entre les centres nerveux, leur tendance à l'incoordination. Il y a une instabilité inhérente aux éléments nerveux qui fait que la réaction mutuelle des centres nerveux dans leur fonctionnement supérieur ne se produit point convenablement et qu'une coordination de fonctions se trouve remplacée par une action indépendante, irrégulière et sans but. Dans toutes circonstances, l'individu est sujet à des écarts de pensées étranges et fantastiques, à des caprices de sentiments, à des actes excentriques ou extravagants, et, sous la pression de conditions extraordinaires, il peut devenir la victime d'un effondrement complet de son équilibre mental ; il y a pour ainsi dire une perte de la faculté de contrôle personnel dans les centres nerveux, une incapacité de calme, et l'énergie se perd dans les décharges explosives qui, comme l'action impulsive de l'homme passionné, dénotent assurément une faiblesse irritable. Car là, comme ailleurs, la coordination des fonctions signifie une puissance, acquise ou innée, et marque une supériorité de développements organique ; la direction de soi-même étant une puissance plus grande que l'abandon de soi-même. »

Étiologie organique : lésion du lobe frontal, trau-

matisme, etc. Psychique : anomalie par contraste
(Paulhan). Dégénérescence dans les psychonévroses :
émotivité, paraboulie, obsédabilités passagères.

Pour Ribot *infantilisme psychologique, congéni-
tal ou acquis.*

« En somme, dit Ribot, depuis le caractère *vrai*
(c'est-à-dire l'affirmation d'une personnalité sous
une forme stable et constante avec elle-même) qui
ne se réalise jamais complètement ni sans de courtes
éclipses, il y a tous les degrés possibles d'infraction à
l'unité et à la stabililité, jusqu'à ce moment de la mul-
tiplicité incoordonnée, où le caractère n'a pu naître ou
a cessé d'être » (p. 423).

Pour Paulhan, l'instabilité et l'incohérence du caractère seraient le fait des dégénérés, des psychonévroses (hystérie, neurasthénie).

« On a dit, écrit-il, que le caractère hystérique est
une exagération du caractère féminin. Il est en réalité l'exagération d'une manière d'ê , un peu plus
fréquente probablement chez les femmes, mais qui
n'est pas rare chez l'homme : l'instabilité, l'incon-
stance, l'incohérence se remarquent assez souvent.

« L'émiettement de la personnalité, l'éparpillement de la volonté peuvent aller très loin. A l'un
des bouts de la série, on voit le bohème encore brillant parfois, ou l'hystérique plus ou moins passionné ; à l'autre bout, l'imbécillité avec ses différents
degrés, la démence et la mort. Et la mort peut être
amenée indirectement assez vite par l'imprévoyance
et le manque de précaution qui proviennent de l'incohérence générale, si la société n'intervient pas pour
subvenir tant bien que mal à l'incohérence du
moi » (p. 61).

Nous avons déjà montré que chez les dégénérés, les

psychasthéniques, il y avait pour ainsi dire faiblesse congénitale du jugement et de la volonté et que chez les malades atteints de psychonévrose, surtout chez les neurasthéniques, l'instabilité du caractère dépendait principalement du facteur « préoccupation émotive. diminution passagère de la maîtrise de soi, obsédabilité, phobisme.

Dans le tableau suivant, emprunté à Paulhan, qui n'est que le complément de celui que nous avons donné (chapitre viii, IIe part.), le caractère morbide peut déprendre des troubles para, hyper ou hypo d'une ou plusieurs tendances normales qu'on constate chez l'individu. Comme toujours, la perturbation pathologique portera sur un ou plusieurs éléments fondamentaux de la personnalité comme en pathologie interne la maladie se présente avec un ou plusieurs syndromes (affection d'un ou plusieurs organes).

Tendances se rapportant à la vie :	Organique.	1° de l'individu.	Besoin de nourriture. — de boisson. — de respiration. — d'exercice musculaire.
		2° de l'espèce.	Amour sexuel.
	Mentale.	Sensorielles.	Amour des goûts (gourmandise). — des odeurs. — des couleurs et des formes (sculpture, peinture), etc. — des sons (poésie, musique).
		Affectives.	Amour des émotions.
		Intellectuelles.	Amour des sciences. — des lettres. — de la philosophie.
Tendances se rapportant à des individus :	Égoïstes.		Égoïsme. Ambition. Amour-propre, orgueil, vanité frivole.
	Altruistes.		Sympathie. Pitié.
Tendances sociales :	Amour des groupes sociaux.		Esprit de coterie. Amour de la famille. — de la patrie.
	Amour des formes sociales.		Passions politiques. — sociales.
Tendances supra-sociales :	Passions religieuses.		Amour de Dieu. Mysticisme.
	Passions philosophiques et esthétiques.		Amour de la perfection. — de la moralité, du beau, du vrai. Mysticisme intellectualiste, esthétique ou moral.

Il est facile de voir que le type morbide sera créé par une exagération ou une suppression de la tendresse normale. Nous nous contenterons d'une simple et rapide énumération des principaux types, anormaux ou morbides, d'après la classification de l'ouvrage de Paulhan.

I. — TENDANCES SE RAPPORTANT A LA VIE ORGANIQUE :

Exagération ou diminution de nourriture, de boisson.	Gloutons. Boulimie. Mérycisme. Polypotes (Fabre, de Commentry). Sitiophobie. Manie du jeûne. Dipsomanes. Géophages. Scatophagie.
Exagération ou diminution du besoin musculaire.	Dromomanes. Sédentaires. Apathiques.
Exagération ou diminution du besoin sexuel.	Érotisme. Frigidité.

II. — TENDANCES SE RAPPORTANT A LA VIE MENTALE :

Sensorielles. (Exagération ou diminution) et motrices.	Auditifs. Visuels. Moteurs. Types normaux et leur anomalie. Exagération ou diminution morbide (les indifférents à la couleur, à la musique, à la chère, aux parfums).
Affectives. (Exagération ou diminution.)	Émotifs (neurasthéniques). Sentimentaux. Psychasthéniques indifférents. Imbéciles, indifférents.
Intellectuelles. (Exagération ou diminution.)	Arithmomanie. Collectionneurs. Bibliomanes. Analystes. Dilettantes. Virtuosité psychique (Paulhan). « Adorateurs du moi. » « Intellectuels », au sens péjoratif. Esthètes. Décadents. Symbolistes.

III. — TENDANCES SE RAPPORTANT A DES INDIVIDUS :

Égoïstes. (Exagéra-tion ou diminution.) { Ambitieux. Mégalomanes. Vaniteux. Mythomanes (par orgueil exagéré). Indifférents.

Altruistes. (Exagéra-tion ou diminution.) { Sensiblerie. Misanthrope. Bourru. Sauvage. Amitié exagérée seulement des adolescents. Sentiments familiaux, maternels, morbides, ou leur contraire.

IV. — TENDANCES SOCIALES :

Exagération ou dimi-nution. { Humanitarisme. Nihilistes. Anarchistes. Délinquants. Kleptomanes criminels. Incendiaires, etc. Ermites.

V. — TENDANCES IMPERSONNELLES :

Exagération ou dimi-nution. { Mondains. Oisifs. Dandysme. Snobs. Sportsmen exagérés et exclusifs. Touristes dromomanes. Alpinistes. Vaniteux, etc. Timides. Sauvages. Susceptibles. Misanthropes. Mésogynes.
Avares. Économes. Prodigues. Déformation ou cristallisation professionnelles.
Amour de la richesse, de la célébrité, du rôle à jouer. Humbles. Cyniques. Autoritaires. Soumis. Doux. Patients,
Amour du jeu, du gain. (Plaisir de perdre, morbide.) Recherche de la sensation forte.
Coquetterie. Vanité. Goût exagéré de la toilette.

VI. — TENDANCES SUPRA-SOCIALES :

Formes diverses. { Bassesse. Amoralité (folie morale). Mystiques. Illuminés. Prédicants. Apôtres de religion nouvelle.

De cette longue énumération, ressort cette consta-

tatation que les caractères normaux purs, ou les cas
morbides types sont très rares : les modifications
dans l'orientation de la personnalité portent généralement sur l'exagération et la diminution d'une ou de
plusieurs tendances dominantes. Même, physiologiquement, la pluralité des formes existe chez le même
sujet : la déviation du caractère, ou sa régression,
évoluera souvent dans le sens de la même complexité
d'éléments. Dans certaines circonstances, les tendances latentes sourdent subitement, malgré les
efforts de l'individu ; d'autres fois, au contraire, des
tendances seront refrénées assez longtemps jusqu'au
jour d'une faiblesse ou d'une défaillance, d'une
simple décharge automatique motrice (expression
mimique, action mimique).

Enfin il y a des contradictions contre lesquelles le
sujet se défend et qui apparaîtront fortuitement, in-
consciemment.

« Un détail nous montre aussi, dit Paulhan, une
tendance partielle à l'économie dans le fastueux, une
disposition, chez un homme doux et paisible, à s'em-
porter lorsque certaines questions sont en jeu, et
nous permet de trouver pour une même personne
différentes catégories qui lui conviennent toutes, iné-
galement sans doute, de telle sorte cependant que
nous nous exposerions à être complètement déçus, si
nous n'en tenions pas compte, dans les prévisions
que nous pourrions faire dans sa conduite future »
(p. 208).

Il apparaît encore que dans le caractère certaines
tendances ou même certains actes, envisagés isolé-
ment n'ont pas grande valeur sur la diagnose ou le
pronostic du caractère : l'association systématique a
seule une importance capitale, à ces deux points de

vue. Cela revient à la conception « réflexologique » de Bechterew : *le noyau individuel de la sphère neuro-psychique.*

« Les impressions, dit Bechterew, ne s'ajoutent à l'expérience antérieure de l'individu et n'arrivent à la reviviscence que par l'entremise de ce complexus qui devient pour ainsi dire le noyau individuel de la sphère neuro-psychique. L'association des traces avec leur subordination à ce noyau constitue ce qu'on appelle *individualisation des impressions.* Celles-ci n'entrent pas cependant toutes dans une connexion également étroite avec le noyau individuel. Cela dépend beaucoup de la concordance de leur action émotionnelle avec le tonus affectif de ce dernier. Il en résulte une certaine sélection, un certain ordre dans l'enchaînement des réactions neuro-psychiques qui se manifeste au dehors comme attitude ou conduite de l'individu. Du reste la direction de cet enchaînement peut aussi faire place à un phénomène d'inhibition. Il suffit que la reviviscence des traces cérébrales s'accompagne d'un changement de tonus neuro-psychique du positif, au négatif, pour que l'activité personnelle se trouve momentanément déprimée ou subisse même un véritable arrêt » (pp. 39 et 40).

Le tonus général positif ou négatif a également une influence considérable sur l'évolution du caractère et de la personnalité. L'excitation, la satisfaction exagérée (l'optimisme morbide) conduisent aux idées de *grandeur.*

Séglas les divisait en :

1° Idées de satisfaction, de capacité, de force, de puissance, de richesse.

2° Idées orgueilleuses, idées de grandeur proprement dites, idées ambitieuses.

Inversement la dépression, le pessimisme, le mé-
contentement de soi prédisposent aux états de diminution, de négation (GRASSET).

Pour bien saisir la pathologie de la personnalité,
ses maladies, il faut se rappeler sa constitution, sa
synthèse, son agrégat. Ainsi on concevra aisément ses
caractères morbides, sa dissolution, ses alternances,
ses substitutions, sa désagrégation en un mot. Binet
nous décrit fort bien les éléments physiologiques et
normaux de a personnalité. «Nous sommes faits,
dit-il, de longue date par les habitudes du langage,
par les fictions de la loi et aussi par les résultats de
l'introspection, à considérer chaque personne comme
constituant une unité indivisible. Les recherches
actuelles modifient profondément cette notion importante. Il paraît aujourd'hui démontré que si
l'unité du moi est bien réelle, elle doit recevoir une
définition toute différente. Ce n'est point une entité
simple, car s'il en était ainsi, on ne comprendrait
pas comment, dans des conditions données, certains
malades, exagérant un phénomène qui appartient
sans doute à la vie normale peuvent manifester plusieurs personnalité distinctes ; ce qui se divise doit
être formé de plusieurs parties ; si une personnalité
peut devenir double ou triple, c'est la preuve qu'elle
est un composé, un groupement, un résultat de plusieurs éléments. » (BINET, *les Altérations de la personnalité*, 1892, p. 316.)

Pour Ribot, les troubles de la personnalité comprennent trois catégories spéciales :

α) L'*aliénation*, transformation de l'ancienne personnalité en une nouvelle ;

β) L'*alternance*, la succession de deux personnalités,
avec ou sans souvenir de la première dans la seconde ;

γ) La *substitution*, conviction morbide psychique d'un changement de personnalité.

Régis à son tour reconnaît trois classes pour ces mêmes symptômes morbides.

1. Troubles de la personnalité consciente ;

2° Troubles dans les rapports de la personnalité consciente et de la personnalité inconsciente ;

3° Troubles par dissolution de la personnalité.

1° Il s'agit généralement, dans ce cas, d'une sorte de dédoublement de la personnalité, ayant perdu sa cohésion du fait de l'établissement d'une obsession idéative, d'une véritable idée fixe qui, bientôt, fait supposer au moi, qu'il y a deux personnalités coexistantes ; tantôt l'une est normale et l'autre délirante, tantôt la première est définitivement remplacée par la seconde. Nous avons vu les théories de Ribot, au sujet des caractères coexistants, qui montrent, par ce même mécanisme, le dédoublement de la personnalité.

Myers dit de l'idée fixe « qu'elle peut attirer dans son centre parasitaire tant d'éléments psychiques qu'elle finit par former une sorte de personnalité secondaire, existant à côté de la personnalité primitive, quelquefois à l'état latent, mais capable aussi de s'en emparer parfois par un véritable coup de main. Dans d'autres cas les nouveaux centres quasi indépendants présentent des tendances anarchiques, chaque cellule étant en révolte, en guerre permanente contre l'organisme qui ne tarde pas alors à se dissoudre et à succomber.» (MYERS, *la Personnalité humaine*, p. 44.)

« C'est ainsi, dit-il encore, que *l'idée fixe* constitue le premier symptôme de la désagrégation qui consiste dans la persistance d'un groupe d'idées et d'émotions échappant au contrôle et non susceptibles de modifications et qui, grâce à leur isolement, à l'absence de toutes communications entre elles et le courant général de la pensée, deviennent étrangères et intruses, de sorte que quelque image ou idée spéciale envahit la conscience avec une fréquence inusitée et pénible. » (MYERS, p. 42.)

2° On observe aussi l'*état second* dans le délire onirique toxique. C'est la rupture du lien qui unit l'automatisme aux centres supérieurs mentaux et l'existence séparée de l'un et de l'autre, avec parfois conscience de l'un ou de l'autre (conscient et subconscient)

3° C'est enfin la régression complète de la démence, de l'affaiblissement mental, dans laquelle tous les éléments psychiques constitutifs perdent leur agrégat et consécutivement ne laissent plus subsister aucune conscience de l'individualité propre.

Morselli et Séglas disent que, dans les troubles de la personnalité, il se forme un moi nouveau ayant avec l'ancien des rapports de *substitution* (délire métabolique) ; d'*alternance* (double conscience) ; de coexistence, (dédoublement, délire de possession).

« La personnalité polygonale peut, dit Grasset, participer à la maladie : quand O s'affaiblit, c'est une personnalité polygonale qui apparaît, *coexiste* avec la personnalité vraie, *alterne* avec elle, se *substitue* à elle ou s'affaiblit avec elle (p. 132). »

De toute façon les troubles portent sur la désagrégation de la personnalité soit par l'invasion de l'idée parasite (obsession idéative), soit par l'hyperactivité de la personnalité subconsciente automatique, inférieure, se *dressant* littéralement devant la personnalité vraie, supérieure, s'imposant à elle, parfois la remplaçant complètement, souvent, dans une sorte d'interprétation délirante, lui communiquant toute créance à une seconde personnalité, vivant de sa vie propre à côté de la première.

« Et tout d'abord, dit Myers, la désagrégation de la personnalité et les substitutions de certaines de ses phases à d'autres, que notre deuxième chapitre nous a déjà fait connaître, possèdent une grande importance également au point de vue de la *possession*. Nous y avons vu des personnalités secondaires, débutant par des manifestations sensorielles et motrices légères et isolées et acquérir peu à peu une prédominance complète et assurer la direction sans partage de toutes les manifestations subliminales. » (Myers p. 358).

On ne saurait donc trop insister sur l'importance de l'automatisme sensoriel et moteur que nous connaissons fort bien et qui constitue la véritable personnalité subconsciente, celle qui se manifeste, physiologiquement, en cas de troubles passagers, de la zone préfrontale, siège de la personnalité consciente supérieure. Il y a désagrégation temporaire comme dans le sommeil, l'hypnose, le rêve, le somnambulisme, la transe du médium. Si le trouble persiste, O a une tendance à s'en laisser imposer et admet l'existence spécifique, identifiée de l'automatisme qui prend à côté de lui la place d'une véritable seconde personnalité, morbide, tandis qu'à l'état normal, le subconscient discipliné, hiérarchisé n'avait aucune tendance à cet empiètement, à cet abus de confiance et d'autorité.

Pour Wernicke certains troubles de la personnalité produisent la disparition de l'orientation autopsychique (sentiment de la personnalité subjective) et de l'orientation allopsychique (perte de la relation de la personnalité avec le monde extérieur).

Pour Grasset la conception générale des troubles

de la personnalité s'appuie sur la différenciation du psychisme supérieur et du psychisme inférieur. La clarté du schéma polygonal du professeur de Montpellier aide beaucoup à illustrer des développements et des explications souvent très embarrassées et embarrassantes sans cette *carte psychique*, qui aide à suivre la description avec d'excellents points de repère· Je ne saurais trop recommander encore une fois, la lecture du *Psychisme inférieur*, où la théorie est présentée dans tout son entier et dans toute sa vigueur.

« Toute la doctrine, dit Grasset, exposée dans ce livre, aboutit à admettre chez chacun une individualité polygonale et une individualité supérieure O. Cette dernière (O) forme seule la personne humaine, la personne supérieure, morale, consciente et responsable. Le polygone forme une individualité inférieure, mais réelle, bien suffisante pour faire les personnalités morbides que nous avons étudiées : l'activité polygonale suffit pour faire un général ou un archevêque, toujours à la façon du sujet qu'on transforme ainsi. » (GRASSET, *Psych. inf.*, p. 349.)

Quand l'association des réflexes dont l'appréciation (1) constitue la conscience du moi et la personnalité est enrayée, dissociée, désagrégée d'avec le noyau individuel, il y a trouble de la personnalité.

Après avoir passé en revue les modifications pathologiques de la personnalité consciente, nous comprendrons mieux maintenant les troubles de la conscience proprement dite qui, nous le savons, ne doit pas être confondue avec la personnalité.

Les modifications de la conscience dues à l'état

---

(1) Ici le mot « appréciation » est pris dans le sens de perception — sensation ou sentiment.

pathologique peuvent porter sur la perception des impressions externes, ou sur celle des impressions internes cénesthésiques. Le subconscient en devenant conscient fortuitement, accidentellement, passagèrement peut troubler le moi (délire conscient, hallucination, illusion consciente) jouissant de son intégrité ou se substituant à lui, quand il disparaît ou est malade (délire, hallucination, impulsion inconsciente ou subconsciente). Un défaut de fonctionnement de la mémoire ne situant plus les perceptions au point de vue chronologique, ou ne les enregistrant plus normalement, en un mot, le manque de réviviscence des traces cérébrales apporte une perturbation profonde dans le fait psychique conscient, dans la sphère d'association du processus neuro-psychique.

A l'état physiologique, déjà, dans certaines circonstances de concentration, d'hyperattention, il y a un *trouble* passager de la conscience, de même qu'il peut y avoir des amnésies ou des paramnésies momentanées qui retentissent sur le sentiment interne. De même, l'état du tonus affectif modifie considérablement la conscience comme elle désorganise la personnalité, comme nous l'avons déjà vu.

Pour Bechterew, nous le disions plus haut, *la conscience de soi n'est que l'appréciation des réflexes associés.*

« Là aussi, dit le même auteur, il faut reconnaître l'influence prépondérante des facteurs affectifs, notamment du tonus neuro-psychique. Lorsque celui-ci a un caractère positif, l'appréciation devient facilement exagérée ; lorsqu'il a un caractère négatif, elle tombe dans l'excès contraire qui est l'amoindrissement de la personnalité » (p. 415).

Un trouble émotif persistant amoindrit la conscience et altère la valeur propre de la personnalité, surtout la maîtrise de soi qui constitue la systématisation soutenue du noyau individuel. C'est, d'ailleurs, bien plus un syndrome fonctionnel qu'organique. Dans ce dernier cas, la zone mentale préfrontale détruite, réduirait le sujet au subconscient.

Enfin dans les cas de désagrégation psychique plus avancée les impressions internes, dues à la reviviscence des traces cérébrales, ne se produisent plus et ainsi la même sphère neuro-psychique, perd une grande partie des impulsions qui entretiennent l'activité psychique et mentale.

La conscience morale, qui doit être considérée comme le fait de l'intégration nodulaire des réflexes associés conformes aux tendances individuelles et sociales, disparaîtra forcément dans la désagrégation de cette même activité mentale. Les ataxiques moraux, le daltonisme du sens moral, les fous moraux sont des malades chez lesquels le noyau de la sphère neuro-psychique et mentale a perdu toute cohésion et toute organisation systématisée.

Dans ces circonstances, la conscience supérieure mentale, morale proprement dite, disparaissant, avec la désorganisation des principales fonctions qui concourent à l'activité intellectuelle, il ne subsiste plus que l'automatisme subsconscient. Celui-ci, à son tour, sombrant dans le naufrage, réduit le sujet aux simples échanges organiques (stupidité, démence). C'est l'état d'inconscience absolue.

C'est la régression de la conscience, de la personnalité ; la dissolution de l'agrégat psychique, l'effritement de la synthèse psychique dont nous avons étudié la formation.

CHAPITRE VII

LA PSYCHOTHÉRAPIE

Arrivé à la fin de ces *Éléments* où je me suis surtout efforcé de citer les auteurs qui me frappaient, m'émouvaient, et fortifiaient ma conviction, j'avoue que je n'ai donné, comme dit Montaigne, que *la ficelle pour lier la gerbe* : j'ai donc mis fort peu de moi-même, à moins qu'on ne me tienne compte du grand plaisir que j'ai eu à relire certains philosophes, classés sur les rayons de ma bibliothèque, depuis de longues années, et que j'attaquai maintes fois pour les couvrir de notes, de la grande joie que j'ai ressentie dans l'analyse des auteurs et des traités nouveaux (Bechterew, Grasset et bien d'autres).

Je voudrais avoir pu donner aux lecteurs le désir de refaire ce que j'ai tenté. Oui, ce fut une excursion exquise à travers maints psychologues, médecins,

neurologistes ou psychiâtres. C'est l'enthousiasme
comparable à celui qu'on rapporte d'un voyage en-
chanteur, Puis je voudrais aussi dire et montrer que
ces simples rudiments, sans prétention à l'érudition
philosophique, ni aux subtilités spécieuses d'une
analyse transcendante, sont sùffisants pour faire souvent œuvre salutaire de médecin qui connaîtra, et
saura apprécier avec bon sens, la synthèse psychique
et mieux élucider et débrouiller sa désagrégation.

J'aurais pu appliquer les connaissances générales
acquises au cours de cet essai à bien des exemples :
c'eût été long et fastidieux. Meilleur et plus profitable
m'est apparu de choisir une seule espèce à laquelle je
tenterai d'adapter l'utilité de ces « Rudiments ». J'ai
pensé qu'on ne pourrait mieux essayer qu'en appli-
quant au neurasthénique, les procédés de la psychothérapie basés sur la véritable étiologie de cette
psychonévrose : la préoccupation, l'émotivité obsédable, la perte de l'orientation systématisée et la
maîtrise de soi.

Ce sera un bon *exercice pratique*, si on peut dire,
qui fera mieux comprendre ce que nous avons dit de
l'activité du processus neuro-psychique et de la nature des émotions.

Pour davantage encore être utile à nos lecteurs,
nous avons lu et analysé pour eux les meilleurs ouvrages de la littérature médicale contemporaine : aux
livres de Déjerine, de Grasset, qui traitent magistrale-
ment ce sujet, nous avons emprunté ce résumé sur
la Psychothérapie dans la neurasthénie.

Nous redirons encore que notre seul désir serait de
donner le goût, à tous ceux qui trouveraient cette esquisse trop rapide, de remonter à la source et de lire
les beaux travaux du maître de la Salpêtrière, de

l'éminent professeur de Montpellier, et ceux de leurs élèves.

Tous les neurologistes s'accordent à dire que le neurasthénique a besoin d'être soutenu, réconforté affectueusement : le médecin a qualité pour être son directeur de conscience physique, psychique et morale. Nos « Rudiments » suffiront aux médecins ou aux étudiants pour les préparer à ce rôle qui n'exige pas, il faut le redire, la familiarité absolue avec la bibliographie la plus complète et la plus récente de ce qui a été publié en psychologie physiologique ou pathologique.

Tous les praticiens, instruits et de bonne volonté, qui savent être patients et compatissants (1), sont capables de faire de la Psychothérapie. C'est mettre en action les notions les plus simples de la psychologie physiologique. La psychothérapie est le traitement pathogénique, dans les psychonévroses, rationnel, vraiment médical, celui qui suppose une bonne analyse et une sérieuse investigation psychique de la cause de la maladie. Elle se substitue, triomphalement peut-on affirmer, à la thérapeutique symptomatique, ignorante et inopportune, par essence, et à coup sûr, toujours désastreuse dans ses effets.

«Ce qu'on appelle psychothérapie, dit Brissaud, n'est autre chose qu'un ensemble de moyens destinés à montrer au patient par où pèche sa volonté et à exercer ce qui lui en reste dans le sens favorable. Dans le cas particulier le mal se borne au défaut de la volonté inhibitrice capable de refréner ce caprice cor-

(1) Nous avons insisté déjà sur ces qualités indispensables aux hommes de notre profession dans une série d'articles : « Pour être médecin » et dans la 3e édition de notre *Art pratique de formuler* (Valeur morale de l'ordonnance).

tical... Le médecin se fait éducateur sans rien emprunter aux pratiques plus ou moins occultes de la suggestion hypnotique. De cela surtout il faut qu'il se défende, car le malade doit être entièrement prévenu que sa collaboration est indispensable... C'est donc sa propre volonté qui agira et non l'influence personnelle de l'éducateur. Celle-ci s'exercera seulement en soutenant les efforts du patient, en lui faisant mesurer le terrain gagné petit à petit, en le contraignant à la soumission souscrite d'avance pour la durée des exercices comme pour celle du repos. » (Cité par GRASSET, *Psych. inf.*, pp. 521-522.)

Il faut que tous les médecins sachent que ces procédés spéciaux thérapeutiques leur sont accessibles et qu'il est inutile et dangereux, dans les psychonévroses d'avoir recours, d'une façon générale, aux médicaments.

« C'est dire que dans notre conception des psychonévroses, écrivent Déjerine et Gauckler, nous ne voyons nulle place pour une thérapeutique médicamenteuse. Que celle-ci puisse, de temps à autre, trouver une indication dans un phénomène surajouté, ne dépendant pas directement des causes psychiques, la chose est possible ; que parfois, pour *aider* un malade, on en soit amené à pallier un symptôme à l'aide d'un médicament, cela peut encore arriver. Mais, de toutes façons, le temps n'est plus où l'on pouvait prétendre faire bonne œuvre médicale en saturant un hystérique ou un neurasthénique de bromure ou de phosphore. Cette thérapeutique-là a vécu, et il nous paraît que, sans ambages et sans restrictions, on est en droit de la condamner » (p. 396).

Donc plus de drogues aux névropathes, plus de drogues qu'à titre épisodique ; même pas de drogues dans le but d'obtenir une sorte de suggestion. On guérira, on améliorera, peut-être, une algie quelconque, mais la cause, le fonds mental persisteront et la psychonévrose restera toujours identique à elle-même.

« *Donc pas de médicaments aux névropathes.* La méthode est dangereuse, inefficace, et son inconvénient capital est de donner au psychisme du malade une orientation directement opposée à celle qu'on serait désireux de lui voir prendre. »

C'est au seul traitement psychique qu'il faut avoir recours. La plupart des neurologistes pensent de cette façon et les discussions ne reprennent que sur les procédés à employer en psychothérapie.

Grasset termine son livre du *Psychisme inférieur* par le paragraphe suivant :

« De tout cela il résulte que la psychothérapie est un important chapitre de la thérapeutique. En même temps (et c'est la seule conclusion à laquelle je tienne à la fin de ce livre), c'est une thérapeutique que l'on ne peut pas comprendre et qu'on dénaturerait, si on ne faisait pas entre les deux psychismes et par suite entre les deux psychothérapies (1) la distinction et la séparation que tout ce livre consacre et développe » (p. 522).

Il y a en réalité deux méthodes principales :

La suggestion directe ;

La persuasion.

Déjerine et Gauckler spécifient bien les différences entre elles : « La première prétend introduire dans la onscience d'un sujet des idées nouvelles ou détruire

---

(1) Voir à la fin du chapitre : Psychothérapie infra-polygonale et supérieure, de O, mentale complète (persuasion, rééducation, distraction).

des notions existantes, en dehors de son consente
ment et de son jugement. La seconde veut que l'idée
nouvellement introduite soit consentie par le sujet
et que. s'il abandonne une conception à la faveur du
traitement, cet abandon soit fait volontairement,
après et en toute connaissance de cause » (p. 400).

Les mêmes auteurs pensent, avec juste raison,
que la suggestion directe, surtout faite dans le sommeil hypnotique, a de graves inconvénients : elle
diminue plutôt qu'elle ne renforce la personnalité,
elle aide à sa désintégration renouvelée à chaque
séance (O se désagrège du polygone, le psychisme supérieur est séparé du psychisme inférieur) ; en un
mot, c'est l'éducation préjudiciable de l'automatisme.
A notre avis également, ce sont des pratiques dangereuses qui ne font qu'augmenter le nervosisme, ajoutant à la psychonévrose, en quelque sorte, un syndrome nouveau qu'elle ignorait, l'hypnose. Avec elle
le malade perd de plus en plus l'agrégat psychique,
qui est indispensable à l'activité mentale normale, et
avec lui de plus en plus aussi le *contrôle de lui-même*.
Il devient aussi plus aisément auto-suggestionnable
avec les pires corollaires de ce théorème morbide.

Si l'hypnose est excusable chez les véritables hystériques, elle est à déconseiller formellement chez les
neurasthéniques.

La suggestion à l'état de veille serait meilleure pour
certains accidents névropathiques à condition qu'on
ait l'adhésion, l'acceptation entière du patient. Mais,
elle encore, s'adonne trop à l'automatisme ; elle dérive d'une petite mise en scène obligatoire, chambre
obscure, silence absolu du malade, occlusion des
yeux, paupières baissées, et, involontairement, elle
peut aboutir dans ces conditions à l'hypnose vraie.

De toutes façons elle remédie passagèrement à un accident, mais ne s'attaque pas à la *cause* même de la maladie.

« Il ne faut pas oublier, en effet, qu'il ne suffit pas de faire disparaître un symptôme chez un névropathe pour faire œuvre de véritable thérapeute. Il faut lui changer son état mental, lui expliquer comment et pourquoi une fois guéri, il ne retombera pas et cela parce qu'il aura récupéré la maîtrise de lui-même. » (Déjerine, *op. cit.*, p. 400.)

C'est là, en même temps qu'une excellente définition de la psychothérapie, bien fixer son programme et son but réel et précis.

La *persuasion* y réussira infiniment mieux que la suggestion directe, hypnotique ou à l'état de veille, dont elle n'aura jamais les graves inconvénients. Plus de mise en scène, plus de thaumaturgie : de la part du médecin, de la franchise, des explications nettes, claires, de la conviction, une bonne direction. Orienter les pensées, les méditations, les réflexions du malade dans un bon sens. Le forcer, en un mot, à réfléchir et à comprendre et lui imposer une nouvelle voie, sans blesser ses sentiments, ni rompre avec ses convictions, sans contrecarrer les uns ou les autres.

C'est, en s'appuyant sur le noyau individuel de l'activité psychique, construire patiemment un fraiement solide de voies nouvelles de conduction en détruisant les anciennes, morbides, et funestes au développement de l'individu. C'est créer des réflexes associés prédominants supprimant ceux qui ont été jugés faux et nuisibles.

En ouvrier patient et laborieux, il faut reconstituer la synthèse psychique du malade et développer, au lieu de l'amoindrir, la personnalité, le libre exercice

de la volonté qui confère le *self-government*, sans
faiblesse ni défaillance, ni *incomplétude*. Insensiblement, même avec des progrès minimes, des avancées
discrètes le « désemparé » reprend confiance en lui.
C'est le matelot, dans sa barque drossée par la tem-
pête, dont la voilure s'est abattue, qui, désespéré, à
bout de force, reprend courage en invoquant sa pa-
tronne et rétablit sa toile et conduit la barre d'une
main plus sûre. Avec la persuasion pas de rechutes
à craindre, parce que l'homme qui s'est reconquis
une fois a compris la cause de sa maladie et les procédés de guérison lui sont devenus familiers. Mais
on conçoit aisément qu'elle ne peut être employée
qu'à l'égard des névropathes, dont le psychisme supérieur n'est pas atteint anatomiquement, qui ne présente que des troubles fonctionnels.

En règle absolue, pas de psychothérapie chez les
grands obsédés, les malades atteints de folie circulaire, les petits ou les grands mentaux, en un mot.

Elle ne peut pas toujours, et dans tous les cas, agir
seule. Il est donc quelques *adjuvants* que nous indi-
querons bientôt.

Schématiquement, on peut dire que la *persuasion*
s'adresse au *trépied pathogénique* de la psychonévrose :

α) Le *fonds mental et moral* (facteur émotif);

β) *Accidents névropathiques* (manifestations fonctionnelles;

γ) *Phénomènes surajoutés* (conséquence de la persistance des manifestations fonctionnelles sur un organe).

Avant de terrasser ce monstre à trois têtes, il faut
se préparer à la lutte et bien aiguiser le fer qui les
fera tomber une à une — qu'on me pardonne cette
comparaison. Plus simplement, le médecin devra

s'apprêter pour un bon examen général. Ce sont les préliminaires, les prolégomènes indispensables vis-à-vis de chaque patient. Il faut du temps, pas de hâte, des consultations d'une heure entière parfois. D'abord, un long interrogatoire dirigé avec tact, que vous conduirez avec une autorité pour ainsi dire dissimulée avec la plus grande bienveillance. La plus grande circonspection, la plus grande réserve dans les paroles : un mot déplacé, imprudent, malheureux fait beaucoup de mal et retarde l'œuvre entreprise. Scrutez les trois principaux filons de notre « mine psychique : le sentir, le penser, l'agir ». Fouillez le cœur, la raison et les « reins », c'est-à-dire la sexualité. Sachez si vous avez à faire à un grand sentimental, à un grand affectif ou à un indifférent. Débrouillez habilement, coûte que coûte, les causes profondes de son émotivité et de son déséquilibre au point de vue de la maîtrise de soi. Quand vous aurez ainsi agi, entre temps, efforcez-vous de devenir l'ami véritable et compatissant de votre malade, de vous faire aimer de lui. Alors vous provoquerez une confession complète, des aveux et des larmes. Bon signe. Peut-être les trois quarts de la guérison. En vous-même, soyez fier du terrain conquis, sans que rien n'en apparaisse vous pouvez penser à la victoire, que c'est fait, que *vous l'avez*, le malade, pour reprendre l'expression très juste de Déjerine.

Cela aura demandé deux ou trois longues séances. Alors vous pourrez procéder à l'examen physique, minutieux, complet, intelligent, avisé, éclairé. Si au cours de cette investigation clinique, somatique, on découvre une *épine organique*, il faut l'avouer franchement et agir en conséquence, sans perdre de vue le *fonds mental*.

24

Tout cela est à la portée de tout médecin qui veut
avoir du temps, de la compassion, et l'art de se faire
aimer.

Déjerine et Gauckler concluent éloquemment :
« Vous avez ainsi pris contact avec votre patient,
vous le connaissez psychiquement, moralement, phy-
siquement, comme si de longues années vous aviez
vécu à ses côtés. Alors, et alors seulement, vous êtes
en droit d'entreprendre là partie thérapeutique de
votre œuvre. Celle-ci, si vous avez suivi la marche
que nous venons d'indiquer, sera singulièrement
simplifiée. Cette entrée en matière sera évidemment
fort longue, vous serez peut-être obligé de vous y
reprendre à plusieurs fois, soit que votre malade, soit
que vous-même soyez fatigué. Il n'importe, ce n'est
pas du temps perdu. Toute la clef des succès psycho-
thérapiques, se trouve dans une compréhension claire
et primitive des choses. Et d'une façon absolue, à
ceux qui ne savent pas, ou n'ont pas la patience
d'opérer de la sorte, nous dénions le droit de juger la
psychothérapie par persuasion. Si, entre leurs mains,
elle ne donne que peu de résultats, c'est parce qu'ils
n'y consacrent pas un temps suffisant pour guérir
leurs malades (p. 419). »

Maintenant que l'emplacement du champ de ba-
taille est choisi il s'agit d'être un bon manœuvrier.
Il faudra culbuter le centre d'abord, le fonds moral, et tailler les ailes ensuite.

I. Psychothérapie du fonds moral. — L'enquête
doit porter sur les trois phases du processus neuro-
psychique : les impressions internes ou externes et
leur rythme (+ ou —); la phase d'association dont
l'intensité et l'orientation dépendent des traces cérébrales antérieures, de leur reviviscence, du tonus

affectif (-+- ou --) dont le résultat est l'émotivité, avec tendance à l'adaptation ou au rejet. Enfin la réaction (-+- ou ---).

« Il est évident que *pourra être considérée comme déprimante toute émotion qui tendra à disloquer, à désorienter la personnalité et que pourra au contraire être envisagée comme sthénique, toute excitation émotive qui agira dans le sens de la réorientation ou de la plus complète orientation de la personnalité.* » (*Op. cit.*, p. 425.)

Le neurasthénique a une grande émotivité morale ; mais s'il est inquiet, scrupuleux, préoccupé, l'intelligence reste nette. Seule la maîtrise, le *self-government* diminue. Nous avons nettement étudié ces états de *paraboulie*. Mais il faut être convaincu que le malade *souffre* dans son impuissance de recouvrer l'empire sur soi-même. Il n'y a pas comme chez certains dégénérés ou psychasthéniques *aveu de défaite*, réaction d'abandon.

Quelle sera donc l'action du psychothérapeute ?

Il devra redonner à l'organisme un tonus affectif favorable : introduire des éléments d'émotion sthénique. Il faut que l'individu soit moralement soutenu, le procédé de persuasion, en somme, est à *deux* la méditation que recommande Payot dans son livre sur *l'Éducation de la volonté.* L'intelligence est intacte, mais nous le savons, elle est souvent vaincue dans sa lutte contre l'émotion, devant laquelle Les *idées* sont peu de chose. Mais d'autre part, l'hyperactivité émotionnelle peut s'éteindre, s'atténuer : surtout on peut vaincre l'émotion par l'émotion, supprimer la réaction asthénique par une tonalité positive, sthénique.

Il appartiendra au médecin de réaliser cette double

entreprise : faire disparaître l'émotion nuisible, ses résidus, ses souvenirs et ses concomitants physiologiques, d'une qualité et d'une tonalité nuisibles à l'organisme; les remplacer par de nouvelles manifestations émotives à réactions positives, réconfortantes, favorables au bon fonctionnement de l'activité neuro-psychique.

Le médecin saura donc relever, raisonner, persuader son malade. Il fortifiera les bonnes résolutions, la cristallisation nouvelle, la systématisation favorable : peut-on encore ajouter que l'un et l'autre, momentanément, ne feront plus qu'un esprit, qu'un corps, comme le maître et le disciple, l'entraîneur et le champion, le pilote et le bateau. Puis quand l'élève aura repris toutes ses forces, il partira seul, bien préparé, bien armé, plus apte aux luttes morales, plus difficile « à tomber ». Dans cette *pénétration persuasive* le médecin aura la manière, la façon de dire, l'adaptation au sujet, par rapport à son rang, à son éducation à sa culture, le langage clair, l'expression d'une énergique douceur, le verbe précis et affectueux.

L'action thérapeutique, enfin, se synthétise dans une affirmation sincère de la guérison absolue s'il n'y a rien que de fonctionnel. Elle aura toute son importance et toute sa valeur curatives, si votre attitude, votre perspicacité, votre savoir, votre personnalité propre, votre action clinique ont conquis définitivement la confiance du malade à votre endroit.

Parfois, à l'hôpital, l'autorité du chef de service, le milieu médical, les malades améliorés ou guéris, influencent favorablement « l'entrant » et facilitent sa guérison.

Mais, en ville, *l'action libératrice* peut être obte-

nue par les moyens que nous avons indiqués. C'est
la destruction définitive des scrupules, des remords,
des reproches, qui détermine le tonus neuro-
psychique négatif. Elle fera suite parfois à une confession, complète et entière, provoquée habilement
ou toute spontanée, en un mouvement de *confiance*.
C'est une direction de conscience morale, psychique
et physique qui va s'établir, productrice d'effets
heureux et d'états salutaires, nous le répétons. Elle
sera méditée, mûrie, soigneusement conforme à la
personnalité aux tendances, aux sentiments antérieurs du sujet.

C'est alors, et complètement, la recherche des
émotions et des réactions sthéniques.

« On saisit combien le rôle du médecin doit être
ici profondément humain. Il faut qu'il soit adapté
complètement à la mentalité de son malade, que
plein de bonté, de pitié ou d'indulgence, il sache
comprendre les sentimentalités les plus subtiles,
comme aussi parfois, les plus flagrantes immorali-
tés. Sa fonction est toute de consolation, de soula-
gement, d'espoir rendu, de reconstitution de vie
possible. Il faut, pour que son œuvre soit féconde,
qu'il y mette beaucoup de lui-même et qu'il res-
sente quelque peu l'émotion qu'il cherche à faire
naître. Son rôle est celui d'un confesseur laïque,
d'un directeur de conscience, jugeant les choses
non plus au point de vue du dogme, mais au point
de vue même de la vie. Il doit tout comprendre et
tout absoudre. Il doit savoir que, d'ailleurs, pour la
plupart, ses malades sont de braves gens péchant
par excès de conscience, par scrupule excessif, par
sentiment exalté. Leurs défaillances ne doivent être
ni ironisées, ni ridiculisées. » (DÉJERINE, pp. 432-434.)

C'est à proprement parler *l'action thérapeutique
effective de la bonté :* son excellence triomphe dans
toutes les infortunes qui tendent à s'appuyer sur
un autre cœur compatissant.

Dans notre *Art pratique de formuler* nous disions
nous-même (3ᵉ édition, 1909) :

« La chaleur de votre conviction entraînera celle
de votre malade : il faut être éloquent avec la simplicité du cœur et d'un esprit net et ferme, et toujours avec bon sens, sans trop s'embarrasser du
pédantisme des mots techniques, qu'il faudrait d'ailleurs souvent définir... Le seul médecin instruit,
consciencieux, attentif, probe, honnête homme, convaincu, désireux de bien faire et compatissant à la
douleur, peut donner à une *ordonnance toute sa valeur morale.* »

II. PSYCHOTHÉRAPIE DES MANIFESTATIONS FONCTION-
NELLES. — Pour y réussir quelques principes généraux
sont utiles. Ils ont rapport à l'interprétation, à
l'explication rationnelle et médicale des troubles
fonctionnels, de la fatigue émotive, des perturbations
dysharmoniques, conséquence fatale d'un mauvais
fonctionnement, durant de longues années. Le malade *souffre,* répétons-le encore. Il ne faut pas traiter
ses malaises d'imaginaires, d'idées sans fondement :
ce serait faire fausse route. Il y a une localisation
nette : elle est centrale, psychique avec d'indéniables,
concomitants physiologiques sur lesquels le patient
fait de l'autoscopie, de la préoccupation obsédante. Il
souffre. Peut-être exagère-t-il, mais nous savons comment et pourquoi. Il faut démonter devant ses yeux
le mécanisme *détraqué :* comme le mécanicien consciencieux le fait, dans l'atelier de réparations, pour
une automobile en panne, en présence du pro-

priétaire de la voiture. Vérifications faites, on jugera
quelles mesures doivent être prises pour remettre le
tout en état, au plus vite. Ainsi la situation est nette,
plus d'inquiétude, plus de préoccupations, et si tout
est au mieux, on *oubliera* l'accident et son émotion.

« *L'essentiel pour un neurasthénique, ce n'est point
d'abord de lutter, mais bien de s'efforcer d'oublier.* »
(DÉJERINE ET GAUCKLER, p. 442.) — Et plus loin : « *Tout
le traitement des troubles fonctionnels, hors quelques
cas particuliers, réside en l'organisation de l'esprit
du malade d'une* SÉCURITÉ INTELLIGENTE, vis-à-vis des
symptômes dont il est atteint. Un malade ne sera
guéri qu'autant que de toute bonne foi, il pourra vous
dire en parlant de ses troubles : « Je n'y songe plus. »
(*Op. cit.*, p. 442.)

Tâche médicale qui exige de l'application, de la
persévérance, un courage soutenu par l'idée de bien
faire, une profonde conviction, une *chaude* sympathie : « *Il n'y a pas de psychothérapie à froid.* » (*Op.
cit.*, p. 444.)

Comme auxiliaires précieux, parfois indispensables, dans cette entreprise curative, il faut placer
le repos, la suralimentation, l'isolement. Le premier
doit être absolu, dans certaines circonstances, et sur-
veillé rigoureusement. La suralimentation doit recourir au régime lacté absolu, d'abord : prises
minimes, espacées au début, puis arriver à 4 ou 5
litres par 24 heures ; puis remettre sans grandes
transitions le malade au régime commun. L'isolement est une mesure que réclament très souvent les
troubles graves exigeant une surveillance constante
de la part du médecin et surtout l'exode du cadre
et du milieu habituels, hors l'endroit qui renouvellent et entretiennent les associations d'idées. Les in-

terprétations qui constituent le fonds moral et l'organisation des algies. Pour oublier il faut changer
d'ambiance. Ce sera suivant les indications :

L'isolement claustral ;

L'isolement absolu du cadre et du milieu ;

L'isolement du cadre seul ou du milieu seul.

Ainsi peut-on obtenir rigoureusement les repos
physique, psychique et moral, sans lesquels il n'y a
pas à attendre de guérison définitive.

Tout ce qui précède me permettra d'être bref sur la
thérapeutique spéciale des diverses manifestations
fonctionnelles. Elle obéit à la formule générale :

« *Psychothérapie générale de l'état moral du sujet,
psychothérapie des fixations psychiques par rééducation ou distraction* (le mot *distraction*, disent les
mêmes auteurs, qui revient souvent sous notre plume
au cours de cet ouvrage, doit toujours être pris dans
son vrai sens étymologique, à savoir : « Toute diver-
sion qui détourne l'âme ou l'esprit. » (LITTRÉ.) *Psychothérapie des troubles d'habitude par rééducation
volontaire du malade, par ce que nous appellerons volontiers auto-rééducation. Relèvement, s'il y a lieu, de
l'état général.* » Liébeault (*Thérapeutique suggestive*)
avait signalé les bons effets de la distraction pour la
durée de certains symptômes nerveux. Il citait
l'exemple fameux de Pascal oubliant un mal de dents
dans une application acharnée à la solution de la
courbe cycloïde ; Kant supprimait, ou lui aussi,
oubliait ses palpitations par un travail cérébral in-
tensif.

Appareil digestif. — Pour l'*anorexie mentale*, isolement, expliquer la genèse des symptômes, alimentation lactée. Pour les *phobies de la déglutition*,
examen du spécialiste, et s'il n'y a rien d'organique,

isolement, assister au repas du malade, tâcher de le distraire pour qu'il avale sans y penser. *Dyspepsie*, traitement général. *Phobies de l'estomac*, aller doucement, procéder avec patience : d'abord, aliments tolérés. *Pseudo-gastropathie*, isolement, rééducation, lait, lutter contre l'amaigrissement. *Vomissements*, psychothérapie, rééducation. *Mérycisme, aérophagie*, dans ces cas particuliers, explications complètes et exiger du malade au lieu de l'oubli, cette fois, une grande attention pour ne pas retomber dans le même phénomène ; ruban au-dessous du larynx dans l'aérophagie).

Entéro-colite muco-membraneuse, quand elle est purement névropathique dérive de l'habitude de s'observer, d'une orientation, d'une systématisation morbides, entretenues par des phobies élémentaires, conséquences des régimes divers prescrits : isolement, expliquer la nature des troubles; réclamer du malade la correction de l'autoscopie.

Appareil urinaire. — *Rein mobile*, il suffira souvent de faire engraisser le malade, le distraire. — *Troubles de la miction*. — Polyurie par excès de Legendre, ischurie par adypsie : rééducation.

Appareil génital. — Hommes, grandes différences suivant chaque malade. Avant tout les rassurer, quoique souvent appréhensions difficiles à vaincre : aux chastes, obsédés, phobiques, conseiller le mariage. La *frigidité* dépend, chez les névropathes, d'une impuissance accidentelle ou d'une sorte d'anorexie génitale, et elle est curable; elle ne l'est pas chez les *mentaux*, *psychasthéniques*, etc. Femmes, vaginisme peut dépendre de la crainte de la maternité, d'une excitation génésique forte, de *rudesses* de défloraison. Vérifier, rééduquer. Frigidité féminine, enquête discrète, menée avec tact. Rassurer, éviter des systématisations dangereuses.

Appareil pulmonaire. — Diminution, par émotivité, de la capacité pulmonaire (troubles de l'expiration ou à l'inspiration) immobilisation thoracique. Rééducation.

Appareil cardiaque. — Rien de particulier.

Fatigue réelle émotive. — Pas d'exercice, repos, suralimentation chez les épuisés. Rééducation ensuite jusqu'au retour au poids normal à l'activité psychique spontanée.

Troubles de l'équilibre. — Rééducation. Psychothérapie.

Algie. — Hyperesthésie généralisée émotive. Psychothérapie. Algie proprement dite, *douleur obsédante,* arriver à faire *dominer* cette douleur névropathique, souvent d'origine cénesthésique, parfois difficile. Isolement. Exiger *grande énergie* de la part du malade.

Troubles du sommeil. — Insomnie phobique, insomnie par action obsédante, insomnie par éducation : la dernière surtout d'une thérapeutique malaisée. Changer les habitudes, le rythme du sommeil. Ne recourir aux hypnotiques qu'en certain cas. Pas d'exercices violents. Dans l'insomnie phobique, faire coucher pour se *reposer uniquement* de sa fatigue, dit-on : en n'y pensant plus, il peut s'endormir. Dans l'insomnie obsédante, repos violent, etc.

Céphalée. — Fatigue, disparaît par le repos. Psychothérapie, adjuvants, systématisation, de toutes impressions psychiques. Psychothérapie.

Troubles psychiques. — Asthénie psychique vraie émotive : repos, joint ou non à l'isolement. Asthénie psychique, fausse, préoccupation, hésitation, incom-

plétude, hypoattention : rééducation, psychothérapie.

Manifestations phobiques et obsédantes. — Phobies,
ou objectives et aisées à faire disparaître, ou *idéatrices*
plus difficiles ; faire comprendre la différence entre
cette appréhension : qui restera toujours sans danger
de passage à l'acte, à l'*impulsion vraie*. Expliquer
qu'elle dérive de l'automatisme du subconscient.
Éviter les associations d'idées, les objets qui évoquent
la phobie : « conspiration du silence. » Faire oublier.
Éloigner du milieu.

L'esquisse que nous venons de tracer sera certainement très imparfaite, parce qu'elle est une trop
sèche et trop rapide analyse d'un chapitre de l'œuvre
magistrale de Déjerine. Nous n'avons pu qu'indiquer les grandes lignes de la psychothérapie qui, pour
être bonne, efficace, doit être pratiquée par le médecin *en détail*, *non en gros*. Venant à la fin de notre
essai, je le répète, c'est un thème, un leit-motiv for-
mulés. Le lecteur intéressé prendra le livre et, sous
le charme, le lira de bout en bout, comme nous.

Ainsi se familiarisera-t-il davantage avec ces procédés délicats qui demandent tout d'abord une sérieuse
instruction psychologique, une connaissance approfondie des psychonévroses, mais aussi de l'autorité
pour imposer sa manière de voir, et conquérir le
malade.

« Mais l'autorité dont on jouit, la confiance que
l'on impose, sont des choses extrêmement personnelles et dont l'appréciation est plus que délicate. »
(*Op. cit.*, p. 533.)

Elle exige du tact, un sens affiné, une expérience
éclairée, avertie, avisée.

La psychothérapie dépend de la réaction réciproque

du médecin et du malade : elle varie suivant l'un et l'autre.

« Tout ceci revient à dire qu'elle ne peut s'exercer qu'autant qu'on est et qu'on reste en communion avec son malade. » (*Op. cit.*, p. 534.)

J'ai moi-même eu l'occasion de publier déjà quelques extraits d'un travail en préparation : *Pour être médecin*, où j'essayais d'analyser l'habileté, la souplesse sincère et intelligente dont le médecin doit faire preuve vis-à-vis de ses malades suivant l'âge, le sexe, le caractère, l'éducation, les principes philosophiques, la religion. L'œuvre du psychothérapeute n'est pas moins complexe.

La psychothérapie ne peut, comme nous l'avons vu, s'adresser aujourd'hui qu'aux seuls troubles fonctionnels des psychonévroses, mais ne doit-on pas espérer que sa protection bienfaisante s'étendra à une aire plus vaste.

Dans son acception très étendue, la psychothérapie devrait s'adresser à toute la psychologie pathologique. Bien certainement, elle ne pourra pas plus que la meilleure thérapeutique générale, dans l'état actuel de la médecine, remédier aux lésions organiques incompatibles avec l'activité neuro-psychique normale. Mais son action s'élargirait déjà singulièrement, si, comme le dit le docteur Héricourt, le médecin assistait plus souvent à la maladie qui commence. La psychologie physiologique, mieux connue dans ses remarquables travaux modernes, aidera puissamment à cette œuvre curatrice ou prophylactique. Il faudra l'appliquer à l'hygiène de l'esprit, à l'hygiène du processus neuro-psychique.

« Pourquoi donc, dès lors, puisqu'il y a une hygiène physique, n'y aurait-il pas une hygiène morale, chargée de prévenir les maladies du psychisme, comme l'hygiène physique s'efforce de prévenir les maladies du physique. » (*Op. cit.*, p. 543.) Elle est très légitime et essentiellement du domaine médical, du domaine de la psychologie physiologique et c'est pour cette raison que nous sommes convaincus que celle-ci a tant d'importance pour le médecin et doit aussi avoir tant d'attraits pour lui.

Il faut s'imposer une attention spéciale et active sur les divers problèmes de l'éducation morale, détruire la veulerie, fortifier la volonté, la mieux orienter, la systématiser avec sagesse, détruire l'affectivité morbide, corollaire d'une sentimentalité exaspérée et d'une faiblesse trop grande vis-à-vis de l'enfant, surtout de l'héritier unique, proclamer les bienfaits des grandes familles, de la vie à la campagne. L'hygiène morale sera peut-être enseignée dans une chaire spéciale de la Faculté de Médecine! Elle devrait l'être. Elle apprendrait aux jeunes gens, pour les autres et pour eux-mêmes, à se proposer un but précis et constamment visé, qu'il soit pratique, philosophique ou religieux. C'est la continuité dans l'effort qui sauve de la désorganisation ou de la déchéance, ou du déséquilibre mental. En d'autres termes, il faut fortifier l'agrégat du noyau individuel de la sphère neuro-psychique bien adaptée aux conditions d'expériences personnelles et sociales. Il faut une direction dominante. Il ne faut plus que la raison le jugement, la maîtrise de soi succombent en présence de l'émotion.

« Dubois, de Berne, avait déjà dit:

« Faites claquer au vent un drapeau, où brille la devise: *Maîtrise de soi-même*, et vos malades marcheront... Le but à atteindre n'est pas de rendre le malade bêtement suggestible, c'est au contraire de le relever et de lui restituer la maîtrise de lui-même. Dans beaucoup de psychonévroses, la persuasion par la voie logique est une baguette magique. » On peut dire qu'elle l'est aussi dans la vie courante et que c'est un bon moyen d'éducation générale. » (*Psych. inf.*, p. 516.)

Il y a fort à faire pour le médecin et pour le public. Mais l'entreprise est loin d'être irréalisable.

Payot l'a tentée de façon très heureuse dans *l'Éducation de la volonté*, ouvrage très vigoureux auquel nous avons fait plusieurs emprunts et dont la lecture est utile aux psychothérapeutes.

Grasset, dans sa *Thérapeutique des maladies du système nerveux* (2ᵉ édition, avec Rimbaud) et dans son *Psychisme inférieur* a montré ce qu'était, à son avis, la Psychothérapie. Fidèle à son schéma, il la divise en thérapeutique psychique inférieure (suggestion à l'état de veille, hypnotisme) s'adressant surtout à l'automatisme qui doit être réservée et circonspecte. Il en signale tous les inconvénients, comme Déjerine :

« Ainsi comprise, la suggestion à l'état de veille a les mêmes inconvénients que la suggestion dans l'hypnose. Elle suppose et utilise, elle aussi, la désagrégation sus-polygonale. D'autre part, elle est évidemment moins énergique et ne peut être employée que chez des sujets très entraînés et très hypnotisables (p. 500)... Au fond, c'est toujours le même mécanisme d'action : *le remplacement de l'idée morbide par l'idée suggérée.* »

C'est une façon déplorable d'entretenir l'irritabilité psychique et de donner toute-puissance à l'automatisme.

« L'hypnotisme diminue l'unité normale de la personnalité du sujet et facilite sa disposition par désagrégation sus-polygonale. » (*Psych. inf.*, p. 502.)

Bien supérieure sera la thérapeutique psychique supérieure de O, par la persuasion, la rééducation, la distraction.

C'est la seule, sauf des indications exceptionnelles précises, que préconisent Dubois (de Berne) et Déjerine, dans le traitement des Psychonévroses.

« Bechterew, dit Grasset, a bien noté la différence en disant que la *suggestion* entre dans l'entendement par l'escalier de service, tandis que la *persuasion logique* frappe à la porte d'entrée principale » (p. 517).

Grasset cite un passage de Wundt assez ironique à l'encontre de l'hypnotisme :

« Ces hommes croient avoir trouvé (p. 508) dans la suggestion non seulement un remède contre toutes les maladies morales dont nous souffrons, mais encore le grand levier du progrès de la civilisation destiné à soulever l'humanité vers un état de perfection inconnu jusqu'alors. Ils demandent qu'on l'introduise avant toute chose dans l'éducation et l'instruction. D'après le dire des pédagogues de l'hypnotisme, pour faire de ses enfants des hommes d'une excellente moralité, on réclamera dorénavant l'hypnotisme. Il suggérera à l'enfant d'être, à l'avenir, bon et obéissant, jusqu'à ce que la qualité souhaitée se soit suffisamment fixée dans son caractère. En cas de rechutes, on reprendra la cure suggestive. Bien mieux, il n'est pas impossible qu'avec une patience suffisante, on ne perfectionne les facultés intellectuelles. Dans tous les cas, on fait entrevoir que dans cette voie, les méthodes d'instruction seront remar-

quablement facilitées et simplifiées. La première connaissance qu'on exigera, dans les siècles à venir, du
candidat au professorat sera celle de l'hypnotisation. »

Si vous voulez fortifier les préceptes de psychothérapie, et votre conviction personnelle en son effica-
cité, lisez donc tout l'ouvrage de Déjerine; *l'Éducation
de la volonté*, de Payot; *les Psychonévroses et leur traitement moral*, de Dubois, de Berne (1904); *Isolement
et psychothérapie, Traitement de l'hystérie et de la
neurasthénie*, de Jean Camus et Pagniez, pratique de
la rééducation morale et physique avec une préface
de Déjerine (1904).

Lisez encore tous les travaux de Grasset, de Raymond, de Pierre Janet, d'Auguste Marie, etc.

La neurologie ne devrait plus être une sorte de
spécialité, elle appartient à tous les médecins désireux de rester dignes de ce nom.

CONCLUSION

ESSAI DE CLASSIFICATION DES TROUBLES PSYCHIQUES : CLASSIFICATION DES PSYCHOSES

SOMMAIRE : Les vies psychiques : affective, intellectuelle, active, morale. — Leurs désharmonies pathologiques. — Psychismes inférieur et supérieur. — Les syndromes psychiques. — Dissolution. — Involution. — Pathogénie des maladies neuropsychiques en quatre embranchements. — Classification de Régis. — Ambition de ces « Éléments ».

Il est bien difficile de considérer une fonction psychique déterminée, comme un organe, entité anatomique, bien spécifié. Si en physiologie on tend de plus en plus à considérer chaque viscère important, tel le foie par exemple, comme intimement uni au point de vue fonctionnel avec le pancréas, la rate et étroitement solidaire de ces deux derniers, de même en psychologie il est difficile d'*isoler* la mémoire de l'attention, celle-ci de la volonté. Il y a encore solidarité, collaboration, unité d'action plus forte, plus grande, plus étroite. Il ne peut donc être question à proprement parler de maladies de la mémoire, de la personnalité, de la volonté. Mais toutefois les études remarquables de Ribot qui ont justement été

groupées sous ces titres sont néanmoins justes, fon-
dées, éminemment instructives, si l'on consent uniquement à les regarder comme des affections, d'une
façon même plus rigoureuse, comme des syndromes
particuliers, dont l'étude peut être très utile aussi bien
à la physiopsychologie qu'à la psychopathologie.

De la description que nous avons faite des troubles
psychiques morbides on peut, sinon tenter une classification complète et rigoureuse, mais du moins
dresser un catalogue méthodique qui a sa valeur et
son utilité et a pour but de relier intimement la psychologie physiologique à la psychologie pathologique
ou psychiàtrie. Cette dernière répondra mieux ainsi
à l'affirmation de Régis : « Elle est maintenant, et
elle sera de plus en plus une branche à la fois psychologique, clinique, anatomique et sociologique de
la science médicale, ou, pour mieux dire, de la biologie. » (P. 20).

Ainsi, allant du simple au composé, pour ainsi
dire, se groupent :

I. Les troubles de la vie affective.

II. Les troubles de la vie intellectuelle.

III. Les troubles de la vie active.

IV. Les troubles de l'agrégat, de la vie mentale et
de la conscience supérieure.

Comme nous le faisions déjà remarquer, ce catalogue est surtout schématique et un peu artificiel,
quoique répondant aux manifestations morbides
générales de l'activité psychique.

Ces différentes *vies* psychiques sont entre elles
dans une étroite et stricte dépendance. L'étiologie
qui marque un point de départ pathologique dans
l'une montre immédiatement les perturbations consécutives dans les autres. Mais, à ce sujet, disons

combien l'étude des *psychonévroses* est instructive en déterminant, pour la neurasthénie surtout, la prédominance de la pathogénie émotive, au point qu'il est légitime d'en faire un véritable syndrome clinique reposant sur un trouble de l'émotivité. Régis, comme Déjerine, et nombre d'autres neurologistes, ont affirmé l'importance considérable des causes morales dans l'éclosion des psychonévroses et des psychoses. Reléguant à l'arrière-plan le surmenage intellectuel, ils ont établi que l'abus de travail était surtout dangereux et nocif, quand il se compliquait d'émotions déprimantes, de préoccupations, de chagrins, de brouilles de famille, d'ennuis d'affaires, de revers de fortune, de deuils domestiques, de souffrances intimes, de misères, de sentiments religieux exagérés.

Mais ces symptômes morbides, à point de départ vraiment émotif, ne sont pas sans briser rapidement leurs barrières mitoyennes, qui séparent le champ affectif des autres domaines psychiques. Ainsi dans les psychonévroses d'origine émotive, l'élévation et l'exagération du tonus affectif retentit sur les opérations de l'esprit et trouble le jugement et la volonté, si le premier n'est pas très solide, ou si l'émotion est trop forte, si la seconde perd sa maîtrise, pour les mêmes causes.

En cela la réflexologie générale neuro-psychique explique très aisément les nombreuses voies de communication entre les divers phénomènes qui ne peuvent être isolés que pour les commodités de l'étude.

Toutefois les trois phases principales du processus neuro-psychique serviraient de base excellente pour une nomenclature judicieuse de l'origine des troubles psychiques morbides.

Schématiquement encore, elles répondent successivement à la vie affective, à la vie intellectuelle, et à la vie active. La psychonévrose neurasthénique a son point de départ dans l'exagération du tonus affectif résultat des impressions externes ou internes (1ʳᵉ phase).

Certains délires conscients, l'obsession, le délire d'interprétation, l'affaiblissement de la fonction de hiérarchisation émotive peuvent être attribuables à la 2ᵉ phase d'associations, qui conditionne les réflexes associés, germes de l'association des idées, du jugement, du raisonnement, etc.

Les modifications pathologiques que peuvent présenter les malades atteints d'impulsion, d'excitation (manie) de dépression (lypomanie), dépendent d'un affaiblissement du pouvoir d'arrêt, de la faculté d'inhibition, impuissante devant un tonus, positif ou négatif trop violent (3ᵉ phase).

Je le répète, cela ne constitue pas la systématisation nécessaire, l'entité justifiée, indispensable pour créer le type *maladie*. Cependant la classification moderne, telle que l'a présentée Régis et que nous reproduisons plus loin, accepte dans l'identité des psychoses, la dominante *excitation*, dans la manie, *dépression*, dans la mélancolie, désagrégation psychique, dans la démence, qui répondent au catalogue des troubles que nous avons adopté.

Régis, lui-même, dans sa sémiologie générale préliminaire accepte d'étudier successivement : les troubles de l'idéation, de perception, de l'affectivité, de la conscience, de la personnalité, de l'activité. Nous avons préféré les exposer dans un autre ordre plus conforme à l'endogénèse psychique : troubles de l'affectivité, (perception, sensation, sentiments, émotion); troubles de l'idéation (idée, mémoire, attention, imagination, jugement) ; troubles de l'activité (dépression, excitation, impulsion, paraboulisme, etc.); troubles de la synthèse psychique (conscience, personnalité).

Se rapportant au schéma du polygone de Grasset, il est légitime de reconnaître les troubles du psychisme supérieur et ceux du psychisme inférieur. Les premiers se rapportent aux modifications profondes de l'agrégat psychique, de l'ensemble du processus neuro-psychique et détruisent la volonté, la personnalité, l'activité supérieure, mentale, consciente, libre et font les aliénés, les fous inconscients et irresponsables. Les seconds, sans participation du centre supérieur O, peuvent compromettre l'équilibre général, l'automatisme psychique, donnent au subconscient une importance et une prédominance anormales, en désharmonisant, sans les annihiler, ni les détruire complètement, les facultés supérieures, la conscience et la liberté volontaire : tels sont les demi-fous, les demi-responsables.

En tout cela, il n'y a pas qu'une spéculation ou une simple vue de l'esprit, tentative plus ou moins brillante de classification, recherche élégante d'un dessin schématique d'une venue heureuse et séduisante. La réalité des faits psychologiques est définitivement établie dans le schéma du processus neuro-psychique, affectant rigoureusement la forme de l'arc réflexe, comme il ressort des exposés et des conclusions du très remarquable ouvrage de Bechterew, la *Psychologie objective*, à laquelle nous n'avons pas craint de faire de nombreux emprunts, pour mieux jalonner notre marche en cours de route.

La précision des symptômes psychiques morbides est attestée par le polygone de Grasset qui démontre bien l'agrégation et la désagrégation du centre O, dans

l'état normal et dans l'état pathologique et qui a conduit son auteur aux légitimes considérations qui lui ont
permis l'exposé de sa théorie très juste des demi-fous
et des demi-responsables, avec son corollaire sociologique et pénal indispensable. On pouvait se demander si la séparation du psychisme supérieur et du
psychisme inférieur, même schématique, était possible, si, en d'autres termes, la formule répondait à une
localisation anatomique ? Nous avons vu, au cours
de notre essai, combien le schéma du polygone de Grasset facilite l'étude et la compréhension des troubles
du langage, combien il explique les déviations et les
dédoublements de la personnalité. Enfin, nous avons
également précisé les localisations cérébrales diverses
et la réalité des zones anatomiques de projection et d'association de l'écorce, enfin la légitimité d'un centre
supérieur, dans la zone préfrontale, dont les lésions
entraînent justement la perte de tous les avantages
et de tous les privilèges psycho-mentaux du centre O.

Tout ceci montre la nécessité des données de psychologie physiologique pour se *débrouiller* (qu'on me
passe le mot) dans les descriptions, sémiologique ou
nosographique, des psychoses, pour suivre facilement
le fil conducteur indispensable dans l'exposé des
symptômes, pour en comprendre enfin la genèse, le
développement, et les caractéristiques si précieuses
pour le diagnostic, entre la formule physiologique et
le trouble morbide. Je ne comprendrais pas aisément
qu'on abordât l'étude de la psychiâtrie, sans un chapitre de pathologie générale, avec les grandes données
relatives aux psychopathies, avec un excellent exposé
de leur symptomatologie, comme l'a très heureusement
fait Régis. Mais je ne comprendrais pas aisément
que le jeune médecin relût des ouvrages de neuro-

logie ou de psychiàtrie ou que l'étudiant les ouvrit
sans notions, au moins générales et précises, sur la
psychologie normale. Vraiment le texte serait inintelligible, si on ne saisissait la valeur exacte, par
exemple, de certains termes qui viennent aisément
dans la littérature neurologique et psychiàtrique moderne : automatisme psychique, dédoublement de la
personnalité, obsession émotive, obsession-idéative,
hallucination, impulsion, subconscient, processus
neuro-psychique, réflexes, etc.

Pour comprendre la désagrégation, ou la régression
psychique, il est indispensable de connaître le fait
psychique et les formes évolutives de son agrégat. Il
n'est pas mauvais de savoir qu'à la base de notre
organisation cérébrale, se trouve la sensibilité avec
son tonus spécial, l'affectivité ou l'émotivité. Il est
précieux de se rendre compte que l'idée, le jugement
la conscience naissent de cette sensibilité et se constituent avec l'évolution des réflexes simples, associés,
symboliques, personnels qui formeront, en résumé,
toute l'activité psychique. Enfin, selon les besoins, les
appétits, les instincts, s'établissent les tendances, les
inclinations, les aspirations morales, individuelles,
sociales, philosophiques qui sont le couronnement de
l'œuvre. A moins qu'une catastrophe formidable,
comparable à un tremblement de terre, qui jette à
bas la construction, en la faisant vaciller sur ses fon-
dations, dans la régression psychique la destruction
de l'œuvre se fait de haut en bas, du faîte à la base,
des acquisitions les plus élevées, jusqu'aux automa-
tismes et aux instincts primordiaux qui subsistent
jusqu'à la mort, dans la démolition de notre mentalité. Mais les pierres de taille de l'édifice sont nos
sensations et nos sentiments et nos émotions, et leur

qualité et leur intégrité importent nécessairement et impérieusement à la solidité générale de l'édifice. C'est par leur effritement que les démolisseurs pénètrent dans la maison et gagnent les sommets pour impitoyablement, avec le temps, jeter le tout par terre et raser la construction.

Ribot a excellemment dit dans la *Psychologie des Sentiments* (p. 424) :

« La loi de dissolution, en psychologie, consiste en une régression continue qui descend du supérieur à l'inférieur, du complexe au simple, de l'instable au stable, du moins organisé au plus organisé : en d'autres termes, les manifestations qui sont les dernières en date dans l'évolution disparaissent les premières ; celles qui ont apparu les premières disparaissent les dernières. L'évolution et la dissolution suivent un ordre inverse. J'ai montré autrefois que la disparition lente et continue de la mémoire vérifie cette formation, et, que dans les cas rares où cette faculté est recouvrée, la restauration remonte pas à pas en sens inverse du chemin descendu. »

Ribot prend encore l'exemple de l'ivrogne qui, suivant le degré d'ébriété, présente des troubles de régression :

α) Perte des réflexes psycho-mentaux : Excitation, exubérance, suppression de l'attention volontaire ; état de confidence (inhibition volontaire disparaît).

β) Dans les cas graves : État d'incertitude, de désorientation (impulsion volontaire disparaît).

γ) Perte des mouvements réflexes sympathiques : État d'incoordination des mouvements, de la parole et de la vue (mouvements du cœur et des poumons). Perte des mouvements automatiques, de la tonicité musculaire. Écroulement.

La dégénérescence qui est une évolution régressive est une démonstration clinique frappante. Supérieure, elle s'adresse d'abord aux sommets : au caractère, à la personnalité, à la conscience mentale et morale, à la liberté, à la responsabilité, avec maintien souvent intégral de l'intelligence. Elle constitue les paramentaux, paranoïques, demi-fous, demi-responsables.

Nous pourrions également montrer que dans les régressions ce sont les tendances supérieures qui disparaissent les premières dans la dissolution psychique. Il suffit au lecteur de revoir un des tableaux précédents pour mieux comprendre notre pensée. Ce sont les instincts inférieurs qui résistent les derniers.

Il en est de même des sentiments.

« La dissolution des sentiments, dit Ribot, allant du supérieur à l'inférieur, de l'adaptation complexe à l'adaptation simple, en rétrécissant peu à peu le champ de la vie affective, on peut, dans cette déchéance, distinguer quatre phases marquées par la disparition successive :

1° Des émotions désintéressées ;

2° Des émotions altruistes ;

3° Des émotions égo-altruistes ;

4° Des émotions purement égoïstes. » (P. 426.)

Nous voyons ainsi que la formation du noyau individuel est lente, progressive, s'adaptant aux besoins, aux tendances du sujet, aux nécessités du milieu, aux origines sociales. Les sensations et les sentiments prennent une association solide pour constituer la personnalité, dont une minime partie seulement est consciente, pour s'organiser et se systématiser. L'ordre de l'établissement des réflexes commande le développement psychique de l'individu :

réflexes simples organiques, réflexes instinctifs, réflexes symboliques, réflexes associés, réflexes personnels. Puis, dans les troubles morbides, fonctionnels ou anatomiques, comme pour la mémoire, ils disparaissent dans l'ordre inverse de leur ontogénèse. Il ne s'établit plus de voies de conduction nouvelles, le fraiement original et contemporain devient impossible ; c'est la régression ou la destruction progressive, jusqu'au retour, franchissant rapidement ou lentement la route, par toutes les étapes successives de la phylogénèse à l'animalité, à la vie organique, à la stupidité.

D'autre part, dans le cas de déviation purement fonctionnelle de l'influx nerveux dans les voies de conduction, avec fraiement morbide, désorientation du caractère et de la personnalité, il est possible de rétablir, par la rééducation (ou la persuasion qui n'est qu'un autre mode de rééducation), le fraiement antérieur et faire une véritable « restauration » du régime antérieur.

Enfin, l'intoxication, l'infection agissent sur le neurone, comme sur toutes les autres cellules de l'organisme et déterminent des troubles durables ou passagers qui affecteront la physionomie de syndromes divers à dominante affective, intellectuelle, dépressive ou excitante. Les perturbations seront plus ou moins durables, plus ou moins profondes selon l'intensité de l'intoxication et de l'infection ou leur durée.

Ainsi apparaîtront dans une classification générale des maladies mentales quatre embranchements principaux avec pathogénie déterminée.

I. Affaiblissement, régression, dégénérescence, désordre d'involution ou d'évolution.

II. Perturbation fonctionnelle sans lésion anatomique.

III. α) Perturbation, fonctionnelle et anatomique, corticale (par lésions centrales avec systématisation psychopathologique);

β) Perturbation, fonctionnelle et anatomique, corticale et des autres centres (bulbe, moelle, etc.).

IV. Perturbation fonctionnelle consécutive aux troubles dus à l'intoxication et à l'infection.

Ainsi se trouvent établies, d'après Régis :

A. ÉTATS PSYCHOPATHOLOGIQUES PRIMITIFS :

I. — *Les Psychopathies-infirmités :*
    α) Infirmités psychiques d'évolution (dégénérés supérieurs (Psychasthénie);
    β) Dégénérés moyens;
    γ) Dégénérés inférieurs (monstruosité). Infirmités psychiques d'involution. Démence prématurée.

II. — *Psychonévroses :*
Neurasthénie ;
Hystérie.

III. — *Psychopathies maladies ou psychoses:*
  a) Psychoses généralisées :
    α) Manie ;
    β) Mélancolie ;
    γ) Folie à double forme ;
    δ) Confusion mentale.
  b) Psychoses essentielles :
Psychose systématique progressive.

B. États psychopathiques secondaires :

α) Intoxications :
β) Infections :
γ) Affections du système nerveux.

La folie, ou, si l'on veut, la régression psychique, fait disparaître tout d'abord les idées, les sentiments, les sensations les plus élevées. Idées abstraites, générales, sentiments moraux, sociaux. les sensations conscientes.

Chez le dégénéré supérieur c'est la maîtrise de soi, dans l'ordre actif, et le jugement dans l'ordre intellectuel, dans l'ordre moral, dans l'ordre affectif qui disparaissent.

Les troubles psychiques morbides dépendent d'une viciation particulière d'une des trois périodes du processus neuro-psychique.

Dans la mélancolie, il s'agit du tonus négatif des impressions (première phase).

Dans la manie, de réactions ou impulsions exagérées (troisième phase).

Dans la confusion, d'un trouble profond de l'association (deuxième phase).

Les délires sont des troubles plus ou moins absolus de la phase d'association.

Ils dépendent des réflexes instinctifs (tendances, penchants, besoins symboliques ou personnels viciés).

Arrivé à la fin de ce travail, nous pensons avoir évité de donner l'impression d'un *manuel* aride et impersonnel, exposé sec et imparfait de faits sans liens. Nous désirions, au contraire, présenter l'élaboration de lectures nombreuses, *digérées*, s'il est permis de le dire, condensées, appuyées de citations qui en forment le ciment. Nous avons adopté l'ordre de présentation des phénomènes et des fonctions psychiques qui nous a paru le plus rationnel et le plus approprié à une exposition rapide, synthétique, mais suffisamment claire et explicative. Enfin et surtout, nous avons voulu relier la psychologie physiologique à la psychologie pathologique et nous avons toujours vu et étudié, en médecin, en clinicien, et, partant nous avons rédigé nos notes avec ce même souci primordial.

C'étaient bien en effet des notes, des esquisses, des schémas pour mieux comprendre et mieux expliquer les phénomènes psychiques et qui, profitables d'abord à nous-même, pourront l'être, ce fut notre désir, à nos lecteurs.

Donc, non un *manuel*, mais plutôt un guide. Un guide pour que le lecteur puisse parcourir à son aise les régions visitées, faisant un travail dans l'ordre inverse du mien. Si les énoncés que je fais des sites à visiter, des livres à lire le tentent, il n'aura qu'à se les procurer. Avant de présenter ces impressions, je les ai recueillies, condensées, au cours de longues heures de contact avec les auteurs et j'ai pu faire cette incursion à travers la littérature nombreuse et éminemment séduisante que présentent aujourd'hui la psychologie normale, la neurologie et la psychiàtrie.

FIN

TABLE DES MATIÈRES

GÉNÉRALITÉS

CHAPITRE PREMIER

OBJET DE LA PSYCHOLOGIE PHYSIOLOGIQUE

CHAPITRE II

LE PSYCHIQUE ET LE MENTAL

CHAPITRE III

L'ÉQUILIBRE PSYCHIQUE

CHAPITRE IV

PSYCHOLOGIE PHYSIOLOGIQUE ET PSYCHIATRIE

Introduction indispensable. — Faciliter l'intelligence

CHAPITRE V
L'AGRÉGAT PSYCHIQUE

DEUXIÈME PARTIE

CHAPITRE PREMIER
ANCIENNES ET NOUVELLES CLASSIFICATIONS
DES FONCTIONS PSYCHIQUES

CHAPITRE II
VIE AFFECTIVE : FONCTION SENSITIVO-MOTRICE

CHAPITRE III
VIE AFFECTIVE : FONCTION SENSITIVO-MOTRICE (*suite*)

TROISIÈME PARTIE

CHAPITRE PREMIER

TROUBLES DE LA VIE AFFECTIVE

CHAPITRE II

TROUBLES DE LA VIE AFFECTIVE (suite)

CHAPITRE III

TROUBLES DE LA VIE INTELLECTUELLE

CHAPITRE IV

TROUBLES DE LA VIE INTELLECTUELLE (suite)

CHAPITRE V

TROUBLES DE LA VIE ACTIVE

3808. — Tours, Imprimerie E. ARRAULT ET Cie.

www.ingramcontent.com/pod-product-compliance
Lightning Source LLC
Chambersburg PA
CBHW072003270326
41928CB00009B/1525